高等职业教育汽车类专业规划教材

Qiche Beijian Guanli
汽车备件管理
（第2版）

全国交通运输职业教育教学指导委员会　**组织编写**

王思霞　张江红　**主　编**

人民交通出版社股份有限公司
China Communications Press Co.,Ltd.

内 容 提 要

本书是高等职业教育汽车类专业规划教材之一,其主要内容包括汽车备件行业概述、汽车备件管理基础知识、汽车常见易损件和常用运行材料、汽车备件订货管理、汽车备件出入库管理、汽车备件仓储管理、汽车备件销售、汽车备件市场调查与预测和汽车特约维修站的保修索赔工作。

本书可作为高等职业院校汽车类专业的教材,也可作为汽车维修企业或汽车备件经营管理人员阅读参考用书。

图书在版编目(CIP)数据

汽车备件管理 / 王思霞, 张江红主编. —2 版. —北京: 人民交通出版社股份有限公司, 2019.9
ISBN 978-7-114-15758-5

Ⅰ. ①汽⋯ Ⅱ. ①王⋯ ②张⋯ Ⅲ. ①汽车—备件—设备管理—高等职业教育—教材 Ⅳ. ①U463

中国版本图书馆 CIP 数据核字(2019)第 170655 号

书　　名:	汽车备件管理(第2版)
著 作 者:	王思霞　张江红
责任编辑:	时　旭
责任校对:	孙国靖　扈　婕
责任印制:	张　凯
出版发行:	人民交通出版社股份有限公司
地　　址:	(100011)北京市朝阳区安定门外外馆斜街3号
网　　址:	http://www.ccpress.com.cn
销售电话:	(010)59757973
总 经 销:	人民交通出版社股份有限公司发行部
经　　销:	各地新华书店
印　　刷:	北京市密东印刷有限公司
开　　本:	787×1092　1/16
印　　张:	11.25
字　　数:	256 千
版　　次:	2010 年 3 月　第 1 版
	2019 年 9 月　第 2 版
印　　次:	2019 年 9 月　第 2 版　第 1 次印刷　总第 8 次印刷
书　　号:	ISBN 978-7-114-15758-5
定　　价:	28.00 元

(有印刷、装订质量问题的图书由本公司负责调换)

第2版前言

汽车工业是我国的支柱产业，2018年中国汽车产销量分别完成2780.9万辆和2808.1万辆，连续10年蝉联全球第一，汽车保有量达2.4亿辆，已经成为全世界最大的汽车市场。可见，我国的汽车工业正处于蓬勃发展的阶段，与之相应，我国的汽车服务市场也进入了一个高速发展的时期。

从发达国家发展汽车产业的经验看，汽车备件与整车的比重约为1.7:1，而国内离此标准相距甚远。未来随着汽车产量和保有量的持续增长，汽车备件产业的增长空间将是巨大的，这势必会催生对从事汽车售后服务市场从业人员的大量需求。

本教材在编写过程中，认真总结了高等职业院校多年来的专业教学经验，注意吸收发达国家先进的职教理念和方法，形成了以下特色：

1. 推行工学结合的人才培养模式。
2. 体现任务驱动的课程教学理念。
3. 倡导行动导向的引导式教学方法。
4. 提供紧密结合岗位的技术内容。
5. 采用全新的结构编排模式。

本书由四川交通职业技术学院王思霞、张江红担任主编，四川交通职业技术学院谢振、安徽交通职业技术学院廖晓丽、贵州航空职业技术学院张梅参与了本书的编写。福建船政交通职业学院倪红、四川交通职业技术学院李家玉、陕西交通职业技术学院刘建伟、新疆职业技术学院刘文静、山东交通职业学院刘慧燕在本书的编写过程中提出了宝贵的意见。

本书在编写时参考了国内外大量有关书籍，并借鉴了行业培训资料，在此谨向其作者及资料提供者表示诚挚的谢意。由于编者水平有限，书中难免存在不妥之处恳请读者和专家批评指正。

编　者
2019年4月

目　　录

学习任务1　汽车备件行业概述 ··· 1

  1.1　汽车备件行业概况 ··· 1
  1.2　国内外主要备件公司的业务发展 ··· 11
    思考与练习 ··· 13

学习任务2　汽车备件管理基础知识 ·· 15

  2.1　汽车 VIN 组成及备件编码规则 ·· 15
  2.2　汽车备件目录检索 ·· 22
    思考与练习 ··· 25

学习任务3　汽车常见易损件和常用运行材料 ·· 27

  3.1　汽车备件与常见易损件 ··· 27
  3.2　汽车常用运行材料 ·· 36
    思考与练习 ··· 50

学习任务4　汽车备件订货管理 ··· 52

  4.1　汽车备件订货基本知识 ··· 52
  4.2　汽车备件的采购业务 ·· 56
  4.3　汽车备件货源检验 ·· 60
  4.4　订货品种和订货数量的确定 ·· 66
  4.5　汽车备件的采购实务 ·· 70
    思考与练习 ··· 75

学习任务5　汽车备件出入库管理 ··· 77

  5.1　汽车备件的验收 ·· 77
  5.2　汽车备件的入库管理 ·· 82

5.3 汽车备件的出库管理 ··· 85
5.4 汽车备件的出库核算 ··· 87
5.5 汽车备件库存盘点 ··· 89
思考与练习 ··· 93

学习任务 6 汽车备件仓储管理 ··· 95
6.1 5S 管理 ··· 95
6.2 汽车备件的仓储布置 ·· 100
6.3 汽车备件的储存管理 ·· 107
6.4 汽车备件的养护 ·· 114
6.5 汽车备件计算机管理系统 ·· 119
思考与练习 ·· 126

学习任务 7 汽车备件销售 ··· 128
7.1 汽车备件销售特点 ·· 128
7.2 对汽车备件销售人员的要求 ·· 130
7.3 汽车备件销售流程 ·· 134
思考与练习 ·· 136

学习任务 8 汽车备件市场调查与预测 ··· 138
8.1 汽车备件市场调查 ·· 138
8.2 汽车备件市场预测 ·· 147
思考与练习 ·· 159

学习任务 9 汽车特约维修站的保修索赔工作 ····································· 161
9.1 保修索赔期和保修索赔范围 ·· 162
9.2 保修索赔工作机构 ·· 164
9.3 保修索赔工作流程 ·· 166
9.4 索赔旧件的管理 ·· 169
9.5 汽车备件质量情况的反馈 ·· 170
思考与练习 ·· 172

参考文献 ··· 174

学习任务1　汽车备件行业概述

完成本任务的学习,你应能:
1. 了解汽车备件行业发展现状、掌握汽车备件行业的基础知识;
2. 了解目前国内外主要备件公司的业务状况。

小赵选择汽车备件行业作为自己的就业方向,并立志今后在此行业有所发展,为此,他进入某主流汽车品牌4S店汽车备件部实习。上岗前小赵应该了解我国汽车产业和汽车市场的发展状况;了解汽车备件行业发展现状,掌握汽车备件行业的基础知识;了解目前国内外主要备件公司的业务状况。

学习引导

本学习任务沿着以下路径进行:

汽车备件行业概况 → 国内外主要备件公司的业务发展

1.1　汽车备件行业概况

汽车备件是服务于汽车的一种产品,通常把汽车零部件、汽车标准件和常用汽车材料统称为汽车备件。伴随着汽车工业的快速发展,汽车备件行业取得了快速和长足进步。我国基本建立了较为完善的零部件配套供应体系和零部件售后服务体系,为汽车整车工业发展提供了强大支持。一方面,我国整车不断发展需要汽车零部件的配套发展;另一方面,汽车后市场对更新和维修的需要,对汽车零部件也有所需求。因此,我国汽车备件需求旺盛,市场潜力很大。

2018年5月,国务院关税税则委员会印发公告称,经国务院批准,自2018年7月1日起,将税率分别为25%、20%的汽车整车关税降至15%,降税幅度分别为40%、25%;将税率分别是8%、10%、15%、20%、25%的汽车零部件关税降至6%,平均降幅46%。分析认为,降低汽车进口关税,不仅有助于国内汽车及零部件产业加强竞争,调整结构加快转型,还有利于满足人们日益增长的美好生活需要,扩大内需,为我国经济发展带来更多动力和活力。

尽管我国已跃居世界第一大汽车生产国和全球最大的汽车消费市场,但人均水平还远远低于发达国家,甚至低于一些相同发展阶段的国家,这说明我国汽车市场从中长期看来仍有较大的发展空间,增长仍是未来一段时间的主要趋势。下游汽车出货量不断增加,下游行业对汽车零部件的需求不断增加,目前,我国汽车备件行业仍有较大的发展空间,市场尚未饱和。

1.1.1 汽车备件行业的现状与特点

1)汽车备件行业的现状

我国改革开放以后,随着汽车工业的高速发展,汽车备件因其需求量大、利润丰厚,受到各行各业的关注。具有一定规模的汽车备件生产企业由改革开放之初的几百家发展到数万家,汽车备件营销企业更是数不胜数。在许多城镇都出现了汽配一条街、汽配城、汽配市场等。

现在的汽车备件营销行业主要有以下三大流通批发渠道。

第一流通批发渠道——原计划经济体制下运作了几十年的省、地、市汽车备件公司。1992年以前它们称得上是汽车备件营销主渠道,现在由于自身机制、体制改革的滞后,其因历史库存压力大、人员多、负担重等原因经营不善,出现亏损,经营规模大大缩小。少数公司因领导班子管理有方、机制转换快,尚能保持良好的发展势头。

第二流通批发渠道——各大汽车生产厂在各地设立的汽车备件供应网络。目前各大汽车厂为了扩大市场占有率,均在全国各地建立了四位一体(即整车销售、备件供应、技术服务、信息反馈)的销售服务中心,我们通常称之为4S店。在这些服务中心设立了专门的汽车备件供应部门,负责集中供应配套厂家的名优备件。采取在整车生产基地建立零部件供应总汇,在整车拥有量较多的地区设立零部件分汇,在全国建立专门营销网络的方式。

第三流通批发渠道——一批经济实力强、经营规模较大的个体或股份制社会经营网点。改革开放之后的几十年间,有为数不少的投资者将资金投向汽车备件营销业,他们或以家庭为中心,或几家联合,搞家族公司或股份制公司,采取灵活的经营方式,发展很快,有的甚至成为汽车备件生产厂家的总经销商。

当前,随着汽车备件市场的竞争日趋激烈,从供应品种、规模优势、综合服务等方面来看,那些一门一户的,靠销售低价位甚至以假冒伪劣备件牟取高利润的营销网点已经不能满足客户的高层次的需求,特别是随着私人汽车拥有量的猛增,消费者对汽车的售后服务十分关注,细化售后服务、建立市场经济体制下的汽车备件供应新系统,已成为广大消费者的强烈愿望。

2)汽车备件的经营特点

(1)汽车备件的经营专业性强。

汽车备件的经营针对汽车的服务性行业,其最终客户主要是汽车维修服务企业或车主,其经营备件主要是汽车维修所必需的易损件和因交通事故损坏的总成和零件。由于产品种类纷繁复杂,汽车生产厂家对车型、备件严格规定了规范的表述方法,业务人员据此掌握车型与备件的确定关系。但因汽车备件品种太多,掌握和查找不太容易。不仅如此,由于客户一般不懂得汽车备件的规范表述方法,业务人员在销售的过程中,首先要把客户不规范的表述准确地"翻译"成规范表述,这样工作才可以顺利进行。否则,客户想买的与商家所卖的不是同一种备件,将会造成严重的后果。这就要求汽车备件经营者除了要掌握一般的商业经营知识和技能外,还必须了解汽车构造、汽车电子技术等专业知识,并针对整车市场的产品更新随时更新自己的知识储备和知识结构。由此可见,汽车备件经营在专业性要求上远远超过一般商业零售行业。

(2) 经营库存和资本具有相对集中性。

由于汽车备件行业直接为汽车维修服务,而车辆故障使得行业对汽车备件的需求随机性大,因此,为了满足及时交货的需求,取得竞争优势,汽车备件经销商必须有一定的库存。但是,相对于其他商品而言,汽车备件平均价值较高,占用资金较多,消费需求预测困难,造成库存周转相对较慢,不可避免地将使库存增加,使经营成本显著增大。这样就客观上要求经营者有极其雄厚的资金力量作为备件的库存资本和流动资本。不仅小规模经销商经常面临资金不足和扩充库存的矛盾,较大规模的经销商也同样面临库存压力,因此,要求经销商进行先进的库存管理,加快资金周转速度。

(3) 规模经济效益明显,但实现障碍较大。

汽车备件同其他商品一样,具有规模经营效益。首先,大规模经营通过统一规划采购、物流配送和客户资源能够获得较高的价格折扣,实现对库存的适时监控和管理,降低运营成本。其次,能满足对汽车备件品种的随机需求,吸引客户,赢得信誉,就能扩大交易量,增加利润。但是汽车备件本身成本高,周转慢,库存沉淀大,造成资金的大量积压,而它具有的需求分布广泛、采购批量小、种类繁杂、技术性强等特点都提高了规模经济效益的实现难度。

(4) 购销渠道的相对稳定性。

汽车备件市场的一个突出特点是购销渠道一旦建立就相对固定,表现在每一个经销商都有一批相对稳定的关系户,回头客较多。这时因为汽车备件消费具有生产资料消费的某些特征,相对于一般的生活消费品而言,同种汽车备件的产品种类少,更新换代慢,客户购买次数少,易于建立稳定的供销关系。另外,稳定的供销关系对经销商和客户双方都有利。对经销商来说,可以稳定销售额;对客户来说,可以获得多次购买的价格折扣,增加议价能力,并易于建立商业信任和技术信任。

3) 汽车备件服务的重要性

汽车产业是现代工业的一个重要组成部分,而汽车备件服务是汽车流通领域的一个重要环节,随着国内外汽车产业竞争的加剧,汽车备件服务越来越受到关注。为了提高产品的销售额,赢得更多的客户,不仅仅要在产品制造方面增强实力,还要考虑汽车备件服务方面。售后服务和客户直接接触,是企业向客户传递服务价值并提高客户忠诚度的重要手段,企业的信誉积累在很大程度上也来源于售后服务。因此,售后服务备件的好坏直接关系企业的效益。了解汽车备件服务的重要性后,应该充分利用售后服务与客户直接接触的这个优势,在大的市场驱动下进一步提高产品质量,开发出更加适应市场的产品,从而在市场竞争中立于不败之地。

1.1.2 汽车零部件制造行业分类

按使用对象分类,汽车零部件市场一般分为 OEM 市场(Original Equipment Manufacturer,整车配套市场)和 AM 市场(After Market,售后维修服务市场)。

1) OEM 市场

OEM 市场是指为汽车制造企业整车装配供应零部件的市场。20 世纪 80 年代以来，整车制造商为降低生产成本、提升生产效率，将汽车零部件的生产交由专业化的企业完成，通过市场的竞争来提高汽车零部件产品的技术水平、降低汽车零部件的成本。整车制造商从传统的纵向经营、追求大而全的生产模式逐渐转向以开发整车项目为主的专业化生产模式，上述经营模式的变化推动了汽车零部件制造行业 OEM 市场的发展。表 1-1 为 2017 年全球汽车零部件配套供应商百强榜。

整车制造商与零部件企业的合作模式为：整车制造商通过"质量、技术、价格、服务"等指标选择零部件供应商；零部件企业按其业务功能划分为一级、二级、三级等零部件企业，一级零部件企业都具有系统或总成件的研发能力，生产关键零部件总成直接向整车厂供货；二级零部件企业进行标准件或定制件的生产，向一级零部件企业供货；三级以下零部件企业主要生产通用零部件。通常整车制造商与一级零部件企业维持长期合作的关系，外部零部件企业很难进入其采购体系。合作主要体现在资本与业务方面的合作，资本方面的合作主要是指整车制造商一般参股或控股零部件企业的情形，业务方面的合作主要是指整车制造商会对零部件企业进行技术指导，且对相关产品进行共同开发。同时，零部件企业也可自由与多家整车企业开展合作，有效规避单一供货渠道风险。目前，全球汽车零部件市场供应体系已形成了多层次的供应商格局和多层次的竞争格局。

2017 年全球汽车零部件配套供应商百强榜　　　　　表 1-1

2017 年排名	2016 年排名	公司名称	国别	2015 年配套营业收入（亿美元）	2016 年配套营业收入（亿美元）
1	1	罗伯特·博世	德国	448.25	465.00
2	5	采埃孚	德国	295.18	384.65
3	3	麦格纳国际	加拿大	321.34	364.45
4	2	电装	日本	360.30	361.84
5	4	大陆	德国	314.80	362.80
6	7	爱信精机	日本	259.04	313.89
7	6	现代摩比斯	韩国	262.62	272.07
8	8	佛吉亚	法国	229.67	207.00
9	10	李尔	美国	182.11	185.58
10	11	法雷奥	法国	158.42	173.84
11	—	安道拓	美国	—	168.37
12	12	德尔福汽车	美国	151.65	166.61
13	13	矢崎	日本	141.04	156.00
14	18	延锋汽车内饰	中国	112.42	129.91
15	14	住友电工	日本	136.85	128.35
16	17	马勒	德国	113.39	121.73

续上表

2017年排名	2016年排名	公司名称	国别	2015年配套营业收入（亿美元）	2016年配套营业收入（亿美元）
17	23	松下汽车系统	日本	99.87	119.88
18	16	蒂森克虏伯	德国	113.95	109.86
19	22	舍佛勒	德国	109.14	108.83
20	15	捷太格特	日本	116.70	107.78
21	20	康奈可	日本	102.32	100.85
22	25	奥托立夫	瑞典	91.70	100.74
23	24	丰田纺织	日本	100.75	96.83
24	19	巴斯夫	德国	106.13	93.69
25	26	日立汽车系统	日本	92.40	91.00
26	31	萨玛	印度	72.45	90.75
27	28	博格华纳	美国	80.23	90.70
28	30	玛涅蒂·马瑞利	意大利	74.25	83.32
29	37	全耐塑料	法国	62.10	79.68
30	27	海斯坦普	西班牙	85.11	79.45
31	42	天纳克	美国	59.72	73.57
32	44	小系制作所	日本	58.79	72.19
33	32	海拉	德国	71.92	71.00
34	29	现代威亚	韩国	74.80	70.43
35	24	丰田合成	日本	72.39	69.96
36	34	博泽	德国	67.05	67.83
37	35	吉凯恩	英国	65.05	67.40
38	36	加特可	日本	62.82	66.64
39	—	本特勒	德国	63.83	64.86
40	38	佛恩基	美国	61.02	64.34
41	43	国际汽车零件部	卢森堡	59.00	60.00
42	40	三菱电机	日本	60.00	60.00
43	46	高田	日本	53.06	59.09
44	39	德纳控股	美国	60.60	58.26
45	47	辉门	美国	50.77	51.58
46	45	万都	韩国	55.60	50.57
47	48	日本精工	日本	48.58	49.41
48	50	现代派沃森	韩国	45.54	49.20

续上表

2017年排名	2016年排名	公司名称	国别	2015年配套营业收入（亿美元）	2016年配套营业收入（亿美元）
49	—	汉拿系统	韩国	49.12	49.15
50	49	埃贝赫	德国	47.26	46.52
51	54	东京座椅技术	日本	39.48	45.87
52	52	恩梯恩	日本	43.66	45.24
53	51	尼玛克	墨西哥	44.82	42.57
54	—	东海理化	日本	39.64	42.24
55	53	德科斯米尔集团	德国	41.00	39.71
56	65	现代岱摩斯	韩国	32.02	39.58
57	55	美国车桥控股	美国	39.03	39.50
58	60	耐斯特汽车	美国	33.61	38.42
59	56	利纳马	加拿大	30.71	35.27
60	61	库博标准汽车	美国	33.43	34.73
61	66	伟巴斯特	德国	31.79	34.29
62	62	住友 Riko	日本	32.80	33.40
63	69	英飞凌	德国	28.40	32.18
64	62	日本发条株式社会	日本	32.92	31.80
65	64	伟世通	美国	32.45	31.61
66	—	英纳法	中国	19.64	31.37
67	40	固特异	美国	30.00	31.00
68	58	玛汀瑞亚	加拿大	27.92	29.51
69	70	三叶电机	日本	28.38	26.83
70	73	莱茵金属	德国	25.68	26.56
71	77	中信戴卡	中国	24.29	26.03
72	71	恩坦华	美国	28.00	26.00
73	78	西艾意汽车	西班牙	24.01	25.09
74	75	旭硝子	日本	25.30	24.92
75	81	利优比	日本	21.17	23.79
76	90	诺贝丽斯	美国	19.40	22.75
77	85	伟创力	新加坡	20.62	22.55
78	83	考泰斯·德事隆	德国	20.22	22.10
79	82	Bridgewater 内饰	美国	20.92	22.06
80	84	欧拓	瑞士	20.23	21.76

续上表

2017年排名	2016年排名	公司名称	国别	2015年配套营业收入（亿美元）	2016年配套营业收入（亿美元）
81	—	德昌电机	中国	17.06	20.00
82	86	森萨塔科技	荷兰	20.00	20.00
83	88	塔奥国际	美国	17.96	19.14
84	89	斯凯孚汽车	瑞典	19.48	18.40
85	86	阿尔派电子	日本	20.00	18.30
86	93	F-Tech	日本	16.35	17.72
87	71	陶氏化学	美国	26.00	17.44
88	94	米其林集团	法国	16.01	16.66
89	97	镜泰	美国	15.10	16.39
90	92	先锋	日本	19.06	16.16
91	—	Piston集团	美国	11.61	15.81
92	95	德韧汽车系统	美国	16.00	15.23
93	—	敏实集团	中国	12.76	14.13
94	—	欧姆龙	日本	13.38	14.07
95	100	日信工业	日本	13.85	12.64
96	—	康斯伯格	瑞士	11.23	10.60
97	—	Shiloh工业	美国	10.57	9.72
98	—	ABC集团	加拿大	9.32	9.48
99	—	摩缇马帝汽车科技	加拿大	8.40	9.40
100	—	拉西尼	墨西哥	7.35	8.33

2）AM市场

AM供应商指零部件供应商不通过整车厂原装或4S店渠道销售零部件，而是自己建立独立的销售渠道，在市场上分销零部件。AM市场的汽车零部件需求主要来源于汽车修理、维护、改装等，市场最终客户为已拥有汽车的消费者。随着汽车保有量的持续增长、消费者对汽车及零部件、维护和改装意识的不断增强、消费者个性化追求的不断高涨，AM市场容量不断增长，已成为汽车零部件产业的重要组成部分，AM市场供应体系如图1-1所示。与OEM市场相比，AM市场具有产品需求稳定，市场需求以多品种、小批量为主，市场集中度相对较低，流通环节较多等特点。

1.1.3 全球汽车零部件制造行业的发展

1）全球汽车零部件制造行业概况

与整车市场格局一致，全球汽车零部件市场大致分为北美市场、欧洲市场、日韩市场、以中国为代表的新兴市场，上述市场特点具体情况如下。

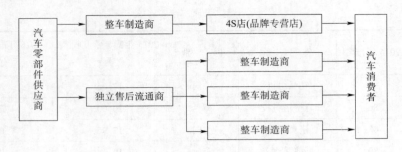

图 1-1　AM 市场供应体系

(1)北美市场,充分竞争市场,新进入者可以凭借产品良好的性价比逐渐进入整车配套体系及社会独立售后流通商的采购体系。本土零部件供应商主要以总成、系统零部件为主,OEM 市场规模较大,需求日趋饱和,但受经济波动的影响较大;AM 市场已建立了完善的社会独立售后体系,市场容量较大且较为稳定。

(2)欧洲市场,充分竞争市场,但对品牌要求较高,新进入者进入难度较大,但一旦进入整车制造商供货体系,合作将较为稳定。汽车零部件供应较为完整,汽车核心零部件供应主要集中在德国、法国等汽车工业发达国家。整车制造商采购主要集中在欧洲本土,普通汽车零部件主要由中东欧国家地区供应,近年来,欧洲地区逐渐将零部件生产采购向中国等新兴汽车工业国家转移。OEM 市场需求规模较大、需求日趋饱和;AM 市场已建立了完善的社会独立售后体系,市场容量较大且稳定。

(3)日韩市场,市场主要集中在本土零部件供应商,外部零部件供应商很难进入其供应体系。随着整车制造商降低成本的压力越来越大,逐渐引入外部零部件供应商进入其竞争体系。日韩是全球主要的汽车生产、销售中心,OEM、AM 市场需求量均较大,但需求日趋稳定。

(4)以中国为代表的新兴市场,充分竞争市场,随着整车制造商市场集中度的不断提高,零部件供应体系不断完善,零部件企业进入一级供应商体系难度日趋增加。OEM 市场增长迅速,为全球未来整车市场需求增长点,潜力巨大;AM 市场尚未建立完整的独立售后供应体系,市场竞争较为混乱。随着新兴市场保有量的持续快速增长,AM 市场将随之持续快速增长;随着市场逐步规范,汽车消费者文化的逐步形成,正规厂家的零部件供应将以更快速度增长。

2)全球汽车零部件制造行业发展趋势

(1)模块化、专业化供货。

模块化供货逐渐成为汽车零部件制造行业的一大发展趋势,整车制造商逐步由向多个汽车备件厂商采购转为向少数系统模块供应商采购。与此同时,随着模块供应商数量的减少及整车制造商降低成本的压力越来越大,向模块供应商(一级供应商)供货的配套供应商(二级、三级供应商)也呈专业化发展趋势,主要体现为一级零部件供应商将模块中的一部分产品转包给少部分专业制造商以降低生产成本,与此同时大部分零部件供应商在模块化供货的背景下,为适应市场的竞争选择专注于细分市场的发展以提升其市场竞争力,零部件市场供应日趋专业化。

(2)采购全球化。

在汽车生产全球化的情况下,为了保证整车质量和降低成本,许多汽车厂家一方面是积极推进车型的平台化，另一方面是积极开展零部件全球采购。全球采购的优点是整车厂可充分利用世界范围内的零部件竞争优势，获取市场的最新技术，适应汇率波动以及集团采购的批量效果，得到最佳质量、最佳服务、最合理价格的配套产品。因此，实施全球采购战略，扩大外购率，减少自制率，以达到最佳的经济效益和最好的产品质量成为当今世界汽车工业的发展趋势。

（3）汽车零部件产业向新兴国家转移。

经过多年的发展，欧美及日本市场基本饱和，但像中国等一些新型的发展中国家，市场潜力较大，相对西方发达的汽车制造国家劳动力成本相对比较低。面对全球化态势，资本必然会向利润最高、制造成本最低地方流动。为了应对市场竞争并贴近整车厂商，日本、欧美的大型汽车零部件供应商加大了产业转移的速度，中国等国家成为吸引全球汽车零部件产业转移的主要目的地。目前全球汽车零部件企业在中国的布局已基本形成，仅有部分新兴产品的市场仍具备产业转移和快速增长的潜力。

1.1.4 我国汽车零部件制造行业的发展

1）我国汽车零部件制造行业概况

近年来，伴随国内整车行业的快速发展，我国汽车零部件制造行业也呈现持续快速增长态势，同时在 AM 市场、出口市场的带动下，我国汽车零部件制造行业增长速度高于整车行业，零部件行业工业总产值占汽车工业总产值逐渐上升，2015 年我国汽车零部件工业总产值为 13408 亿元，占我国汽车工业总产值的比例为 29.79%，我国汽车零部件工业总产值近十年年均复合增长率达到 12.39%。2006—2015 年，我国汽车零部件工业产值及占汽车工业总产值比重情况如图 1-2 所示。

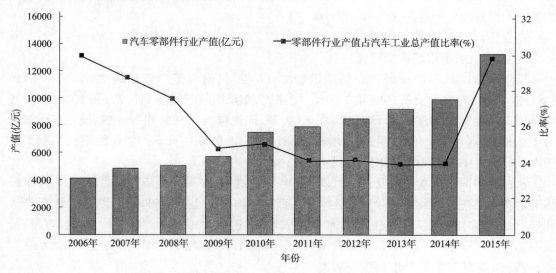

图 1-2 我国汽车零部件工业产值及占汽车工业总产值比重

2）我国汽车零部件制造行业出口情况

海外 OEM 及 AM 市场需求是推动我国汽车零部件工业快速发展的重要因素，近年来，在汽车零部件制造行业的跨国采购浪潮中，全球知名整车制造商、一级零部件供应商、社会独立售后流通商纷纷加大在中国市场的采购力度,我国零部件企业承接了大部分由发达国家转移过来的汽车零部件业务,国内汽车零部件出口规模持续增长。

2015年我国汽车零部件出口金额为643.00亿美元,2006—2015年年均复合增长率达到12.82%,2006—2015年我国汽车零部件出口情况如图1-3所示。

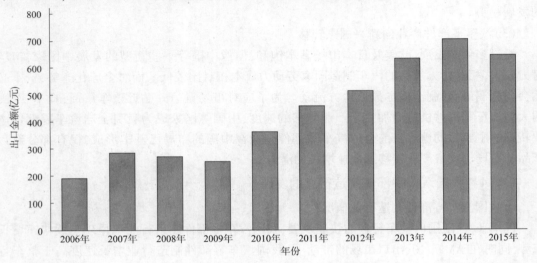

图1-3　2006—2015年度我国汽车零部件出口情况

我国汽车零部件出口以美国、日本、韩国、俄罗斯、德国、英国为主,对上述六国2015年全年出口额合计为336.60亿美元,占汽车零部件出口总金额的52.35%。我国汽车零部件出口以行驶系统、汽车电子电器、车身及其附件、零件为主,2015年上述三类零部件出口占零部件出口总额比分别为31.3%、17.1%、13.5%。

3）我国汽车零部件市场发展趋势

（1）国内OEM市场将持续增长。

近年来我国汽车产量保持较高速增长,2017年,我国汽车产销量为2901.54万辆和2887.89万辆,同比增长3.19%和3.04%,增速比2016年同期回落11.27%和10.61%。其中乘用车产销量为2480.67万辆和2471.83万辆,同比增长1.58%和1.40%；商用车产销量为420.87万辆和416.06万辆,同比增长13.81%和13.95%。汽车产销量的增长拉动了我国汽车零部件OEM市场的快速发展。

从世界各国汽车发展史看,各国人均GDP在跨过1000美元经济阶段之后,私人汽车将作为消费品出现,并带动汽车产量飞速增长,直至人均GDP达到35000美元以上,汽车产量和保有量增幅才逐渐趋于平稳,2015年我国人均GDP为8016美元。从人均汽车拥有量看,截至2015年末,我国每千人汽车拥有量约为美国的1/8,未来我国汽车消费市场潜力巨大。

（2）国内零部件出口增长仍将持续。

全球化采购、产业转移是全球零部件发展的趋势,我国汽车零部件企业在上述趋势变化中抢占了先机,汽车零部件出口额迅速增长,与此同时,全球主要整车制造商、一级零部件供应商通过设立子公司、合资企业、代表处等方式完成在国内市场的布局,纷纷加大在中国市场采购的力度。未来,随着国内汽车零部件企业技术水平、规模、品牌不断的提升,零部件全球化采购不断深化,我国汽车零部件出口仍将持续增长。

(3) AM 市场将成为国内汽车零部件市场重要增长点。

截至 2017 年末,我国机动车保有量为 3.10 亿辆,其中汽车保有量 2.17 亿辆。我国已成为仅次于美国的世界第二大汽车保有量国。汽车保有量的规模决定汽车零部件 AM 市场容量,我国汽车零部件 AM 市场已初具规模。未来,随着汽车保有量的持续增长,我国汽车零部件 AM 市场将成为零部件市场的重要增长点;随着市场的规范和消费者汽车文化的形成,高品质零部件的增长率将快于小作坊产品。

(4) 国内乘用车自主品牌销量的增加将推动国内汽车零部件企业的发展。

2015 年,我国自主品牌轿车市场份额已接近 20.0%,自主品牌乘用车市场份额达到 42.4%,自主品牌整体市场份额达到了 50% 以上。从增长速度看,绝大部分自主品牌市场增速均超过乘用车 7.3% 的水平,其中长安汽车和江淮汽车等增速均超过 30.0%,自主品牌发展势头良好。

1.2 国内外主要备件公司的业务发展

1.2.1 我国主要汽车备件公司业务状况

中国自 2009 年就成为全球最大汽车市场,然而我国的汽车产业容易给人留下"大而不强"的印象,从强有力的品牌,到性能出众的车型……都与美国、日本、德国差距悬殊。

其根源在于我国汽车零部件的积弱,如 2017 年初,传祺 GS8 已经连续两个月销量破万并超越汉兰达、锐界,但是由于爱信变速器供应不足,传祺 GS8 将在 5—9 月减产至 7000 辆/月。除了变速器之外,其他大多数零部件也都是外资企业更为领先,零部件供应链成为妨碍中国汽车尤其是自主品牌向上的桎梏。

在吉利、传祺、上汽等整车实力进步抢眼的对比下,零部件的积弱尤为令人痛惜。当然,我们也需要看到国内零部件公司的努力。

《2017 年全球汽车零部件供应商百强榜》显示,榜单当中入围的中国企业数量创下历史新高,共计入围 5 家中国企业,分别是延锋、英纳法、中信戴卡、德昌电机和敏实集团,排名分别为第 14、66、71、81、93 位。

排名第 14 位的延锋汽车内饰也拿下了中国公司迄今最好的座次,2016 年配套收入高达 129.91 亿美元,同比增长 15.56%。列在第 71 位的中信戴卡,比 2016 年提升了 6 个名次,它也是最早进入榜单的中国企业之一,虽然排名不高,但却一直在进步。这两家公司分别专长于电子/内饰和铝合金轮毂,都属于汽车行业增长潜力较大的板块。

德昌电机则是另一家间歇性登榜的中国公司,它曾在 2013 年进入百强名单。而发家于宁波的敏实集团则是真正全新的中国面孔,它排在第 93 名,主要业务是提供车身结构件、饰条及汽车装饰件。

总体看来,中国的 4 个席位在第二军团里处于中上等位置,与法国数量持平,但平均排名有所不如。如果纵向比较,2016 年和之前都是 1~2 个席位,2017 年在榜单上中国公司的数量翻倍,可以称得上是不错的进步了。

1.2.2 世界汽车备件公司业务发展状况

在2017年榜单中,德国罗伯特·博世集团仍位列第一,连续第7个年头蝉联,配套收入高达465.00亿美元。在13届榜单中,除了2010年电装曾居于博世之上,其他年份均为这个家族企业问鼎。博世的汽车零部件配套业务横跨柴油汽油动力系统、电子电气、车载多媒体以及电池技术等,只要汽车行业总体保持增长,博世旗下板块总有扩张的机遇,实力堪称冠绝群雄。

德国采埃孚在2015年斥资近130亿美元收购了美国天合,而这次收购直接影响到之后两年的榜单排名。2016年榜单上,采埃孚—天合从之前的8~10位攀升至第5,2017年则一举拿下榜眼位置,配套收入达到384.65亿美元,是最有希望继博世之后跨过400亿美元大关的选手。随着汽车对安全系统重视程度提升,同时在被动与主动安全方面发力的采埃孚将迎来更多发展机遇。

曾经在2015年摘银的麦格纳国际,2016年和2017年都排在第3位,配套营收实现两位数增长。唯一击败过博世的电装,受到母公司丰田控制成本和日元汇率变化的影响,排到第4位。大陆的排名则下滑1位排至第5位。

前15强当中,从第6~15名的排名分别是爱信精机、现代摩比斯、佛吉亚、李尔、法雷奥、安道拓、德尔福、矢崎、延锋和住友电工。

梯队分布:日系、德系、美系三足鼎立。日系、德系、美系的整车力量强悍,也能在零部件供应商的实力上得到印证。按照各大零部件供应商总部所在地,上榜企业以日系为最多,总计28家(2013年、2014年均为29家,2015年、2016年都是30家);其次是美国,22家(2013年25家,2014年23家,2015年、2016年25家);德国16家(2013年21家,2014年19家,2015年、2016年18家)。

除日、美、德三个国家之外,韩国、法国、加拿大今年分别有6家、4家和5家企业入围,而中国入围的企业数量达到5家。瑞典、西班牙、墨西哥分别有2家企业入围;印度、荷兰、意大利、卢森堡、新加坡、挪威、瑞士等国家分别有1家企业入围。

日系企业当中,排名最高的是排在第四位的电装,电装2016年的营业收入为361.84亿美元,排在第2位;德系企业当中,排在第1位的是博世,2016年的营业收入为465亿美元,前三名当中,德系企业占据两席,而另外一个则是采埃孚,采埃孚2016年的营业收入为384.65亿美元。美系企业当中,排名最高的是李尔,排在第9位,2016年的营业收入为185.58亿美元。

第二梯队当中,法国企业成绩最好的是佛吉亚,排在第8位,而法雷奥、全耐塑料和米其林集团2017年的排名都有所上升。法雷奥2016年的营收为173.84亿美元,排在第10位。韩国企业当中,现代摩比斯凭借272.07亿美元的收入排在第7位,入围的6个企业中,仅现代威亚和万都的营收出现下滑。加拿大企业当中成绩最好的是麦格纳国际,排在第3位,入围的5个企业中,有两个新入围企业,分别是ABC集团和摩缇马帝。

从营收角度看,2016年的配套收入中共有66家公司同比增长,31家企业同比下滑,三菱电机和森萨塔的营收基本与2015年持平,而安道拓因是江森自控拆分的新公司,故没有2015年的配套收入。

2017年的榜单中增速最快的是中国的英纳法,2016年的营业收入为31.37亿美元,同比增幅达到59.73%,增幅紧随其后的分别是新入围的Piston Group和采埃孚,同比增幅分别达到36.18%和30.31%。在下跌名单当中,跌幅最大的陶氏化学,跌幅达到32.92%,2016年17.44亿美元。另外,先锋和巴斯夫2016年的营业收入也有较大幅度的下滑,跌幅分别达到15.22%和11.72%。

从排名来看,博世的榜首位置依然没有其他企业能够撼动,而前三名中,采埃孚挤掉了电装排在第二位,而麦格纳也稳坐第三的位置。排名下滑较为严重的是固特异和陶氏化学,排名分别下滑27和16位。此外,日本的丰田合成名次也下滑了11位。榜单当中,排名上升较为明显的是诺贝丽斯,排名上升14位至第76位,天纳克和小糸制作所的排名也有较大幅度的上涨,分别上升11和12位。

2017年,新入围2017年榜单的共有14家企业,分别是安道拓、本特勒、Hanon Systems、东海理化、英纳法、德昌电机、Piston Group、敏实集团、欧姆龙、康斯博格、希洛工业、ABC集团、摩缇马帝、Rassini S. A. B.。

对比2016年的榜单,江森自控、康明斯、安通林集团、邦迪汽车、杜邦、莱尼、科世达、麦特达因集团、昭和、威巴克、京浜、百利得、曙光制动器和有信没有入围2017年的榜单。

《美国汽车新闻》自2004年开始整理全球汽车零部件供应商,迄今已发布了13份榜单,每年根据供应商上一年度在汽车行业配套市场业务中的营业收入(销售额)进行排名。由此,2017年全球零部件配套供应商百强榜中发布的则是2016年度各供应商的业绩。

《美国汽车新闻》在评选百强时,以厂商同汽车零部件配套业务的营业收入为衡量标准,因此,更侧重于经营规模,并不能覆盖到技术、人力、专利等层面。之所以有一部分规格较大的供应商没有登榜,与《美国汽车新闻》所需统计信息相关。该媒体每次评选百强时,需要厂商提供公司名称、所在地、联系方式以及相关数据,通常国际化程度较高、对百强榜重视的企业会相应配合,因而可能获得一席之地。而部分知名厂商根据常识拥有较大的配套业务规模,但却不见入围榜单,可能是未提供相关信息。

思考与练习

一、选择题

1. 1953年7月15日,毛泽东亲笔题名的第一汽车制造厂在( )破土动工。经过短短三年的时间,便建成投产,成为我国第一个汽车生产基地。

  A. 吉林省长春市   B. 辽宁省沈阳市
  C. 北京市   D. 上海市

2. 我国的汽车工业经过十几年的发展演变,如今初步形成了"3 + X"的格局,"3"是指( )3家企业为骨干。

  A. 一汽、东风、上汽   B. 一汽、东风、广汽
  C. 一汽、东风、长安   D. 一汽、东风、吉利

3. 目前,我国汽车市场总体可分为( )、商务用车市场、运营用车市场和私人用车市场四类。
  A. 公务用车市场   B. 租赁用车市场
  C. 二手车市场   D. 特种车辆用车市场
4. 关于中国汽车市场的基本特点,说法正确的有( )。
  A. 市场总体需求快速增长
  B. 在需求结构上,个人消费轿车的市场份额持续增长
  C. 中国汽车市场的包容性非常大,竞争激烈
  D. 汽车及零部件服务贸易水平落后
5. 关于我国汽车市场的发展趋势,说法正确的有( )。
  A. 市场销量低速增长,品牌面临重新洗牌
  B. 客户需求驱动,汽车产品进一步细分
  C. 线上线下融合,开启更多入口
  D. 汽车智能化进入产业化初期,打开行业发展新天地
6. 2018年5月,国务院关税税则委员会印发公告称,经国务院批准,自2018年7月1日起,将税率分别是8%、10%、15%、20%、25%的汽车零部件关税降至百分之( )。
  A. 5   B. 6   C. 8   D. 10
7. 按使用对象分类,汽车零部件市场一般分为OEM市场和AM市场,其中AM市场指的是( )。
  A. 售后维修服务市场   B. 整车配套市场
  C. 国内市场   D. 海外市场
8. 2017年全球汽车零部件配套供应商百强榜中,以下( )是德国品牌?
  A. 博世   B. 采埃孚   C. 电装   D. 大陆
9. 2017年全球汽车零部件配套供应商百强榜中,按照各大零部件供应商总部所在地,上榜企业( )国家为最多?
  A. 德国   B. 日本   C. 中国   D. 美国
10. 2017年全球汽车零部件配套供应商百强榜中,中国排名第一的是( )。
  A. 延锋汽车内饰系统   B. 德昌电机
  C. 中信戴卡   D. 先锋

二、思考题
1. 列举出目前我国主要的汽车制造商(不低于15个)。
2. 目前我国为新能源车辆提供动力电池的公司主要有哪几家?
3. 列举出全球主要轮胎品牌(不低于15个)。
4. 列举出全球主要的自动变速器供应商(排名前5)。
5. 简述目前我国汽车备件市场的基本特征。

学习任务 2 汽车备件管理基础知识

学习目标

完成本任务的学习后,你应能:
1. 知道汽车VIN的含义和用途,了解汽车其他标志的位置及含义;
2. 掌握汽车备件的编码规则,了解汽车备件代码的含义;
3. 掌握汽车备件检索的方法;
4. 掌握汽车备件管理的基础知识。

任务描述

客户开车前来维修,服务顾问已经接待并作了预检,但她对于车辆维修所需要的备件只能作出大概位置和形状的描述。现请求库管员小赵帮忙确定所需备件的具体名称、编号,库房里有无现货;如某些备件没有库存该如何向客户交代。

学习引导

本学习任务沿着以下路径进行:

汽车VIN组成及备件编码规则 → 汽车备件目录检索

2.1 汽车 VIN 组成及备件编码规则

备件查询是备件管理人员的一项基本工作。快速准确地查询到所需的相关信息是进行备件订货、仓库管理的基础。备件查询一般流程如图2-1所示。

由图2-1可以看出,车型VIN和备件需求是备件查询的基础,下一步是确定备件的编号。如果没有这些信息,备件管理人员就无法进行下一步作业。因此,备件管理人员要查询某辆汽车上的某个备件,首先要获取此车的车辆信息,然后才能通过零件图册或备件电子目录进行备件查询。

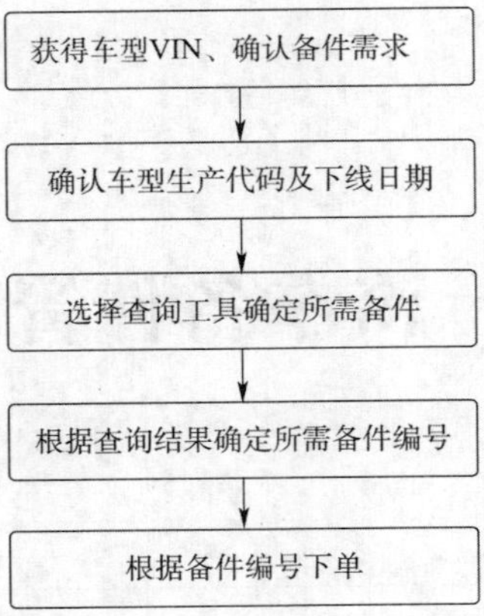

```
┌─────────────────────────┐
│ 获得车型VIN、确认备件需求 │
└───────────┬─────────────┘
            ↓
┌─────────────────────────┐
│ 确认车型生产代码及下线日期 │
└───────────┬─────────────┘
            ↓
┌─────────────────────────┐
│ 选择查询工具确定所需备件   │
└───────────┬─────────────┘
            ↓
┌─────────────────────────┐
│ 根据查询结果确定所需备件编号│
└───────────┬─────────────┘
            ↓
┌─────────────────────────┐
│ 根据备件编号下单          │
└─────────────────────────┘
```

图 2-1　汽车备件查询流程

2.1.1　车辆识别代号（VIN）

1）VIN 的含义

现在国内外各汽车公司生产的汽车都使用 VIN（VehicleIdentification Number）。VIN 是制造厂为了识别而给一辆汽车制定的一组代码，共 17 位，如图 2-2 所示。国际标准化组织（International Organization for Standardization, ISO）将车辆识别方案推向全世界，并制定了完善的车辆识别代号系列标准，使世界各国的车辆识别代号建立在统一的理论基础上。

标准	1	2	3	4	5	6	7	8	9	10	11	12	13	14	15	16	17
ISO 3779	生产商(WMI)			汽车资料(VDS)						序号(VIS)							
北美	生产商(WMI)			汽车资料(VDS)					核对号码	年份	厂房代号	序号(VIS)					

图 2-2　VIN 的含义

车辆识别代号主要有两种制式，第一种是欧盟采用的 ISO3779 标准，第二种标准主要用于北美，比第一种更严谨，但两者仍能互相兼容。

我国第一个车辆管理规则《车辆识别代号（VIN）管理规则》于 1997 年 1 月 1 日生效。内容采用国际标准，在管理方式上参照了美国机动车安全标准和联邦法规，适用范围是在中华人民共和国境内生产的汽车、挂车、摩托车和轻便摩托车。1999 年 1 月 1 日后，所有适用范围内的车辆必须使用车辆识别代号。2004 年国家发展和改革委员会发布《车辆识别代号管理办法（试行）》，并于 2004 年 12 月 1 日起实施，《车辆识别代号（VIN）管理规则》同时废止。

车辆识别代号就是汽车的身份证号，VIN 由 17 位字符组成，所以俗称 17 位码。它根据国家车辆管理标准确定，包含了车辆的生产厂家、年代、车型、车身形式及代码、发动机代码及组装地点等信息。正确解读 VIN，有助于我们正确地识别车型，以便正确地进行车辆的诊断和维修。为避免与数字的 1、0 混淆，英文字母"I""O""Q"均不会被使用。

在大多数汽车上，可以在驾驶人侧的仪表板上找到 VIN，从车外透过风窗玻璃也可以看到此号码。此标记还会位于驾驶人侧车门内的不干胶或铭牌上，或位于车门的框基上。有时，VIN 会印在杂物箱内。此外，它还会出现在汽车产权证书和保险凭证上。

车辆识别代号(VIN)中的每个字符都具有特定的含义,应由三个部分组成:第一部分、世界制造厂识别代号(WMI);第二部分,车辆说明部分(VDS);第三部分,车辆指示部分(VIS)。

(1) 第一部分标识车辆的制造商,即世界制造厂识别代号(WMI),它包括前三位:

第一位字码标明生产国家或地区代码,具体情况见表 2-1。

生产国家或地区代码　　　　　　　　　　　　　　　　表 2-1

代码	国家或地区	代码	国家或地区	代码	国家或地区	代码	国家或地区
1	美国	6	澳大利亚	J	日本	V	法国
2	加拿大	9	巴西	S	英国	R	中国台湾
3	墨西哥	W	德国	K	韩国	Y	瑞典
4	美国	T	瑞士	L	中国	Z	意大利

第二位字码是标明一个特定地区内的一个国家的字母或数字。第三位字码是标明某个特定的制造厂的字母或数字。这两位连在一起常常共同标明某个具体的制造厂,如 SV 是指上汽大众汽车有限公司,CD 是指神龙汽车有限公司等。

(2) 第二部分标明车辆说明部分(VDS),它包括第 4~8 位,用以标明汽车的车辆特征,各字码具体含义根据制造商的不同而有些差异。比如上汽大众车辆识别号 3.0 中,第四位标明车身形式,第五位标明发动机、变速器类型,第六位标明乘员保护系统,第七位和第八位标明车辆类型。

(3) 第三部分标明车辆指示部分(VIS)。

第九位始终为校验位,通过对 VIN 中的其他位进行一系列计算后即可获得正确的校验位。借助校验位,计算机可以立即判断 VIN 中是否存在错误,这种错误在人们抄写 VIN 或将其输入计算机时会经常出现。

第十位标明车型年份。每年都有一个代码字符,以 21 个英文字母或数字 1~9 表示(避免混淆,在 26 个字母中 I、O、Q、U、Z 不用)。2001—2030 年,每年都用一个字符表示,2001 年的代码为 1,2002 年的代码为 2,以此类推(30 年循环一次)。具体情况见表 2-2。

车型年份　　　　　　　　　　　　　　　　表 2-2

年份	代码	年份	代码	年份	代码	年份	代码	年份	代码
2001	1	2007	7	2013	D	2019	K	2025	S
2002	2	2008	8	2014	E	2020	L	2026	T
2003	3	2009	9	2015	F	2021	M	2027	V
2004	4	2010	A	2016	G	2022	N	2028	W
2005	5	2011	B	2017	H	2023	P	2029	X
2006	6	2012	C	2018	J	2024	R	2030	Y

第十一位是工厂代码,表示车辆的组装工厂。不同的制造商的标明方式有差异,如上汽大众车辆识别号 3.0 中,A 标明汽车一厂,B 标明汽车二厂,C 标明汽车三厂。神龙汽车有限公司车辆识别号中,1 标明神龙一厂,2 标明为二厂,3 标明为三厂,4 标明为四厂。

最后六位(即 12~17 位)是产品序列号,与底盘号的后六位相同。不过有些年产量少于

500辆车的小型制造商使用第12、13和14位作为附加制造商标识代码。产品序列号标识车辆本身,类似于序号。

2) VIN的用途

VIN的具体用途有:

(1) 车辆管理:注册登记、信息化管理。

(2) 车辆检测:年检和排放检测。

(3) 车辆防盗:识别车辆和零部件,盗抢数据库。

(4) 车辆维修:诊断、电脑匹配、备件订购、客户关系管理。

(5) 二手车交易:查询车辆历史信息。

(6) 汽车召回:年代、车型、批次和数量。

(7) 车辆保险:保险登记、理赔、浮动费率的信息查询。

2.1.2 汽车其他相关标志说明

1) 车辆铭牌

车辆铭牌是标明车辆基本特征的标牌,主要包括厂牌、型号、发动机功率、总质量、载质量或载客人数、出厂编号、出厂日期及厂名等,如图2-3所示。

车辆必须安装车辆铭牌,置于车辆前部易于观察的地方,客车铭牌置于车内前乘客门的上方。

2) 备件组号或备件流水号

备件组号是生产线零件装配的批号参数,在每辆汽车装配完毕后,都有一个相应的备件组号,图2-4所示为东风标致汽车的备件组号。同一天生产的车辆,备件组号相同。备件组号随着自然日的增加而顺序递增。

由于备件组号是区分产品更改的参数,因此在维修作业中,涉及零件更改的部位时,必须注意该车的备件组号。更换零件时,必须查找对应备件组号的备件零件号。

图2-3　车辆铭牌　　　　　　　　　图2-4　备件组号

3) 发动机号

发动机号是发动机生产企业按照有关规定、企业或行业惯例以及发动机的属性,为某一批相同产品编制的识别代码,用以表示发动机的生产企业、规格、性能、特征、工艺、用途和产品批次等相关信息。如燃料类型、汽缸数量、排量和静制动功率等。发动机号装在轿车或多用途载客车上的发动机上,都按规定标明了发动机专业制造厂、型号及生产编号,是汽车的重要标志之一,如图2-5所示。

图2-5 发动机号

4)底盘号(车架号)

现在均用车辆识别代号(VIN)来代替底盘号,一般打印在车架易见部位。

5)汽车商标

它位于汽车发动机舱盖前部中间位置。

6)汽车型号标志

汽车尾门右下角位置标有产品型号标志。

2.1.3 汽车备件编码规则

汽车设计、生产是一项由许多部门和人员参与的、极其复杂的系统工程。在其备件的设计、生产中,必须遵循统一的标准和规范。国内外各大汽车厂商都制定了适合自己的汽车备件编码体系。由于历史原因,国产汽车厂商归属部委各不相同,采用的标准有一些差异。但是他们的指导思想和基本原则是相同的。这些固定的编码统称为原厂编码,通常由英文字母和数字组成。这些字符都有特定的含义,即每一个零件用一组10~15位数字或字母表示,不同的制造厂商表示方法各有不同,不能相互通用。

1)国产备件编号的规则

为了便于汽车零部件的检索、流通和供应,我国汽车行业有《汽车零部件编号规则》,把汽车零部件分为64个大组。基本规则如下。

(1)汽车零部件编号的基本规则。汽车零部件编号由企业名称代号、产品代号、组号、分组号、零部件顺序号、源码和变更代码等部分组成,汽车零部件编号的构成形式如图2-6所示。

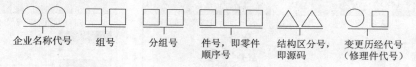

图2-6 汽车零部件编号的构成形式

结构区分号位于组号或分组号之后,表示该组或该分组的系统总成或装置的不同结构;结构区分号位于件号之后,表示该零件总成或总成装置的不同结构。

(2)不属于独立总成的零部件编码。对不属于独立总成的连接件或操纵件,编号的构成形式如图2-7所示。

(3)独立总成的零部件编码。对于属于独立总成的零部件,其编号的构成形式如图2-8所示。

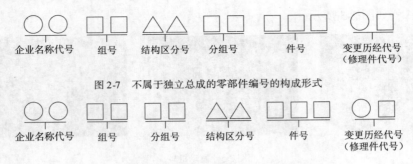

图 2-7　不属于独立总成的零部件编号的构成形式

图 2-8　独立总成的零部件编号的构成形式

上列各式中，圆圈表示汉语拼音字母、正方形表示阿拉伯数字、三角形表示汉语拼音字母或阿拉伯数字均可。

(4) 编号规则内容。

① 企业名称代号，如南京跃进 NJ，在公开出版的备件目录中一般不出现该代号。

② 结构分区号，用来区别一类备件的不同结构、参数特征的代号。它标记在主组号和分组号、分组号和件号或件号和变更号之间，一般零件无此代号。

③ 变更经历号，用来表示零件设计更新的代号。

④ 组号、分组号，国产汽车备件编号的组号和分组号应用情况，在《汽车零部件编号规则》中有规定。

2) 丰田汽车公司零件编号体系和原则

(1) 一般普通件编号。

丰田汽车零件编码一般由 10~12 位数字或英文字母组成，一般分成三部分。前 5 位是基本编号，表示零件的种类或零件的名称；中间 5 位是设计编号和变更编号，表示备件的应用车型、规格尺寸及设计改进顺序；最后 2 位是附属号，常称为颜色代码。它有三种含义：一是表示真实的颜色，用于内外饰件、面板及各类带颜色的备件；二是表示零件的尺寸分组，如应用于发动机的主轴瓦及连杆轴瓦；三是表示零件所带的不同版本的控制程序，主要应用于智能控制件，如图 2-9 所示。

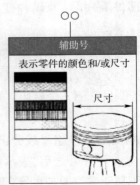

图 2-9　丰田汽车零部件编号

(2) 编码第一位的含义。

丰田备件编码从第一位可以大概区分出备件的类别，见表 2-3。

丰田备件编码第一位含义 表2-3

数字代号	表示内容	数字代号	表示内容
0	修理件	5	外观、内饰类
1	发动机备件	6	
2	发动机附件	7	装饰件、装饰条、防擦条类
3	离合器或自动变速器传动类备件	8	灯具及电气类
4	底盘备件	9	油封、轴承垫圈类小零件

(3) 单一件编号。

单一件的备件基本号各位都没有零。例如 16271-50010 表示冷却液泵垫片、88454-60010 表示电子扇罩、67881-60070 表示尾门密封胶条。

(4) 半总成件编号。

半总成件的零件基本号中的第三位或第四位数字为零,或者都为零,但第五位数字不为零。例如 13011-54062 表示活塞环、48068-35081 表示右下悬架。

(5) 总成零件编号。

总成零件的零件基本号中的第五位为零,如果组成件的数量多时,则第三、四位也为零。例如 16110-49146 表示冷却液泵总成(不带耦合器)、16100-49835 表示冷却液泵总成(带耦合器)、19000-46100 表示发动机总成。

(6) 组件编号。

组件由中心件和几个其他小件组成。第七位为9,第十位由5~9的数字组成。如编号 16100-29085 表示水泵组件。

(7) 修理包编号。

修理包零件编号全部由 04 开头。例如 04993-33090 表示制动主缸套件、修理包。

(8) 专用工具编号。

专用工具零件编号(除部分随车工具外)一般都以 09 开头。

(9) 标准件和半标准件编号。

标准件是按国际标准化组织(ISO)确定规格的备件,品种包括螺栓、螺钉、螺母、垫圈、铆钉油封、轴承、衬套等。半标准件是指类似于标准件的非标准件,如特殊螺钉、轴承、油封等。标准件与半标准件零件编码的第一位数字均为9表示,半标准件的第二为数字用0表示。

3) 上汽大众公司零件编号体系和原则

德国大众的备件管理体系中,备件编码是通过阿拉伯数字和26个英文字母进行组合。每一个备件只对应一个号码,每组数字、每个字母都表示这个备件的某种性质。备件编号一般有14位,其组成及含义如下。

如:191 863 241 AP LN8 中央托架

(1) 第一组三位数字表示车型及型号标记。用以说明这些备件最初是为哪种车型、哪种发动机和变速器设计使用的。第三位数字可以区分是左驾驶还是右驾驶,一般规定:单数为左驾驶,双数为右驾驶。

(2) 第二组三位数字表示大类及小类。根据备件在汽车结构中的差异及性能的差异,德国大众备件号码系统将备件号分成10大类,又称10个主组,见表2-4。每个大类又分成若干个小类,小类只有和大类组合在一起才有意义。

表2-4 德国大众备件10大类代号

大类代号	表 示 内 容	大类代号	表 示 内 容
1	发动机、燃油喷射系统	6	车轮、制动系统
2	燃油箱、排气系统、空调制冷循环部件	7	手动、脚动杠杆操纵机构
3	变速器	8	车身及装饰件、空调壳体、前后保险杠
4	前轴、前轮驱动差速器、转向系统、前减振器	9	电器
5	后轴、后轮驱动差速器、后减振器	0	附件(千斤顶、天线、收音机)

(3)第三组三位数字表示备件号。按照结构顺序排列的备件号由三位数(001~999)组成。如果备件不分左右,最后一位数字为单数;如果备件分左右件,一般单数为左边件,双数为右边件。

(4)第四组表示设计变更或技术更改号,由一个或两个字母组成。表示该备件的技术曾经更改过。如备件的材料、结构、技术要求等发生改变。

(5)第五组三位数字表示颜色代码。有三种含义:一是表示真实的颜色,用于内外饰件、面板及各类带颜色的备件;二是表示零件的尺寸分组,如应用于发动机的主轴瓦及连杆轴瓦;三是表示零件所带的不同版本的控制程序,主要应用于智能控制件。

2.2 汽车备件目录检索

备件目录通常由汽车制造厂家的设计生产部门编写,一般定时向售后维修站发布。利用备件目录能够准确地确定备件的名称、编码、适用车型等相关信息。

2.2.1 备件目录的内容

备件目录一般根据原厂的生产设计资料编制,是备件流通中的技术标准。常见的备件目录有书本、胶片、电子(以软盘、光盘或硬盘等存储)三种形式。随着互联网技术的发展,网络电子目录逐渐得到了广泛的应用。典型的备件目录如图2-10和表2-5所示。

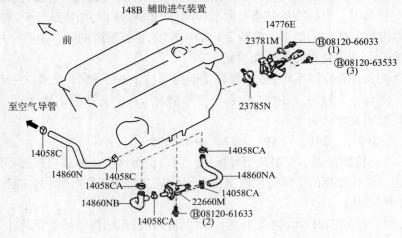

图2-10 典型备件目录示例

典型的备件目录示例 表2-5

索引号	备件名称	装车期	适应车型	备件号	数量	摘要	替代链号
14058C	卡箍	2000.10-	SR20DE	16439-V5000	2		
14058A	卡箍	2000.10-	SR20DE	16439-V5000	4		
14776E	支架—电控燃油喷射线束	2000.10-	SR20DE	24136-53J01	1		
14860N	空气软管	2000.10-	SR20DE	14099-0E000	1		269
		2000.10-	SR20DE	14099-0E000GA	1		269
14860NA	空气管	2000.10-	SR20DE	14099-53J06	1		
14860NB	空气管	2000.10-	SR20DE	14099-53J05	1		
22660M	空气调节器总成	2000.10-	SR20DE.MT	22660-53J00	1		
		2000.10-	SR20DE.AT	22660-93L00	1		
23781M	辅助空气控制阀	2000.10-	SR20DE.MT	23781-33Y00	1	/TOUSOKU	51
		2000.10-	SR20DE.AT	23781-33Y10	1	/ATHUGI	

从上述图表可以看出备件目录主要包括以下内容。

1）备件插图

备件插图是备件目录的主要组成部分,一般采用轴测图来表现系统各零件的相对位置和装配关系。按照国家标准,在备件插图中标有图中序号,使用时要特别注意零件之间的包含关系。

2）备件编号

备件编号是备件唯一的识别编号,贯穿备件的设计、生产、采购、销售、维修各个环节。它是备件订货和销售时最重要的要素,所有的备件订单和销售单据上必须清楚标出备件编号。

3）备件名称

备件名称主要是在设计和生产中使用的名称,它只是根据备件的特点,结合约定俗成的名称为备件赋予的一个文字符号,一般用于备件管理中作描述性说明和补充手段。

4）全车用量

全车用量是指此种备件在一辆车上的使用数量。

5）备注

备注是备件目录中十分重要的部分,一般用来补充说明备件的参数、材料、颜色、适用年款、车型以及其他配置信息等。备注信息提供了备件适用范围的准确描述,因此在采购和销售汽车备件时一定要注意该栏的说明。

6）其他

在备件目录中,一般都附有厂家对该备件目录适用范围、适用方法的详细说明,要求在使用前仔细阅读。

2.2.2 备件目录的检索

不同形式备件目录的检索方式各不相同。

1)纸质版备件目录的检索

首先,找到对应的备件目录版本。根据所要查找备件适用的年份车型、配置,尽量选择原厂出版的能满足要求的最新备件目录。

其次,通读备件目录的前言和相关说明,了解备件目录的内容、编号格式以及适用方法。

再次,结合汽车备件专业知识,在目录索引中查找备件所属的主组号和分组号,获得对应的页码(或图号)信息,如图2-11所示。

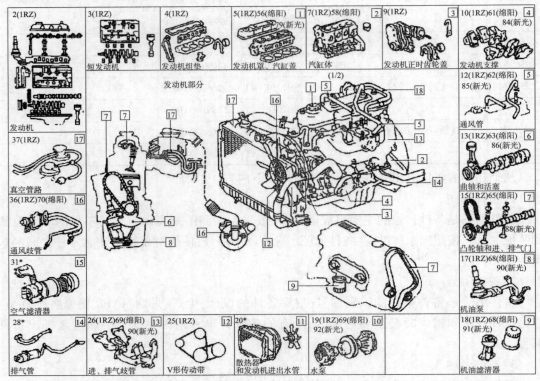

图2-11 备件目录的图形索引

最后,在指定页码中,对照零件插图,确认所查零件的图中序号,对照零件一览表就可以查到该零件的所有相关信息。

2)微缩胶片备件目录的检索

微缩胶片也是2005年以前常见的备件目录存储方式,通常六个月更新一次。查看微缩胶片需使用阅读器,阅读器是一种放大倍数很高的投影仪器,可以清晰地看到整张微缩胶片的内容。但胶片和阅读器使用和保管的要求条件较多,在汽车备件管理中应用不广泛,逐渐被电子目录替代。

3)电子备件目录的检索

当前电子备件目录在备件管理领域获得了广泛的应用。各大汽车厂商根据自身的需要开发了相应的备件服务系统,虽然结构和功能有较大的差异,但是实际内容基本一致,都包含所有车辆备件的相关信息。除此之外,第三方数据公司也提供大量的汽车备件目录,比较知名的有 Mitchell、Alldata、Motor 等公司的产品。

电子备件目录具有很多特点：

(1)备件号的查询方法多样灵活。

(2)能方便快速检索各类辅助信息。

(3)具有备件订单的功能。

(4)具有书签功能，方便回顾查找。

(5)图像清晰，能快速放大、缩小，多角度观察，定位迅速。

2.2.3 其他技术服务资料的使用

除了备件目录外，其他与备件相关的技术服务资料在备件管理中也十分重要。

1）备件变更通知

备件目录发行后，有关的零部件或型号有新的变化时，厂家为调整售后服务市场，随时发布相应的零部件变更通知。

2）替换件目录

经过技术改进或改型后，旧零件与新零件之间有互换性，需要用新零件号替换旧零件号。厂家一般在较大的改型后都会发布相应的替换件目录，用以指导备件的流通。

3）通用互换手册

一个厂家的多个车型或者多个厂家的多个车型，可能都会采用相同的零件，他们可能编号不同，但同样具有互换性。部分厂家，或者第三方出版的不同车型、不同厂家的备件通用互换手册，也是用以指导这部分的备件经营的。

4）目录维护

某一车型推出来以后，其沿袭车型的技术改进和备件变更是不断进行的，价格也随着市场时刻变化，因此，备件目录维护是一项十分重要的工作。

思考与练习

一、选择题

1.现在国内外各汽车公司生产的汽车都使用VIN。即车辆识别代码。VIN是制造厂为了识别而给一辆汽车制定的一组代码,共(　　)位。

　　A.15　　　　　　　B.16　　　　　　　C.17　　　　　　　D.18

2.某车辆的VIN前六位是LDC933,此辆汽车生产国为(　　)。

　　A.美国　　　　　　B.意大利　　　　　C.中国　　　　　　D.法国

3.车辆铭牌是标明车辆基本特征的标牌,主要包括(　　)。

　　A.制造工厂厂牌　　　　　　B.车辆型号

　　C.发动机功率　　　　　　　D.总质量、载质量或载客人数

4.汽车零部件编号由(　　)等部分组成。

　　A.企业名称代号　　　　　　B.产品代号、组号、分组号

　　C.零部件顺序号　　　　　　D.零部件源码和变更代码

5. 利用汽车备件目录能够准确地确定备件的( )等相关信息。
   A. 名称　　　　　　B. 编码　　　　　　C. 适用车型　　　　D. 外观形状
6. 某车辆的 VIN 为 LSVCC49F01C003721，那么，此辆车是( )年生产的。
   A. 2001　　　　　　B. 2011　　　　　　C. 2016　　　　　　D. 2017
7. 以下( )是电子备件目录的特点。
   A. 备件号的查询方法多样灵活
   B. 能方便快速检索各类辅助信息
   C. 图像清晰，能快速放大、缩小，多角度观察，定位迅速
   D. 不方便回顾查找
8. 汽车备件的流通等级是指汽车备件在流通过程中周转速度的快慢程度，根据汽车零件寿命周期长短可以把分为( )三大类。
   A. 快流件　　　　　B. 中流件　　　　　C. 慢流件　　　　　D. 次日达件
9. 影响汽车备件流通级别的因素主要有( )。
   A. 车辆投放市场的使用周期　　　　B. 制造设计上的问题
   C. 使用的合理性　　　　　　　　　D. 道路状况
10. VIN 的具体用途有( )。
    A. 车辆管理　　　　B. 车辆检测　　　　C. 车辆防盗　　　　D. 车辆维修

二、思考题

1. 车辆识别代号(VIN)的具体用途有哪些？
2. 车辆铭牌上包含哪些信息？
3. 车辆识别代号(VIN)每一位的具体含义是什么？
4. 简述上汽大众公司零件编号体系和原则。
5. 简述丰田公司零件编号体系和原则。

学习任务3　汽车常见易损件和常用运行材料

学习目标

完成本任务的学习后,你应能:
1. 掌握汽车备件的基础知识;
2. 知道汽车常用备件和常见易损件有哪些;
3. 知道汽车常用运行材料的性能和规格,掌握使用技术和管理知识;
4. 知道汽车常用工作液的性能和规格,掌握使用技术和管理知识;
5. 知道汽车轮胎的型号、规格,掌握轮胎的选用知识,了解常用的汽车轮胎品牌。

任务描述

小赵即将进入某主流汽车品牌4S店担任库房管理员,上岗前小赵应知道汽车发动机、底盘、电气设备和车身有哪些易损件,熟悉车用运行材料的种类与质量要求,熟悉车用工作液的作用和质量要求,熟悉汽车轮胎的规格和选用。

学习引导

本学习任务沿着以下路径进行:

汽车备件与常见易损件 → 汽车运行材料

3.1　汽车备件与常见易损件

3.1.1　汽车备件的分类

一辆汽车通常由几千种、上万个零件组合而成,汽车在使用中,会产生各种备件需求。在汽车维修企业与汽车备件经营企业中,汽车备件常有以下分类形式。

1) 按最终用途分类

汽车备件按最终用途可分为发动机零件、电气和电子装置零件、车身零件、底盘零件等。此种分类方式主要用于商业或统计工作。

2) 按使用性质分类

汽车备件按其使用性质可分为基础件、消耗件、易损件、维修件和肇事件等。

(1) 基础件。基础件通常是组成汽车的一些主要总成零件,价值较高,原则上它们应当是全寿命零件。但可能会因使用条件的突变而造成损坏,通常予以修复,但也可以更换新件。如曲轴、缸体、缸盖、凸轮轴、车架、桥壳、变速器壳体等。

(2) 消耗件。消耗件是指在汽车运行中,一些自然老化、失效和到期必须更换的零件,如各种皮带、胶管、密封垫、电器零件(火花塞、传感器、继电器等)、各种滤芯、轮胎、蓄电池等。

(3) 易损件。易损件是指在汽车运行中一些因自然磨损而失效的零件,如轴瓦、活塞、活塞环、凸轮轴瓦、缸套、气阀、导管、主销、主销衬套、轮毂、制动鼓、各种油封等。

(4) 维修件。维修件是指汽车运行到一定时期必须更换的零件。如各种轴、齿轮、各类运动件的紧固件,以及在一定使用寿命中必须更换的零件(如一些保证安全的紧固件、转向节、半轴套管等)。

(5) 肇事件。肇事件是指汽车在发生事故时通常损坏的零件,如前梁、车身覆盖件、驾驶室、传动轴、散热器等。这类零件通常按在用车辆的千分之二储备。

3) 按备件的特性分类

汽车备件按特性分为零件、标准件、合件、组合件、总成、易碎商品、防潮商品、纯正部品、横向产品、车身覆盖件等。

(1) 零件。汽车的基本制造单元,是不可再拆卸的整体,其因车型的不同而有所不同,通用性很小,如活塞、气门、半轴等。

(2) 标准件。按照国家标准设计制造的,并具有通用性和互换性的零件,如螺栓、垫圈、键、销等。

(3) 合件。两个以上的零件组装成一体,起着单一零件的作用,以其中主要零件而定名,如带盖的连杆、成对的轴瓦、带气门导管的缸盖等。

(4) 组合件。由几个零件或合件装成一体,但不能单独完成某种作用,如离合器压板及盖、变速器盖等。

(5) 总成。由若干零件、合件、组合件装成一体,并单独起着某一机构的作用,如发动机总成、离合器总成等。

(6) 易碎商品。易碎商品指在运输、搬运过程中容易破碎的备件,如灯具、玻璃、仪表、摩擦片等。

(7) 防潮商品。防潮商品是指受潮后容易变形、变质的商品,如纸质滤芯、软木、纸垫、电器零件等。防潮商品在包装上一般印有防潮标识。

(8) 纯正部件。纯正部件是指汽车厂原厂生产的备件,而不是配套厂家生产的协作件。凡是国外原厂生产的纯正部件,其包装盒上均印刷有英文"GENUINE PARTS"或中文"纯正部品"字样,很容易识别。

(9) 横向产品。横向产品指非汽车行业生产的汽车用商品,如汽车轮胎、蓄电池等。

(10) 车身覆盖件。车身覆盖件指由板材冲压、焊接成型,并覆盖汽车车身的零件,如散热器、发动机罩、翼子板等。

3.1.2 发动机主要备件及易损件

1）汽车发动机的主要备件

汽车发动机是汽车的心脏，是汽车产生动力的装置，现在汽车大多采用往复活塞式发动机。一般轿车发动机备件大同小异，下面以捷达轿车为例，发动机的主要备件如下。

（1）曲轴连杆机构。汽缸体、油底壳、汽缸盖、汽缸盖罩盖、排气装置、通风管、曲轴、连杆、轴承、活塞、活塞环、活塞销等。

（2）配气机构。齿形带、齿形带护套、凸轮轴、阀门等。

（3）润滑系统。机油泵、机油尺、机油滤清器等。

（4）冷却系统。水泵、水管、软管及硬管、散热器、凸缘盘、补偿罐、导风装置，导流纸板等。

（5）燃料系统。燃油泵、燃油储备容器、空气滤清器、空气预热板、进气歧管、真空设备、节气门部件、进气系统、燃油分配器、燃油箱和燃油管等。

（6）离合装置。离合器、分离轴承、分离轴、叶轮泵、发动机紧固件等。

（7）排气装置。排气歧管、排气管、中间管、前消声器、中间消声器、后消声器等。

（8）带冷却循环的冷却系统的备件。燃油箱、燃油管路、燃油滤清器、活性炭过滤装置、制冷剂压缩机、压缩机的连接紧固件、制冷剂循环系统、制冷剂冷凝器等其他维修组件。

2）汽车发动机常耗易损件

（1）汽缸体。使用中出现缸体正常磨损可以进行镗缸加大尺寸予以修理外，在冬季因缸体未放尽积水被冻裂，运行中汽缸因缺少冷却液过热膨胀而裂缝漏水，以及在行车事故中被碰撞损坏等已无修复价值时，都需要进行总成更换，故有一定的消耗量，属正常应备品种。

（2）汽缸套。常见故障有缸孔自然磨损，外径压配不当而漏水（湿式缸套），缸壁因铸钢损伤，或在汽缸突发工况下，如连杆螺栓松脱被连杆击穿等。汽缸套是维修中的必需备品，消耗量较大，应有一定的备量。

（3）汽缸盖。除未发现的制造缺陷（如隐藏裂纹、排气门座压配松弛等）引起的漏水现象外，主要是使用不当和自然疲劳损坏。如因缸盖紧固螺栓或螺栓拧紧力矩及拧紧顺序未按规定操作，造成缸盖平面度被破坏而产生翘曲变形；汽缸盖衬垫质量不好，在排气中造成密封平面部分金属热化学腐蚀而造成泄漏，以及在冬季停车后未放尽积水以至被冻裂等现象。汽缸盖属常备品种，应有一定的备量。

（4）汽缸盖罩盖。易于变形翘曲，有一定的损耗量。

（5）汽缸盖衬垫。易耗件，消耗量较大。其故障症状为封闭汽缸孔边缘部位烧蚀泄漏，水孔边缘部分热腐蚀缺损。其原因是缸盖紧固螺栓或螺栓拧紧力矩失准或松弛；因制造上的缺陷，如厚薄超差、卷边工艺性不好、平面度被破坏、漏水造成热化学腐蚀等，结果使封闭失效。汽缸盖衬垫为一次性使用备件，消耗量大，通常也作为主要维修备用品，应有一定的库存备品量。

（6）活塞。常见故障多为自然磨损，在发动机过热破坏正常配缸间隙或断油时，会造成活塞顶部或摩擦面的部分铝金属熔蚀发生拉缸或咬死。在点火提前角太大、磨损后配合间隙过大、产生严重积炭时早燃或爆燃情况下，会发生击伤裂缝等故障。

(7) 活塞环。常见故障为因活塞拉缸而被折断、环高自然磨损、弹性衰减等造成，气密性破坏漏气漏油等。但在发动机例行维护中应加以注意的是，防止活塞环走合良好的情况下盲目换用新环。因换用新环需重新与汽缸磨合，工况反而不及原来的好，并且形成不必要的浪费。

(8) 活塞销。常见故障为外径自然磨损，在特殊工况下或制造上尚有未检出的隐藏裂缝造成的折断，往往会造成汽缸、活塞、连杆等同时被破坏的事故。

(9) 活塞销衬套。常见故障为自然磨损、因缺油高热烧损及配合间隙过大导致衬套走外圆等故障。活塞、活塞环、活塞销是发动机的主要易耗件，其消耗量大、规格多，是常备备件之一。

(10) 连杆。常见故障为受力而杆体扭曲、大头小头孔座因轴孔磨损或断油造成的过度磨损松旷、螺栓孔螺纹损坏等。连杆虽属易耗件，但相对销量较少。需有一定的备品以应需要。

(11) 曲轴。常见故障为主轴颈和连杆轴颈磨损，曲轴因受力扭曲变形导致同轴度失准，以及在突发工况下或因材质缺陷、隐藏裂痕等造成个别现象的折断故障等。曲轴的正常使用寿命在 30 万 km 以上，为主要维修易耗件，有一定的用量，为企业常备供应备件之一。

(12) 连杆轴承与曲轴轴承。常见故障为自然磨损，大致有因断油产生的合金层合金烧熔咬轴、因冲击负荷所致合金层部分合金疲劳脱落、因配合间隙过大造成轴承钢衬走外圆及定位唇口变形移位等。连杆轴承和曲轴轴承为易耗件，在发动机大修或中修时需成组更换新件，应有足够数量的备品。

(13) 飞轮总成。常见故障为大端工作平面因离合器钢片损坏或磨损后被铆钉突出磨损形成的沟槽，使有效摩擦面积减少，造成离合器工作失效；飞轮齿圈齿端因起动机驱动齿轮的撞击崩块或齿面磨损过大；齿圈与飞轮外圈配合松弛等。飞轮总成可有备量。

(14) 气门。维修中的常见故障为：自然磨损和胶黏咬死、断裂、腐蚀等。其原因常为汽缸窜油积炭渗入气门杆与导管的间隙中，或润滑油积垢变质所造成。也有因制造材质的缺陷，使气门盘锥面早期烧蚀而漏气，气门是易耗件，应有较多数量的备品。

(15) 气门导管。使用中的常见故障为自然磨损致配合间隙过大。燃烧废气和润滑油杂质等侵入，形成磨料，使气门杆咬死或内孔拉伤。孔径扩大后，废气或未燃燃油会渗入油底壳使润滑油变质而恶化。气门导管也属易耗件。在发动机大修中常需换用新品，故应有一定备料。

(16) 气门弹簧。使用中常见故障有变形、折断、弹性衰减等，其原因有工作疲劳与制造热处理不当等。故气门弹簧的质量要求很高，如果一个气门弹簧的工作实效，会使整个发动机的工况变坏，输出功率急剧下降，故在维修中，必须加以仔细检查。气门弹簧是维修易耗件，应有一定数量的备品，属常供品种之一。

(17) 气门座圈。常见故障为机械磨损和热腐蚀。它经常处于气门启闭的冲击载荷及高温废气的腐蚀之中，特别是当气门或座圈封面稍呈隙漏时，更易产生灼热点，并迅速恶化，以致造成气门或气门座的密封面被破坏，轻微的可以修磨恢复，严重的则需换用新品，应有一定的备量。

(18) 凸轮轴。使用中常见的故障有主轴颈磨损、凸轮磨损。特别是凸起磨损面，在高速启闭气门时，承受气门传动机构的压力负荷和惯性力，容易磨损。当磨损量超过轮廓曲线偏差时，将严重影响发动机的配气相位，使发动机工况变坏、动力下降。此外，凸轮轴弯曲变形、同轴度变坏、机油泵驱动齿轮损坏现象也会出现。凸轮轴的正常寿命在30万km以上，消耗较少。

(19) 气门挺杆。使用中常见故障为杆部自然磨损、调节气门间隙螺钉的螺纹损伤、与凸轮轴凸轮接触工作面的磨损等。气门挺杆是易耗件，但与其他品种比较，消耗量相对较少，故可有较少数量的备品。

(20) 气门推杆。常见故障有两端头接触工作面磨损、由于气门间隙调整不当(过小)而产生的弯曲变形。这时发动机的气门机构将发生明显的敲击噪声，严重时会使发动机工况急剧变坏。

(21) 气门摇臂。使用中常见故障为轴承孔磨损、圆弧工作面磨损、气门间隙调整螺栓与螺母或螺钉与螺母或螺孔螺纹的松旷和损坏。维修备件的消耗量较大，备品数量应相对多一些。

(22) 凸轮轴正时齿轮。使用中常见故障有齿部受冲击力而崩裂、断齿、压配松动及齿面磨损超过允许值等。正时齿轮是易耗件，在发动机的维修作业中经常被更换，故应有一定数量的备品。

(23) 正时链条(齿形带)。使用中常见的故障主要是链板疲劳、轴销和滚子磨损后伸长，使气门启闭和点火正时失准，发动机有异常响声。在链条松旷的情况下，甚至跳齿传动，迫使发动机工况恶化或熄火。由于相同的原因，工程塑料齿形带的损坏现象为疲劳伸长、齿面磨损等，这时则需更换，要有一定的备量。齿形带防护罩也是易损件，应有一定的备量。

(24) 进排气歧管总成。常见故障为热疲劳裂纹，安装凸缘边缘因螺钉拧紧顺序及力矩不当造成的断裂，或受热疲劳引起的安装平面翘曲变形而破坏的漏气等。进排气歧管、排气管、消声器及衬垫都是易耗件。排气管和消声器在高温废气的腐蚀下破损，接口垫因烧蚀泄漏，所以消耗量较大，应有备品。

(25) 机油泵。常见故障除制造质量外，在使用中因运动件自然磨损引起的供油压力不足，是因为运动副磨损使配合间隙增大造成机油的泄漏量增大，或限压阀弹簧弹力疲劳衰减，或调整失准，或因配合间隙增大使油压脉动增大等影响润滑系统的工作质量。有时也因密封衬垫损坏，使空气侵入，负压降低，造成油压降低甚至失效。机油泵是易损件，属常供常备品。

(26) 机油集滤器。常见故障为滤网经多次阻塞、清洁后变形或破损，浮子泄漏及油管油垢阻塞、清除中变形等。机油机滤器是维修易损件，属常供常备品。

(27) 机油滤清器。常见故障为滤芯被机油杂质污染阻塞，过滤效率下降，阻力增大，危及摩擦零件的急剧磨损和断油损坏。这时必须更换滤芯或进行总成更换。此外，滤清器密封衬垫的损坏、限压阀因弹簧压力衰减，开启压力失准也能导致润滑效果下降，使发动机的工况变坏等。机油滤清器是易耗件，在维护作业中，需要量较多，应有较多备品。

(28) 油底壳。易损件，应有备品。

(29) 汽油泵。常见故障有泵油失效、泄漏、输油压力下降和供油量不足等。其原因常为膜片疲劳损伤裂缝，进出油止回阀工作面磨损而导致的密封性破坏，摇臂工作面磨损量过大而导致的膜片行程减小等，应有较多的备品。

(30) 汽油滤清器。在使用中的故障是漏气(不密封)或滤芯未及时维护而形成的阻塞,漏气使汽油泵工作失效,阻塞则导致汽油供给量不足,滤芯破损则滤清效果不佳,以致造成供油系统中主要零件产生故障。故汽油滤清器检查维护十分重要,属易耗件,应有一定的备品。

(31)空气滤清器。常见故障多见于滤清效率的降低,原因是滤芯被尘土阻塞,这时发动机将因空气的充气量不足而出现功率下降,因此,空气滤清器必须按规定进行维护更换。空气滤清器是易耗件,需有较多的备品。

(32)散热器。使用中常见故障除磕碰损伤外,还有因行车路面振动影响而使安装螺钉松动引起的机械损伤,导致漏水、散热效率剧降,冷却液温度过高,水汽膨胀压力增大导致的水管裂纹漏水,冬季气温过低被冻裂。散热器属于易耗件。消耗量较大,应有足量的备品。

(33)节温器。其损坏现象是皱纹筒因热疲劳变形而失去弹性,蜡式感温体因热疲劳而使温感性能变坏,以及机械损伤等。应有一定备品。

(34)水泵。易耗件,其常见损坏现象为冷却液泄漏。原因有壳体裂纹、轴承损坏、水封及胶木垫片失效、壳体安装螺栓孔损裂等。客户大多为更换总成,所以水泵总成要拥有较多的备品。

(35)风扇皮带。使用中的常见故障为疲劳伸长后传动失效,或因包布层而导致的破损和断裂,它是一种常耗易损件,需求量较大,为行车中的必要备品之一。

3.1.3 底盘主要备件及易损件

1)汽车底盘的主要备件

汽车底盘一般由传动系统、转向系统、制动系统和行驶系统四部分组成。货车与轿车的底盘部分差异性较大。下面以轿车为例,主要的底盘备件如下。

(1)传动系统。变速器备件:变速器总成、齿轮与轴、换挡叉轴、换挡拉杆、换挡拨叉、变速器紧固件、传动轴、万向节总成、十字轴、差速器主动锥齿轮和从动锥齿轮、行星齿轮、半轴等。

(2)转向系统。前轴、转向器、转向横拉杆、转向节、转向盘、转向柱管、转向轴万向节、壳体、液压油罐及连接件、软管、动力转向操纵装置等。

(3)制动系统。制动系统的备件有钢制辐板式车轮、鼓式制动器、制动托盘、车轮制动轮缸、制动蹄、制动拉索、制动主缸、补偿罐、制动液、制动硬管、制动软管、制动助力器用真空软管组、制动助力器、盘式制动器制动钳、制动盘、维修组件等。

(4)行驶系统。带安装件的后桥体、前后悬架、弹簧装置、前后减振器、前后轮毂、轮毂螺栓或螺母等。

(5)手操纵和脚踏杠杆装置。包括:换挡杆操纵装置、驻车制动器拉杆、离合器踏板、制动踏板和加速踏板机构、节气门拉索等。

2)汽车底盘常耗易损件

(1)离合器总成。常见故障有从动盘摩擦片磨损、钢片裂纹、面片铆钉突出或面片被油脂污染、分离轴承套筒、分离叉、分离杠杆等零件摩擦工作面的磨损等,摩擦片烧蚀、松动等。

(2)离合器机械式操纵机构。离合器机械式操纵机构常见故障有自然磨损、分离轴承的球头螺钉磨损等。

(3)离合器液压传动机构。离合器液压传动机构常见故障有活塞、活塞皮碗、皮圈磨损及橡胶老化,双向阀损坏、筒缸磨损等。

(4)变速器。使用中的常见故障有齿轮齿面磨损或产生疲劳剥落现象、齿部崩裂、疲劳点蚀、齿厚磨损减薄、齿轮内花键磨损间隙增大等,这些都能导致换挡时啮合粗暴或困难,运行摇晃而发出异响。传动齿轮、换挡杆、同步器为易损件。变速器壳体的常见损伤有壳体的变形和裂纹,定位销孔、轴承孔、螺纹孔的磨损。自动变速器的变矩器、电磁阀体总成、线束总成等常有损耗,属易耗件。

(5)传动轴及万向节。传动轴的常见故障多见于万向节叉十字轴座孔磨损扩大及配合松动。滑动叉及花键轴的键槽或键齿磨损松动,轴管变形弯曲,凸缘叉裂缝等。有的是因材料疲劳损伤,有的则是驾驶操纵不当冲击损伤。但也有因维护不善,如万向节滑动叉应加注润滑脂部分,未按规定进行清洗并加脂维护,形成早期磨损,甚至折断造成行车事故,故传动轴、万向节及中间支架中的滚动轴承、橡胶垫环等属易损件,损耗量较大。

(6)半轴。半轴在使用中的常见故障主要有过载或因冲击导致杆部断裂、扭曲。花键磨损后与半轴花键槽配合间隙过大,受冲击载荷导致扭曲或断裂,安装螺栓孔因螺栓松动造成的磨损扩大或裂纹等。

(7)前轴。前轴属于易损备件,在使用中的常见故障为受冲击负荷发生弯曲变形,主销孔与主销配合间隙过大,磨损扩大又难以修复时则必须更换新品。

(8)转向节。转向节在使用中的常见故障由主销孔、主销磨损,转向节受冲击负荷弯曲变形产生疲劳,裂纹等,如发现有裂纹需立即更换,以保证行车安全。主销变形会影响车轮定位,加速轮胎磨损,使行车时晃动发生,发出胎面噪声,影响行车安全。转向节主销衬套,也易于磨损,消耗量较多,应有较多备品。

(9)轮毂。轮毂在使用中内外轴承安装孔为主要磨损部位,常因未及时维护或锁紧螺母松动或缺少润滑脂使轴承早期损坏,车轮晃动导致轴承孔座损伤松旷,影响汽车正常运行,严重时将造成行车事故。轮毂是易损件,需有备品。

轮毂螺栓及螺母是耗用较多的易损件,在使用中常见故障多为螺纹破坏,甚至受冲击负荷而折断,也属易损件,需有备品。

(10)螺旋弹簧。螺旋弹簧在使用中的常见故障为断裂、弹性衰减和变形,其原因是过载、冲击应力及疲劳损伤,是一种较多耗量的备件。

(11)减振器。减振器和减振器胶套缓冲胶的损坏现象为减振性能衰减、变坏或失效,属多耗易损零件,应有备品。

(12)转向盘。转向盘在使用中的常见故障为外包装塑料老化产生裂纹、转向盘变形、中央轮毂内孔键槽和花键因工作疲劳或维修拆装损伤、喇叭安装结构的损伤等,出现以上情况是必须换用新品,以保证使用安全。

(13)转向器。转向器在使用中的常见故障为转向沉重、回位不灵、转向盘行程过大。造成上述现象的原因往往是转向柱管变形偏离中心、齿轮调整失准或磨损、支承轴承损坏、齿轮磨损、间隙增大等。除此之外,也有因传动机构中连接零件的损坏变形而造成的以上故障出现。转向器总成应有少量储备。

（14）动力转向装置。动力转向装置在使用中的故障现象为转向沉重、自由行程过大、转向盘恢复性差和系统有噪声等。其故障原因有动力泵油压不足、转向轴弯曲变形、转向器调整失准、控制阀卡住或失灵、液压系统泄漏或进入空气、动力泵零件磨损、控制阀黏结等。

（15）纵拉杆与横拉杆。纵拉杆与横拉杆的易损件为球销、球销碗、弹簧座、弹簧、防尘罩等，但当纵拉杆、横拉杆接头端部安装球销的空腔孔磨损过大时，则必须更换纵拉杆总成或横拉杆接头。球销安装孔口磨损过大时，球销容易脱出，将造成严重的行车事故。纵拉杆和横拉杆的安装位置较低，常与地面的泥水、砂石接触，球销易于磨损。

（16）液压制动主缸和轮缸。液压制动主缸和轮缸常见的故障有：正常磨损渗漏、皮碗质量不好或配合尺寸选用不当、活塞与缸孔磨损后间隙过大、皮碗刃口向后等，造成制动失效。所以应按规定的行驶里程进行维护、清洗和更换磨损零件，并补充和换用新的制动液。制动主缸和制动轮缸通常各有修理备件包。

（17）液压制动软管。常见故障有：前轮软管长度选用不当，过短造成转向拉应力，使接头疲劳脱落；过长则易与轮胎胎侧摩擦造成损伤。因未按时维护橡胶老化、内孔孔径膨胀缩小或阻塞，使制动效率减弱，反应迟钝甚至失效。液压制动软管属易耗件，应有备品。

（18）前后制动片。制动片使用频繁、工作条件恶劣，属易损件。在汽车维护作业和大、中修理作业中均需检查或更换，消耗量大，应多备。车辆在每行驶 10000～15000km 后应进行检查，在行驶 25000km 后更换摩擦片。

（19）油封。发动机及底盘部分，凡是装了滚动轴承或滑动轴承的旋转零件，在需要润滑部位都必须安装油封，防止润滑油或润滑脂外泄。油封可以防止尘垢、泥水等的侵入，油封是易损件，而且消耗量较大，应有较多备品。

（20）滚动轴承。滚动轴承安装于汽车旋转零件之间，目的是使滑动摩擦转变为点线的滚动摩擦，减小摩擦阻力，提高机械传递的效率，并起到零件的支撑作用。汽车滚动轴承是受力很大的滚动摩擦零件，是易耗件，且通用性也很强，一般在汽车二级维护作业时检查和更换，应有备品。

3.1.4 车身及电气主要备件

1）汽车车身主要备件

（1）车身外备件。车顶、发动机舱盖、行李舱盖、前后保险杠、翼子板、轮罩衬壳、车轮罩、侧围件、纵梁、加油口、车外后视镜、通风设备饰板、散热器格栅、下梁扩展件、标记字样、牌照板等。

（2）驾驶室内备件。地板组、地毯、底板绝热、仪表板、仪表板内杂物箱盖、仪表板箱盖、收音机喇叭饰框、杂物盒、烟灰缸、车内后视镜、遮阳板、拉手、座椅、靠背、三点式安全带、杂物箱、车门铰链、车门密封件、车门限位器、车门锁、车内操作机构、外车门拉手、车门玻璃升降器、玻璃升降导轨、车门玻璃、车门玻璃密封件、装饰条、护板条组、车门槛嵌条等。

（3）车身其他备件。空气分流装置壳体、蒸发器壳体、蒸发器、鼓风机、真空罐、真空罐管组、行李舱底板、空气软管、V 带盖板、侧围衬护、行李舱内衬护、立柱饰护板、后杂物架、中间托架、换挡操纵杆、车门内衬护等。

2）汽车车身常见易损件

（1）纵梁。纵梁的常见故障和损坏现象为纵梁弯曲变形或裂缝，主要是汽车过载或受到强大的冲击载荷而损坏，行车事故中碰撞变形、损坏等。

（2）蒸发器、蒸发器壳体。蒸发器和蒸发器壳体在行车事故中发生碰撞而严重弯曲或破裂时只能更换，鼓风机也属易损件。

（3）驾驶室。驾驶室的常见故障和损坏现象为钣金锈蚀、碰撞变形、车门碰撞变形、玻璃破碎、玻璃升降器损坏、门锁损坏等。易损零件有玻璃、升降器、门锁、外车门拉手、车门铰链等都要有适量备品。

（4）翼子板和挡泥板。翼子板及托架、前后轮挡泥板的损坏现象常为碰撞损坏、振动裂缝、泥水锈蚀等，应有足够的备品。

（5）保险杠、牌照板、车外后视镜。常因行车事故中碰撞而损坏，应有较多备品。

（6）其他。装饰条、车门槛嵌条、杂物盒、烟灰缸、杂物箱、立柱饰护板均属易损件，应有备品。

3）电气设备常用易损件

（1）发电机。发电机常见故障有绕组短路或断路、电枢轴承磨损、机壳及盖损伤等。硅整流发电机的硅管受高峰电压的冲击而被击穿的损坏比较常见。

（2）起动机。起动机常见故障有起动开关触点烧蚀，电磁开关绕组及电枢、磁极励磁绕组短路、断路，整流子磨损，轴承损坏，移动叉移动调节距离失准、驱动齿轮损伤等。

（3）蓄电池。蓄电池常见故障有壳体碰撞裂纹、漏液、极板活性物质脱落沉淀于壳底、隔板微孔被活性物质阻塞导致内阻增加、单电池连接铅条脱焊松动、电解液不足使极板硫酸铅化等。蓄电池属易损件，冬季需求量较大，应有备量。

（4）点火线圈。点火线圈的常见故障为绝缘胶木上盖磕碰损坏、高压电流击穿、绝缘层破坏、绕组断路或过热烧坏、接线柱接线脱焊等。

（5）火花塞。火花塞是消耗量较大的易损零件。火花塞电极在燃烧室内，工作在高温、高压和高化学腐蚀的环境中，还容易被燃烧废气污染，所以会造成其点火间隙变化，或者绝缘体裙部损伤，造成短路等现象。

（6）电热塞。电热塞为柴油发动机易损件，在柴油发动机汽车保有量多的地区应常备。

（7）汽车灯具。前照灯、制动灯、转向灯、尾灯等的灯泡均为易损件。它们有一定的寿命，但由于受行车振动或受到高峰电压冲击产生灯丝断路、烧毁等而使照明失效。灯具还因外漏而受到泥水浸渍、锈蚀，外观和照度变坏需更换。

（8）继电器。汽车上有灯光继电器、喇叭继电器、电动机继电器、空调继电器和组合继电器等，这些都属易耗件。

（9）开关。温度开关、倒车灯开关、转向组合开关、刮水器组合开关等因使用频繁，属易损件。

（10）刮水器。刮水器是易耗件，特别是刮水臂和刮水片的损耗量较大。

（11）喇叭。常见故障有喇叭不响或常响，多为触点烧结，不能分开所致，按钮卡死、继电器触点烧蚀、喇叭至继电器按钮之间绝缘层破坏、搭铁等原因引起。喇叭膜片破裂、膜片锁紧机构松动、铁芯间隙失调、各紧固螺钉松动等可能会引起喇叭变声,修复不了应更换。

(12)仪表及传感器。电流表、温度表、机油压力表、燃油表及其传感器消耗量较多,是常见易损件。

3.2 汽车常用运行材料

汽车运行材料通常是指汽车赖以运行,并且在运行过程中因消耗而不断补充更新的消耗性材料,主要包括燃料、润滑油、工作液及轮胎等。了解汽车运行材料的性能和规格,掌握使用技术和管理知识,对充分发挥汽车的使用性能、保证安全运行、节约能源、减少环境污染、降低运输成本都有着重要的意义。

3.2.1 车用燃料

1)车用汽油

车用汽油,是一种由石油炼制成的液体燃料,主要供汽车、摩托车使用。

车用汽油是由石油经过直馏馏分和二次加工馏分调和精制并加入必要添加剂而成的。沸点范围为30~205℃。车用汽油应在任何工作条件下都能形成均匀的混合气,在任何负荷下都能正常燃烧,燃烧过程中不会生成积炭和结胶。

随着环保法规的不断严格,进一步降低硫、烯烃、芳烃、苯含量,提高辛烷值,减少金属添加量,缩短蒸气压、馏程范围,控制密度等已成为今后车用清洁汽油的主要发展方向。

(1)汽油的重要特性。

汽油重要的特性为蒸发性、抗爆性、安定性、腐蚀性和安全性。

①蒸发性指汽油在汽化器中蒸发的难易程度。对发动机的起动、暖机、加速、气阻、燃料耗量等有重要影响。汽油的蒸发性由馏程、蒸气压、气液比3个指标综合评定。

馏程是指汽油馏分从初馏点到终馏点的温度范围。航空汽油的馏程范围要比车用汽油的馏程范围窄。

蒸气压是指在标准仪器中测定的38℃蒸气压,是反映汽油在燃料系统中产生气阻的倾向和发动机起动难易的指标。车用汽油要求有较高的蒸气压,航空汽油要求的蒸气压比车用汽油低。

气液比是指在标准仪器中,液体燃料在规定温度和大气压下,蒸气体积与液体体积之比。气液比是温度的函数,用它评定、预测汽油气阻倾向,比用馏程、蒸气压更为可靠。

②抗爆性指汽油在各种使用条件下抗爆震燃烧的能力。车用汽油的抗爆性用辛烷值表示。辛烷值越高,抗爆性越好。汽油抗爆能力的大小与化学组成有关。带支链的烷烃以及烯烃、芳烃通常具有优良的抗爆性。规定异辛烷的辛烷值为100,抗爆性好;正庚烷的辛烷值为0,抗爆性差。汽油辛烷值由辛烷值机测定。高辛烷值汽油可以满足高压缩比汽油机的需要。汽油机压缩比高,则热效率高,可以节省燃料。提高汽油辛烷值主要靠增加高辛烷值汽油组分,但也通过添加MTBE等抗爆剂来实现。汽油的牌号是按辛烷值划分的。

③安定性指汽油在自然条件下,长时间放置的稳定性。用胶质和诱导期及碘价表征。胶质越低越好,诱导期越长越好,国家标准规定,每100mL汽油实际胶质不得大于5mg。碘

价表示烯烃的含量。

④腐蚀性是指汽油在存储、运输、使用过程中对储罐、管线、阀门、汽化器、汽缸等设备产生腐蚀的特性,用总硫、硫醇、铜片实验和酸值表征。

⑤汽油安全性能的指标主要是闪点,国家标准严格规定的闪点值为≥55℃。闪点过低,说明汽油中混有烃组分,会对汽油储存、运输、使用带来安全隐患,还会导致汽车发动机无法正常工作。

(2)汽油的牌号。

汽油按牌号来生产和销售,牌号规格由国家汽油产品标准加以规定,并与不同标准有关。目前我国国Ⅳ的汽油牌号有3个,分别为90号、93号、97号。国Ⅴ分别为89号、92号、95号(附录中有98号)。汽油的牌号是按辛烷值划分的。例如97号汽油是指与含97%的异辛烷、3%的正庚烷抗爆性能相当的汽油燃料。标号越大,抗爆性能越好。应根据发动机压缩比的不同来选择不同牌号的汽油,每辆车的使用手册上都会标明。压缩比在8.5~9.5的中档轿车一般应使用90号(国Ⅳ)汽油,压缩比大于9.5的轿车应使用93号(国Ⅳ)汽油。

汽车发动机在设计阶段,会根据压缩比设定所用燃油的标号。压缩比是发动机的一个非常重要的结构参数,它表示活塞在下止点压缩开始时的气体体积与活塞在上止点压缩终了时的气体体积之比。从动力性和经济性方面来说,压缩比应该越大越好。压缩比高,动力性好、热效率高,车辆加速性、最高车速等会相应提高。但是受汽缸材料性能以及汽油燃烧爆震的制约,汽油机的压缩比又不能太大。简单地说,高压缩比车使用高标号的燃油。燃油标号越高,燃油的燃烧速度就越慢,燃烧爆震就越低,发动机需要较高的压缩比;反之,低标号燃油的燃烧速度较快,燃烧爆震大,发动机压缩比较低。

2)车用柴油

汽车用柴油是柴油发动机汽车的专用燃料,柴油发动机和汽油发动机相比热效率高25%~40%,且动力性能好、功率大、耐久可靠、清洁性优。因此,国内车用柴油的需求量一直在迅速上升。柴油机和汽油机的主要区别在于点火方式。柴油机是柴油与被压缩的高温空气相遇后自行着火燃烧,因此它被称为是压燃式发动机。汽油机则是混合气由电火花点燃,是点燃式发动机。

(1)车用柴油的性能要求。

①良好的低温流动性;②良好的燃烧性;③较好的雾化和蒸发性;④良好的安定性;⑤无腐蚀性、无害性和严格的清洁性。车用柴油标准为《车用柴油》(GB/T 19147—2016)。

(2)选购。

①轻柴油牌号的选择一般应使最低使用温度等于或略高于轻柴油的冷凝点。

②轻柴油使用前要进行沉淀和滤清,沉淀时间不少于48h。

(3)种类。

同车用汽油一样,柴油也有不同的牌号。划分柴油的依据是凝固点,目前国内应用的轻柴油按凝固点分为6个牌号:5号柴油、0号柴油、-10号柴油、-20号柴油、-35号柴油和-50号柴油。选用柴油的依据是使用时的温度。柴油汽车根据气温选择相应牌号柴油,最低气温在8℃以上选用5号柴油;最低气温在4℃以上选用0号柴油;最低气温在-5℃以上选用-10号柴油;最低气温在-14℃以上选用-20号柴油;最低气温在-29℃以上选用-35号柴油;最低气温在-44℃以上选用-50号柴油。选用柴油的牌号如果低于上述温度,发动机中的燃油系统就可能结蜡,堵塞油路,影响发动机的正常工作。

3.2.2 发动机润滑油和润滑脂

1) 发动机润滑油

发动机润滑油能对发动机起到润滑减摩、辅助冷却降温、密封防漏、防锈防蚀、减振缓冲等作用。被誉为汽车的"血液"。润滑油由基础油和添加剂两部分组成。基础油是润滑油的主要成分,决定着润滑油的基本性质,添加剂则可弥补和改善基础油性能方面的不足,赋予某些新的性能,是润滑油的重要组成部分。

(1) 润滑油的主要性能指标。

①润滑性是指在各种条件下,发动机油降低摩擦,减缓磨损和防止金属烧结的能力。发动机油的黏度是评定润滑性的重要指标。

②低温操作性是指从发动机油方面保证发动机在低温条件下容易起动和可靠供油的性能。发动机润滑油的低温操作性包括有利于低温起动和降低起动磨损两方面。评定发动机润滑油低温操作性的指标主要有低温动力黏度、边界泵送温度和倾点。

③黏温性是指润滑油由于温度升降而改变黏度的性质。良好的黏温性,是指油品的黏度随温度的变化程度小。

温度对油品黏度的影响:温度升高,黏度降低;温度降低,黏度升高。在基础油加入黏度指数改进剂可提高油品的黏温性。

④抗氧性是指在一定条件下,发动机油抵抗氧化变质的能力。它是决定发动机油在使用中是否容易变质,对零件腐蚀和生成沉积物的倾向是决定发动机油使用期限的重要因素。

⑤抗腐性是指发动机油抵抗腐蚀性物质对金属腐蚀的能力。评定发动机油抗腐性的指标是中和值,同时通过相应的发动机试验来评定。

⑥抗泡性是指发动机油消除泡沫的性质。当发动机油受到激烈搅动,将空气混入油中时,就会产生泡沫,泡沫如果不及时消除,会产生气阻、供油不足等故障。评定发动机油抗泡性的指标是生成泡沫倾向和泡沫稳定性。

(2) 润滑油的分类。

在机油行业,是以质量等级和黏度等级来划分的,质量等级采用的是美国石油学会(American Petroleum Institute,API)制定的等级划分标准。

"S"开头的系列代表汽油发动机用油,规格一般有 SA、SB、SC、SD、SE、SF、SG、SH、SJ、SL、SM、SN。"C"开头的系列代表柴油发动机用油,规格有 CA、CB、CC、CD、CE、CF、CF-2、CF-4、CG-4、CH-4、CI-4。

级别代号越往后使用性能就越好,越能使用新机型或强化程度高的发动机。

黏度等级采用的是美国机动车工程师学会(Society of Automotive Engineers,SAE)制定的等级来划分的。按照标准10W-40来说,W前的数字代表了低温时机油的流动性,数值越低的起动性能就越好。W后的数字代表了机油在高温时的稳定性,从0W至25W排序,数值越大说明机油高温的稳定性就越好。

润滑油上的标号是采用的美国汽车工程师协会(SAE)的机油黏度分类法。这是种黏度等级分类法,将润滑油分成夏季用的高温型、冬季用的低温型和冬夏通用的全天候型。

①冬季用油牌号分别为:0W、5W、10W、15W、20W、25W,符号 W 代表冬季是 Winter(冬天)的缩写,W 前的数字越小,低温黏度越小,低温流动性越好,适用的最低气温越低。

②夏季用油牌号分别为:20、30、40、50,数字越大其黏度越大,适用的最高气温越高。

③冬夏通用油牌号分别为:5W-20、5W-30、5W-40、5W-50、10W-20、10W-30、10W-40、10W-50、15W-20、15W-30、15W-40、15W-50、20W-20、20W-30、20W-40、20W-50,代表冬用部分的数字越小者黏度越低,代表夏季部分的数字越大者黏度越高,适用气温范围越大。

(3)润滑油的选用。

发动机润滑油的选用应根据厂家说明书所规定的要求进行选择和更换。如无说明书,可参照以下原则选用。

①根据发动机类型选用不同类型的润滑油。汽油机选择汽油机机油,柴油机选择柴油机机油,二冲程汽油机选择相应机油。这是因为不同发动机的工作原理不同,工作条件也不同。

②汽油机根据车型、工况的苛刻程度和进排气系统中的附加装置等来选择不同等级的润滑油,见表3-1。

汽油机机油等级及应用车型 表3-1

机油等级	性能	应 用 车 型
SG	低↓高	用于1989—1993年生产的汽油机。比 SF 有更好的抗磨、防蚀和清净性
SH		用于1994年以后生产的汽油机。抗磨性、清净性好
SJ		用于1997年后生产的汽油机。清洁性和高温抗氧化性更好,并有更长的使用寿命
SL		用于2001年后生产的汽油机
SM		用于2004年后生产的汽油机
SN		用于2010年后生产的汽油机

③根据气温选用适当黏度等级的润滑油,如图3-1所示。

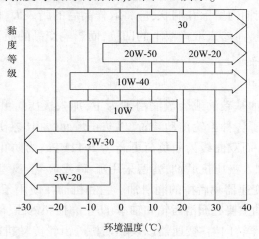

图3-1 发动机润滑油的选用

(4)使用注意事项。

①正确选择润滑油的使用等级,对发动机的正常运行至关重要。遇以下情况应酌情提高一级,汽车长期处于停停开开状态,长期低温、低速行驶,长时间高温高速下工作,灰尘大场所,满载并拖挂车长时间行驶的。

②一般可以使用等级较高的润滑油代替使用等级较低的,但绝不能使用等级低的润滑油代替使用等级较高的,否则会导致发动机早期磨损和损坏。

③应注意使用地区季节的变化,及时换用适宜的黏度级别。不同黏度等级的油不能混用。

④应结合使用条件按质换油。换油时应在较高温度下进行,并将废油放干净,同时必须注意防止水分、杂质的混入。

2)汽车用润滑脂

汽车用润滑脂主要是汽车轮毂轴承用润滑脂和汽车底盘各连接点用润滑脂,如万向节用脂、传动轴用脂等。由于润滑脂是固体或半流体润滑剂,适用于不能采用循环润滑方式的汽车备件的润滑。

滴点和锥入度是润滑脂两项重要的理化指标,滴点是润滑脂受热后从不流动到开始流动的最低温度,常用它来表示润滑脂的耐温性。润滑脂的滴点一般应高于工作温度 30 ~ 40℃。锥入度是反映润滑脂稠度或软硬程度的指标,锥入度越大,润滑脂的稠度越低,即润滑脂越软,润滑脂的标号就小,反之则大。如 2 号润滑脂的稠度(硬度)大于 1 号润滑脂。汽车上最常用的润滑脂是汽车通用锂基脂,可以用于汽车轮毂轴承,也可用于汽车的其他部位。汽车通用锂基脂具有良好的高低温使用性能、良好的抗磨损性,良好的氧化安定性及适当的抗水性。由于重型载重车轮毂轴承的负荷大,目前其轮毂轴承脂多用极压性能更好的复合锂基脂取代。轿车等速万向节的工作条件较为苛刻,多采用耐热性、耐负荷好的聚脲基脂或二硫化钼锂基脂。

润滑脂是一个胶体,在使用和储存中脂的结构将会受各种外界因素的影响而变化。在库房存储时,温度不宜高于 35℃,包装容器应密封,不能漏入水分和外来杂质。当开桶取样品或产品后,不要在包装桶内留下孔洞状,应将取样品后的脂表面抹平,防止出现凹坑,否则基础油将被自然重力压挤而渗入取样留下的凹坑,而影响产品的质量。

3.2.3 汽车工作液

1)齿轮油

齿轮油以石油润滑油基础油或合成润滑油为主,加入极压抗磨剂和油性剂调制而成的一种重要的润滑油。用于各种齿轮传动装置,以防止齿面磨损、擦伤、烧结等,延长其使用寿命,提高传递功率效率。而双曲线齿面负荷更高达 2942MPa,为防止油膜破裂造成齿面磨损和擦伤,在齿轮油中常加入极压抗磨剂,普遍采用硫-磷或硫-磷-氮型添加剂。

齿轮油主要指手动变速器和后桥的润滑油。它和机油在使用条件、自身成分和使用性能上均存在着差异。齿轮油主要起润滑齿轮和轴承、防止磨损和锈蚀、帮助齿轮散热等作用。

汽车齿轮油用于汽车转向器、变速器以及驱动桥等齿轮传动机构中,由于齿轮传动时表面压力高,所以齿轮油对齿轮的润滑、抗磨、冷却、散热、防腐防锈、洗涤和降低齿面冲击与噪声等方面起着重要作用。

(1)齿轮油的基本性能。

①合适的黏度及良好的黏温性。黏度是齿轮油最基本的性能。黏度大,形成的润滑油膜较厚,抗负载能力相对较大。

②足够的极压抗磨性。极压抗磨性是齿轮油最重要的性质、最主要的特点。是赖以防止运动中齿面磨损、擦伤、胶合的性能。

抗磨、耐负荷性能。由于齿轮负荷一般都在490MPa以上,而双曲线齿面负荷更高达2942MPa,为防止油膜破裂造成齿面磨损和擦伤,在齿轮油中一般都加入极压抗磨剂,以前常用硫-氯型、硫-磷-氯型、硫-氯-磷-锌型、硫-铅型和硫-磷-铅型添加剂。普遍采用硫-磷或硫-磷-氮型添加剂。

③良好的抗乳化性。齿轮油遇水发生乳化变质会严重影响润滑油膜形成而引起擦伤、磨损。

④良好的氧化安定性和热安定性。良好的热氧化安定性保证油品的使用寿命。

⑤良好的抗泡性。生成的泡沫不能很快消失将影响齿轮啮合处油膜形成,夹带泡沫使实际工作油量减少,影响散热。

⑥良好的防锈防腐蚀性。腐蚀和锈蚀不仅破坏齿轮的几何学特点和润滑状态,腐蚀与锈蚀产物会进一步引起齿轮油变质,产生恶性循环。

齿轮油还应具备其他一些性能,如黏附性、剪切安定性等。目前我国多数中、重负荷工业齿轮油所用的极压添加剂以硫磷型为主,与国外同类产品质量水平相当。

(2)齿轮油的分类。

①按照黏度分类。我国汽车齿轮油的黏度采用美国机动车工程师学会(Society of Automotive Engineers,SAE)黏度分类法,将齿轮油分为70W、75W、80W、85W、90、140和250七个黏度牌号(带W级号的为冬季用油)。

②按照使用性能分类。目前国际上广泛采用美国石油学会(American Petroleum Institute,API)使用分类法,按齿轮承载能力和使用条件不同,分为GL-1、GL-2、GL-3、GL-4、GL-5和GL-6六个级别,我国参照采用美国石油学会(American Petroleum Institute,API)使用分类法。

(3)齿轮油的选用。

①使用等级高的齿轮油可以用于要求较低的车辆上,绝不能将使用等级低的齿轮油用于要求高的车辆上。否则会使齿轮产生严重磨损和损坏。

②在保证润滑的前提下,应选用黏度等级低的齿轮油,尽可能选用多级油,以避免季节换油造成的浪费。

③严格防止水分进入,以免抗磨添加剂失效。

④加油量应适当。油量过多会增加搅油阻力,还有可能使齿轮油经后桥壳渗入制动盘造成制动失灵。油量过少会润滑不良,温度升高,加速齿轮磨损。

2)汽车制动液

制动液是液压制动系统中传递制动压力的液态介质,使用在采用液压制动系统的车辆中。制动液又称制动油或迫力油,是制动系统制动不可缺少的部分,而在制动系统之中,它是作为一个力传递的介质,因为液体是不能被压缩的,所以从主缸输出的压力会通过制动液直接传递至轮缸之中。对于维修企业来说,一方面需要严格按照2年的更换周期提醒车主及时更换制动液,另一方面,对于那些一定要"视情换油"的客户,则需要采用正确的方法鉴别制动液。

(1) 制动液的性能要求。

①沸点要高。

由于汽车平均速度的增加及密闭式车轮设计导致空气流动不好,制动过程产生的摩擦热会使制动系统温度升高,有时达150℃以上。如制动液的沸点太低,在高温时就会蒸发成蒸气,使制动系统管路中产生气阻,导致制动失灵。为了保证安全,要求使用沸点高的制动液。汽车制动液规格指标中的平衡回流沸点就是用来评价制动液的高温抗氧性能的。平衡回流沸点越高,高温抗氧气阻性越好。

②良好的金属保护性。

汽车制动系统中有各种有色金属零部件,制动液不应对零部件产生腐蚀,否则会使制动主缸和制动轮缸中的活塞和缸壁间隙增大,产生泄漏,导致压力下降,制动失灵。

③适宜的黏度和高的稳定性。

使用中要保持制动液有良好的流动性,使系统内压力能随制动踏板的动作迅速上升和下降,活塞能在油缸中顺利地滑动。要求制动液在很宽的温度范围内保持适当的黏度,在制动液规格里通常规定高温和低温时的运动黏度,制动液应能四季通用。制动液在高温条件下长期使用时,不能产生热分解和缩合使黏度增加,也不允许生成胶质和油泥沉积物。

④与橡胶有良好的配合性。

制动液不能使系统中的橡胶密封件及皮碗产生软化、溶胀、溶解、固化和紧缩。一般要求制动液能使橡胶件有一定的膨胀性,以提供适当的轴封、有效的润滑与抗磨损性能。但膨胀不能过大,否则将使皮碗的体积增加,导致制动失灵。

⑤较高的水分容纳性。

制动系统设计,无法完全阻止水分进入制动系统,而水分的进入会使制动液的沸点及黏度下降,影响制动性能。因此制动液要评定湿平衡回流沸点,与平衡回流沸点越接近则性能越好。

⑥pH值呈微碱性。

这是因为制动液呈酸性时会加速制动系统金属零部件的腐蚀。

⑦良好的互溶性。

当与另一种制动液混合时或吸收水分后应有良好的互溶性,不能产生分层或沉淀而影响使用性能。

(2) 制动液的分类、规格。

制动液按组成和特性不同,通常可分为醇型、矿油型和合成型三大类。

①国外汽车制动液典型规格。常用的进口制动液有DOT3和DOT4,属合成制动液。

②国内汽车制动液规格。我国制动液分HZY3、HZY4、HZY5三个质量等级,序号越大,平衡回流沸点越高,高温抗气阻性能越好,行车安全性越好。

(3) 车用制动液的选用。

制动液的选用应按车辆使用说明书要求进行,以确保行车安全。若国产车使用进口制动液或进口车使用国产制动液,应根据对应关系正确选择。如无说明书,可根据车辆的工作条件(气候特点和道路条件)进行选择。同样条件下,轿车选用制动液的级别应比货车高。

(4) 使用注意事项。

① 车辆正常行驶 4 万 km 或制动液连续使用超过 2 年,制动液很容易由于使用时间长而变质,要及时更换。

② 不同类型和不同品牌的制动液不要混合使用。由于配方不同,混合制动液会造成制动液性指标下降。

③ 制动液吸入水分或有杂质时,应及时更换或过滤,否则会造成制动压力不足,影响制动效果。

④ 汽车制动液多以有机溶剂制成,易挥发、易燃。因此,管理和使用中要注意防火。

3) 液力传动油

液力传动油又称自动变速器油(ATF)或自动传动油,用于由液力变矩器、液力耦合器和机械变速器构成的车辆自动变速器中作为工作介质。液力传动油在工作时不仅起传递力的作用,同时还对齿轮、轴承等起润滑作用,对其伺服机构起液压自动控制的作用。因此要求液力传动油有良好的使用性能。压力传动油实际上是一种高质量的液压油,它具有更高的黏度指数、热氧化稳定性和抗磨性以及更高的清洁度。

(1) 液力传动油的使用性能。

① 黏度:以典型的液力传动油来看,使用温度范围为 $-25 \sim 170℃$,要求油品具有高的黏度指数和低的凝固点,一般规格规定黏度指数在 170 以上,倾点为 $-40℃$,合成油为 $190℃$ 与 $-50℃$。

② 热氧化安定性:汽车在行驶中液力传动油温度随汽车行驶条件的不同而不同。油温升高氧化而生成的油泥、漆膜等会使液压系统的工作不正常,润滑性能恶化,金属发生腐蚀。

③ 剪切安定性:液力传动油在液力变矩器中传递动力时,会受到强烈的剪切力,使油中黏度指数改进剂之类的高分子化合物断裂,使油的黏度降低,油压下降,最后导致离合器打滑。

④ 抗泡性能:在液力传动油中有泡沫混入后,会引起油压降低,导致离合器打滑、烧结等事故发生。

⑤ 摩擦特性:自动传动液要求有相匹配的静摩擦系数和动摩擦系数,以适应离合器换挡时对摩擦系数的不同要求。

(2) 液力传动油的规格。

国外液力传动油的规格多采用美国材料试验学会(ASTM)和美国石油学会(APT)共同提出的 PTF 使用分类,分为 PTF1、PTF2、PTF3。PTF1 类液力传动油主要用于轿车、轻型货车等,对油的低温黏度要求高,低温起动性较好。PTF2 类液力传动油适用于高负荷,对极压、抗磨要求高,而对低温黏度要求宽的变速器。PTF3 类液力传动油主要用于农业和建筑业的低速运转的变速器,对耐负荷性和抗磨性要求比 PTF2 类更严格。

我国液力传动油现行标准是中国石化总公司企业标准,该标准将液力传动油分为6号和8号两种。8号液力传动油相当于国外的PTF1类油,主要用于各种小轿车、轻型货车的液力自动传动系统。6号相当于国外的PTF2类油,主要用于内燃机车、重负荷货车、履带车、越野车等大型车辆液力变矩器和液力耦合器。还可用于工程机械的液力传动系统。

(3)使用注意事项。

①不同厂家同级别的液力传动油品不可以混用,具体应用事宜须与油品应用专业工程师联系。

②储存期限不得超过一年,常温下密封保存。若储存条件发生变化,须经油品专业人员检验,确认合格后方能使用。

③厂家仅提供油品技术参考数据,每批次油品具体理化技术参数,以厂家或经销商提供的实际数据及客户检测数据为准。

4)汽车发动机冷却液

冷却液,又称防冻液、抗冻液、水箱宝等。主要功能为保护发动机正常良好运行,在发动机散热器内循环,起到防冻、防沸、防锈、防腐蚀等效果,大多防冻液的颜色为红色或绿色,以观察是否泄漏,或与发动机其他液体相区别,避免混淆。

(1)发动机冷却液的使用性能。

为保证发动机正常工作和延长发动机的使用寿命,要求冷却液具备以下品质:

①黏度小、流动性好。汽车发动机冷却液的黏度越小越有利于流动,散热效果就越好。

②冰点低、沸点高。冷却液的最低冰点应能达到 -50℃ 左右,这样可防止散热器及冷却系统管路不被冻裂,同时保证低温下的起动性。同时还要求冷却液在较高温度下不沸腾,以保证汽车在满载、高负荷、高速条件或山区、热带夏季正常行车,水的沸点是 100℃,优质防冻冷却液的沸点通常在零上 110℃。

③防腐蚀性好、不损耗汽车的有机涂料。发动机及其冷却系统是金属制造的,有铜、有铁、有铝、有钢还有焊锡。这些金属在高温下与水接触,时间长了都会遭到腐蚀,会生锈。而防冻液不仅不会对发动机冷却系统造成腐蚀,还具有防腐和除锈功能。另要求发动机冷却液对汽车有机涂料不能有不良的影响,如剥落、鼓泡和褪色等。

④不易产生水垢、抗泡性好。水垢附着在散热器、水套的金属表面,使散热效果越来越差,而且清除起来也很困难。优质的防冻液采用蒸馏水制造,并加有防垢添加剂,不但不生水垢还具有除垢功能。另如果发动机冷却液产生过多的气泡,不仅会降低传热系数、加剧气蚀,而且会造成冷却液溢流。

(2)发动机冷却液的类型。

发动机冷却液,常见的就是乙二醇-水溶液,这是基础。由于现代汽车工艺的要求,冷却液中添加了很多的添加剂,以保护各式各样的发动机。这些添加剂的不同,导致冷却液分化成好几个阵营。

①有机酸(OAT)冷却液。

代表产品就是大名鼎鼎的 DEX-COOL 冷却液。国内常见的还有大众的 G12(BASF OEM),GM 通用的装车冷却液,零售市场上的加德士特效防冻防腐液。有机酸冷却液不含硅、胺、硼、磷、亚硝酸盐等对人体或者环境有害的物质,同时有机酸不易消耗和分解,因此可以维持比较长的寿命,OAT 都是长效冷却液,推荐更换周期 5 年或者 25 万 km。

②日系冷却液。

日本车系用的冷却液比较独特,但它们一般都含磷酸盐,对环境有害。日本车系绝对排斥硅酸盐和亚硝酸盐添加剂。而我们市面上绝大多数劣质冷却液都含亚硝酸盐,正品冷却液都是硅酸盐型,因此日本车不能更换市面上大部分冷却液。

③欧系冷却液。

欧洲是国际上对环保最重视的地区,因此欧洲车使用的冷却液,除了 DEX-COOL 类型的有机酸冷却液外,绝大多数是复合型的冷却液。欧洲车冷却液中拒绝胺、硼、磷、亚硝酸盐,但允许含有较低量的硅酸盐以保护铝合金发动机。

(3)使用注意事项。

在防冻液的使用过程中,还需要注意以下的方面:

①尽量使用同一品牌的防冻液。不同品牌的防冻液其生产配方会有所差异,如果混合使用,多种添加剂之间很可能会发生化学反应,造成添加剂失效。

②防冻液的有效期多为两年(个别产品会长一些),添加时应确认该产品在有效期之内。

③必须定期更换,一般为两年或每行驶 4 万 km 更换一次,出租车应该更换得勤一些。更换时应放净旧液,将冷却系统清洗干净后,再换上新液。

④避免兑水使用。

3.2.4 汽车轮胎

汽车轮胎是汽车的重要部件之一,它直接与路面接触,和汽车悬架共同来缓和汽车行驶时所受到的冲击,保证汽车有良好的乘坐舒适性和行驶平顺性;保证车轮和路面有良好的附着性;提高汽车的牵引性、制动性和通过性;承受着汽车的质量,轮胎在汽车上所起的质要作用越来越受到人们的重视。

1)汽车轮胎的类型

(1)按结构分类。

可分为子午线轮胎、斜交轮胎。

(2)按花纹分类。

可分为条形花纹、横向花纹轮胎、混合花纹轮胎、越野花纹轮胎。

(3)按种类分类。

轮胎按车种分类,大概可分为 8 种。即:PC——轿车轮胎;LT——轻型载货汽车轮胎;TB——载货汽车及大客车胎;AG——农用车轮胎;OTR——工程车轮胎;ID——工业用车轮胎;AC——飞机轮胎;MC——摩托车轮胎。

(4)按备胎尺寸分类。

全尺寸备胎:全尺寸备胎的规格大小与原车其他 4 条轮胎完全相同,可以将其替换任何一条暂时或已经不能使用的轮胎。

非全尺寸备胎:这种备胎的轮胎直径和宽度都要比其他 4 条轮胎略小,因此只能作为临时代替使用,而且只能用于非驱动轮,并且最高时速不能超过 80km/h。

(5)按承压分类。

零压轮胎:零压轮胎又被称为安全轮胎(Run-flat Tire),也就是我们俗称的"防爆轮胎",业界直译为"缺气保用轮胎"。与普通轮胎相比,零压轮胎在遭到刺扎后,不会漏气或者漏气非常缓慢,能够保持行驶轮廓,胎圈也能一直固定在轮辋上,从而保证汽车能够长时间或者暂时稳定行驶至维修站。因此,装有这种轮胎的汽车也就不再需要携带备用轮胎,从而将备胎以另一种方式无形地隐藏在4条轮胎上。

2)轮胎相关概念

(1)层级:层级是指轮胎橡胶层内帘布的公称层数,与实际帘布层数不完全一致,是轮胎强度的重要指标。层级用中文标志,如12层级;用英文标志,如"14P.R"即14层级。帘线材料:有的轮胎单独标示,如"尼龙"(NYLON),一般标在层级之后;还有的轮胎厂家标注在规格之后,用汉语拼音的第一个字母表示,如9.00-20N、7.50-20G等,N表示尼龙、G表示钢丝、M表示棉线、R表示人造丝。

(2)负荷及气压:一般标示最大负荷及相应气压,负荷以"公斤"为单位,气压即轮胎胎压,单位为"千帕"。

(3)轮辋规格:表示与轮胎相配用的轮辋规格。便于实际使用,如"标准轮辋5.00F"。

(4)平衡标志:用彩色橡胶制成标记形状,印在胎侧,表示轮胎此处最轻,组装时应正对气门嘴,以保证整个轮胎的平衡性。

(5)滚动方向:轮胎上的花纹对行驶中的排水防滑特别关键,所以花纹不对称的越野车轮胎常用箭头标志装配滚动方向,以保证设计的附着力、防滑等性能。如果装错,则适得其反。

(6)磨损极限标志:轮胎一侧用橡胶条、块标示轮胎的磨损极限,一旦轮胎磨损达到这一标志位置应及时更换,否则会因强度不够中途爆胎。

(7)生产批号:用一组数字及字母标志,表示轮胎的制造年月及数量。如"98N08B5820"表示1998年8月B组生产的第5820只轮胎。生产批号用于识别轮胎的新旧程度及存放时间。

(8)商标:商标是轮胎生产厂家的标志,包括商标文字及图案,一般比较突出和醒目,易于识别。大多与生产企业厂名相连标示。

(9)其他标记:如产品等级、生产许可证号及其他附属标志。可作为选用时参考资料信息。

3)轿车轮胎规格表示方法

《轿车轮胎系列》(GB/T 2978—1997)规定的轿车轮胎规格代号表示方法示例如下:

185/70R1486H

185:胎面宽(mm)。

70:扁平比(胎高÷胎宽)。

R:子午线结构。

14:轮毂直径(in)。

86:载重指数(表示对应的最大载荷为530kg)。

部分载重指数与最大载重能力(kg)的对应关系见表3-2。

载重指数与最大载重能力的对应关系　　　　　　　　表3-2

载重指数	85	86	87	88	89	90	91	92	93	94	95	96	97	…
最大载重能力(kg)	515	530	545	560	580	600	615	630	650	670	690	710	730	…

H:速度代号(表示最高安全极速是210km/h)。

轮胎在规定条件承载规定负荷的最高速度。字母 A 至 Z 代表轮胎从 4.8km/h 至 300km/h 的认证速度等级。常用速度等级,Q:160km/h;R:170km/h;S:180km/h;T:190km/h;H:210km/h;V:240km/h;W:270km/h;Y:300km/h;Z:ZR 速度高于240km/h。

4)常用轮胎品牌

(1)米其林轮胎。

米其林公司创建于1889年的法国克莱蒙费朗。在100多年的时间中,米其林公司经历了持续不断的创新和发展。现拥有世界五大洲的业务运营以及位于欧洲、北美和亚洲的研发中心。图3-2所示为米其林品牌标志,米其林轮胎在全球超过170个国家中进行产品营销。米其林公司全球共有113529位员工、69家制造工厂和2个橡胶种植园,年产1.9亿条轮胎。

图3-2　米其林品牌标志

1895年,在神奇的交通工具——汽车诞生一段时间以来,很少有人对它有足够的信心,原因之一就是硬质的"轮胎"无法充分保护车轮的力学结构,经常导致断裂,研制和推广新式汽车充气轮胎迫在眉睫。为了宣传和证实产品的优点,米其林兄弟在一辆标致车上安装了可更换的米其林充气轮胎。在巴黎—波耳多—巴黎的汽车赛事中,两兄弟亲自上阵,表现出色,并在巴黎轰动一时,比赛验证了充气轮胎在汽车上的适用性,同时也把第一条汽车充气轮胎的诞生写进了历史。

1899年,一辆装备米其林加宽轮圈(extensible-rim)的电动汽车创造了100km/h的惊人速度;1906年,米其林发明了可拆换的汽车轮辋。

1908年,米其林开发的对于后轮开始在载重货车和公共汽车上使用,1900—1912年,米其林的轮胎在所有大型国际汽车赛事中都取得了成功,米其林兄弟也找到了一条为公司和其产品扬名的有效途径——汽车比赛。

1934年,米其林推出了具有特殊花纹的超舒适制动型轮胎,以尽量避免汽车在湿滑路面上出现滑水情形,1937年,米其林发明了宽截面的派勒(Pilot)轮胎,有效改善了汽车在高速情况下的道路操控性,它展示了当今低截面轮胎的最初形状;1938年,米其林将橡胶和钢丝完美地结合,成功设计了钢丝轮胎,改良了轮胎的抗热和热载荷能力,也朝着子午线轮胎的发展迈出了重要的一步。

从1946年发明可以改善车辆操控性、安全性并延长寿命的子午线轮胎,到如今成为世界轮胎三巨头的佼佼者,法国米其林集团就一直是全球轮胎行业的技术领袖,在国际市场,驰名的保时捷、奥迪、雪铁龙、标致、通用、本田等中高档汽车品牌都是米其林轮胎的忠实客户。在激烈的竞争中,米其林叱咤风云,纵横驰骋,以绝对的实力在世界轮胎领域独占鳌头,"滚动"出了一条经营奇迹。综观米其林轮胎的经营发展策略,对现代企业的国际化竞争大有裨益。

适应中国的产业环境和经济气候,在经营管理和市场销售中开创一条中国化的发展道路是米其林集团在登陆中国伊始便考虑的中心问题。在营销模式和销售通路的建设上米其林真正实现了"中国化"。在中国,面对如此巨大而又复杂的市场,米其林认识到零售商经销对于占领市场的重要作用,因此建设发达、完善的零售商经销网络成为米其林轮胎在中国营销的主要工程。经过多年的营销通路建设,米其林轮胎的零售终端已经渗透到中国市场的大部分地区,并且具有了明显的中国化特征:在公路边极为普通的个体修车铺内,堆积着各种型号和规格的轮胎,配备有轮胎装卸机、自动平衡调整机以及四轮定位系统。老板亲自与客户讨价还价,指挥一帮伙计修车、换胎,唯一与众不同的是店铺上面那块非常醒目的米其林广告牌。

(2) 固特异轮胎。

美国固特异轮胎橡胶公司始建于 1898 年,至今已有百余年的历史。固特异公司(图 3-3)是世界上最大规模的轮胎生产公司,总部位于美国俄亥俄州阿克隆市,公司主要在 28 个国家 90 多个工厂中生产轮胎、工程橡胶产品和化学产品。如今,固特异在全世界的员工已达到 8 万多人。

图 3-3 固特异品牌标志

1898 年的美国,路上通行的交通工具形形色色。从马匹、马车直到诞生不久的汽车,它们都迫切需要一种能缓冲路面冲击力的垫子。于是弗兰克希柏林兄弟买下了俄亥俄州阿克隆市东部的一间硬纸板厂,开始制造橡胶制品。为了纪念 1839 年发明"硫化"的查尔斯·固特异先生,兄弟俩将公司取名"固特异轮胎与橡胶公司",并选择"飞足"为商标,取其优美、迅捷之意。

20 世纪 60 年代起固特异开始了生产现代子午线轮胎的时代。应用于各种交通工具,从轿车、轻型货车、重型货车、农用车、赛车直到飞机轮胎,包罗万象。今天,固特异设在美国、卢森堡的技术研发中心致力于研发各种创新轮胎科技和专利,继续为行业的发展推波助澜。同时,固特异还专门为诸多国际一流汽车制造商设计生产配套轮胎和相关设备,使用固特异轮胎的国际汽车品牌有劳斯莱斯、奔驰、宝马、奥迪、福特、通用、大众、克莱斯勒及(丰田)雷克萨斯等。

作为早在 1994 年第一个来华投资建厂的国外知名轮胎品牌,固特异已成为中国轮胎生产、销售、研发以及服务领域的领军人物。

固特异在中国制造符合固特异全球统一标准的子午线轿车、轻型货车轮胎,自成立以来不断引进创新的轮胎服务理念,迄今在全国已设立了近 100 家经销商、1600 多个固特异签约零售店,自 2005 年开始固特异在全国推广新形象的授权服务中心网络,为客户提供更完善的一站式汽车养护服务。

固特异针对国内各大汽车厂的特殊要求,专门为其设计推出了原厂配套轮胎,目前在为包括宝马 3 系列、宝马 5 系列、老款奥迪 A6 全系,以及标致 307、标致 206 独家供货,长安福特福克斯独家供货,长安马自达 3 独家供货(2006 年 2 月底下线),同时还为新款奥迪 A6、奥迪 A4、速腾、宝来、高尔夫、捷达、帕萨特、桑塔纳、比亚迪 F3 速锐、奇瑞东方之子、中华、富康、爱丽舍、福特嘉年华、海南马自达福美来、长城哈佛、本田思域等多款主流车型配套。

(3)倍耐力轮胎。

倍耐力轮胎是意大利倍耐力公司的产品,图3-4所示为倍耐力品牌标志。倍耐力(Pirelli),倍耐力轮胎是当今世界享有盛名的轮胎公司之一,1872年创立于意大利,是全球第五大轮胎制造商,目前倍耐力公司全球有24家工厂。

图3-4　倍耐力品牌标志

2005年,倍耐力在进入中国之初便选择在山东建厂。2007年末,倍耐力在山东建立了在中国的第二条轮胎生产线——子午线轿车轮胎生产线,正式投产高性能轿车轮胎,此举意味着倍耐力第二轮扩张计划的开始。

倍耐力轮胎以活动型轮胎著称,是最早资助F1赛事,如今还资助WRC。轮胎抓地力强且支撑力十分充沛,十分合适WRC那种路况。常装备在像宝马3系、奔跑E级这一类的奢华轿车。

(4)普利司通轮胎。

普利司通轮胎是日本普利司通株式会社的产品,图3-5所示为普利司通品牌标志。现广泛运用于世界各种品牌汽车上。普利司通轮胎是世界最大的轮胎及橡胶产品,1931年3月,普利司通轮胎在日本福冈县久留米市诞生,现在普利司通轮胎已应用在广州本田、天津一汽丰田、郑州日产、北京吉普等多家中国汽车厂家的产品上。在全球24个国家拥有生产基地,销量占世界总销量的1/4。

图3-5　普利司通品牌标志

普利司通轮胎在F1方程式赛车和老对手米其林(MICHELIN)的供应争夺战中最终胜出,从2007年开始为F1独家提供比赛专用轮胎(一般情况下是4种:硬胎、中性胎、软胎和超软胎。若比赛下雨,还有雨胎,雨胎分大雨胎和小雨胎等)。并因此大发横财,虽然普利司通不会把赛事专用轮胎收入作为他们的主要来源。

普利司通中国轮胎事业自1999年在中国实现国产化以来,事业规模不断扩大。目前已构筑包括中国总部、4处生产据点(沈阳、天津、无锡、惠州)、1处培训中心(无锡)、2处研发机构(无锡、宜兴)在内的,涵盖生产、管理、销售、研发机能的经营体系。现在,普利司通制造的高品质、高性能产品的优越性,正被遍布全国各地的代理店网络和特约零售店大力推荐给消费者,同时建立细致入微的服务体制。

"以最高品质贡献社会"是普利司通集团自创建以来始终不变的使命。普利司通追求的最高品质不仅包括产品的品质、销售的品质、同时也包括服务的品质。因此,普利司通中国从网络建设、产品创新、服务体系、培训体制等各方面着手,着眼于未来市场,以全新的经营理念及差别化服务赢得了广大车主的信赖。

(5)邓禄普轮胎。

邓禄普现为日本轮胎品牌,隶属于住友财团旗下,其标志如图3-6所示。原为英国邓禄普公司,创立于日本,第二次世界大战期间因日本对英国宣战,邓禄普橡胶厂也被日本的住友财团吞并。1888年邓禄普发明了世界

图3-6　邓禄普品牌标志

上第一条充气轮胎,此后伴随着汽车产业的发展,不断开发新的技术,为车、人、社会的进步和协调作出了自己的贡献,现已经发展成为一个跨国大型轮胎供应商。邓禄普的公司发展迅速,成为行业的急先锋,很快扩展成为跨国经营的集团公司,先后在德国、法国、加拿大、澳洲和美国设立生产机构和输出生产设备。一直以来,邓禄普的产品都是高性能、高质量轮胎的代名词。从赛车运动的赛道上以致每天驾驶的道路上,人们都可以看到邓禄普的足迹。

(6)德国大陆轮胎(马牌轮胎)。

德国大陆集团(Continental AG)始建于1871年,其标志如图3-7所示,总部位于德国汉诺威市,是世界第三大轮胎制造企业、欧洲最大的汽车备件供应商。德国大陆轮胎公司在全球27个国家拥有100多个工厂、研发机构和测试中心,员工总数超过80000人,年销售额145亿欧元,排名世界五百强企业的385位。

图3-7 马牌轮胎品牌标志

130年来,Continental(德国大陆轮胎股份公司)一直制造高质量的轮胎,2004年,Continental年营业额114亿欧元,年产量7000万个汽车轮胎和450万个工业轮胎,是德国第一大轮胎制造商,欧洲排名第二,世界排名第四,工业轮胎排名世界第一。如今德国马牌公司是世界汽车工业供应商中的领导者之一,它为世界汽车工业提供在轮胎和制动系统、车辆动态控制技术、电子和传感系统方面的广泛技术和经验支持,保证个人驾驶的安全性和更卓越的舒适性是德国马牌不懈努力的目标。

德国马牌轮胎为欧洲最大的原配轮胎供应商,每4辆新出厂的汽车中就有一辆装配有德国马牌轮胎。宝马新3系和新X5采用德国马牌进口防爆轮胎。

一、选择题

1. 以下汽车备件属于基础件的是( )。
   A. 曲轴　　　B. 缸体　　　C. 变速器壳　　　D. 蓄电池
2. 以下汽车备件属于消耗件的是( )。
   A. 附件皮带　　　B. 火花塞　　　C. 空气滤芯　　　D. 轮胎
3. 以下汽车备件属于易损件的是( )。
   A. 活塞　　　B. 轮毂　　　C. 制动鼓　　　D. 轮胎
4. 以下汽车备件属于肇事件的是( )。
   A. 前梁　　　B. 驾驶室　　　C. 传动轴　　　D. 散热器
5. 汽车运行材料通常是指汽车赖以运行,并且在运行过程中因消耗而不断补充更新的消耗性材料。主要包括( )。
   A. 车用汽油　　　B. 车用柴油　　　C. 发动机润滑油　　　D. 轮胎

6. 关于发动机润滑油,说法正确的有( )。
   A. 正确选择润滑油的使用等级
   B. 一般可以使用等级较高的润滑油代替使用等级较低的,但绝不能使用等级低的润滑油代替使用等级较高的,否则会导致发动机早期磨损和损坏
   C. 应注意使用地区季节的变化,及时换用适宜的黏度级别。不同黏度等级的可以混用
   D. 应结合使用条件按质换油。换油时应在较高温度下进行,并将旧油放干净,同时必须注意防止水分、杂质的混入
7. 关于制动液使用,说法正确的有( )。
   A. 车辆正常行驶4万km或制动液连续使用超过2年,制动液很容易由于使用时间长而变质,要及时更换
   B. 不同类型和不同品牌的制动液不要混合使用
   C. 制动液吸入水分不会影响制动效果
   D. 汽车制动液多以有机溶剂制成,易挥发、易燃。因此,管理和使用中要注意防火
8. 关于防冻液的使用,说法正确的有( )。
   A. 尽量使用同一品牌的。不同品牌的防冻液其生产配方会有所差异,如果混合使用,多种添加剂之间很可能会发生化学反应,造成添加剂失效
   B. 防冻液无有效期限制
   C. 必须定期更换,一般为两年或每行驶4万km更换一次,出租车应该更换得勤一些。更换时应放净旧液,将冷却系统清洗干净后,再换上新液
   D. 避免兑水使用
9. 按轮胎花纹分类,常见的轮胎花纹有( )。
   A. 条形花纹　　B. 横向花纹　　C. 混合花纹　　D. 越野花纹
10. 某轮胎侧面标记为185/70R14 86 H,其中表示轮胎断面宽度的是( )。
    A. 185　　　　B. 70　　　　C. 14　　　　D. 86

二、思考题

1. 发动机的易损件有哪些?
2. 底盘的易损件有哪些?
3. 汽车电气设备的易损件有哪些?
4. 汽车车身的易损件有哪些?
5. 简述机油的基本功用。
6. 解释轮胎侧面标记每一位的具体含义。

学习任务4　汽车备件订货管理

学习目标

完成本任务的学习后,你应能:
1. 掌握汽车备件采购的原则和方式;
2. 知道汽车备件采购人员基本素质要求;
3. 了解汽车备件的进货渠道和知道货源质量的检验;
4. 掌握汽车备件订货品种和订货数量的确定方法;
5. 知道汽车备件订货的流程;
6. 了解汽车备件订货合同的要点,能拟订汽车备件采购合同。

任务描述

小赵下星期要跟随备件采购员李师傅实习。为了能学到更多的实践知识,尽快熟悉汽车备件的采购业务,小赵需要先对汽车备件的采购业务做些了解,知道汽车备件的进货渠道,清楚汽车备件货源常用的鉴别方法,学习汽车备件订货品种和订货数量的确定方法,掌握汽车备件订购合同拟订的要点。

学习引导

本学习任务沿着以下路径进行:

4.1　汽车备件订货基本知识

4.1.1　汽车备件订货管理的意义

汽车备件订货管理是指汽车备件经销商通过各种订单类型的合理搭配,以最低的订货成本达到客户满意和资本占用的最佳平衡。

汽车备件订货管理是库存管理的核心内容,它主要解决订货时间、订货种类、订货数量、订货方式等问题。

汽车备件订货管理主要有以下几个方面的作用:

(1)保证了库存管理的实施。正确订购备件,保持一个平衡、灵活的库存系统。

(2)保证客户满意度。良好的库存状态,可以保证备件供货率;灵活的订单形式,有利于快速补充库存;紧密的订单跟踪,方便兑现对客户的承诺。

(3)扩大市场占有率。先进的订货管理可以增加客户忠诚度,扩大市场影响,挖掘维修深度,提高单车产值。

(4)提高资金使用效率及计划性。进行订货管理可以在理论上实现零库存经营,有规律地订货行为,有计划地进行工作,合理安排资金,提高库房周转率,都可以避免资金储备不足造成对正常业务的影响。解决了订货时间问题。既不造成过多备件库存,占用资金,又不会因备件库存不足,造成销售损失,降低客户满意度。

(5)降低了汽车备件管理的工作强度。有规律的订单,有利于合理安排日常工作。

4.1.2 汽车备件订货管理的原则

1)勤进管理原则

勤进管理是加速资金周转,避免商品积压,提高经济效益的重要条件。勤进快销,就是采购次数要适当多一些、批量适当少一些,采购间隔时间适当缩短些。要在采购适销对路的前提下,选择能使采购费用、保管费用最省的采购批量和采购时间。以降低成本、降低商品的价格,使客户能买到价廉物美的商品。勤进快销还要求企业随时掌握市场行情,密切注意销售去向,勤进、少进、进对,以勤进促快销,以快销促勤进,不断适应消费需要,调整更新商品结构,力求加速商品周转。在销售上,供应要及时、方式要多样、方法要灵活、服务要周到,坚持薄利多销进货。进货量大、库存量大的弊病一是需要更多的设备;二是需要更多的人力;三是需要更多的储存空间。

2)以销定进的原则

以销定进的原则是按照销售状况决定采购量。订货量是一个动态数据,根据销售状态的变化,决定订货量的多少,才能使商品适销对路、供应及时、库存合理。

定货量是一个动态的数据,根据销售状态的变化(季节变化、促销活动变化、供货厂商生产状况变化、客观环境变化),决定订货量的多少,才能使商品适销对路,供应及时库存合理。

3)以进促销的原则

以销促进原则是与以销定进相联系的,单纯地讲以销定进,进货量总是处于被动局面。扩大采购货源,积极组织适销商品,能主动促进企业扩大销售,通过少量采购试销,以刺激消费、促进销售。

4)保管保销原则

销售企业要保持一定的合理库存,以保证商品流通连续不断。

4.1.3 汽车备件库存管理要点

库存管理的目标是,用少的库存达到高的供给率,从而降低与库存有关的费用,如场地费、利息、人工费等,又防止失去销售机会,实现高的利润和客户满意度。

1)库存汽车备件的确定

汽车备件销售的随机性很大,客户何时需要什么备件很难预测,而一辆汽车的零备件总数超过几十万个,不可能所有的零件都有库存。作为汽车备件经销商,关键在于如何处理好"用最少的资金占有量取得最大的经济效益"与"提高及时供货率不丧失每一个销售机会"。降低库存量和资金占有量与提高及时供货率之间是一对矛盾。备件供应率和储存成本是衡量存货管理水平的标志,提高库存管理,确定正确的存货决策。其关键是寻找能保证企业发展需要的、最合理的物质供给库存成本。订货时间过早,存货必然增加,使存储成本上升。订货时间过晚,存货量可能枯竭,缺货成本上升。订货数量过多,资金必然被挤占,并将增加库存储耗费。订货量少,库存将会出现短缺,并要增加订购耗费。

一般要提高及时供货率,必须增加库存量,但库存什么备件、库存多少,通常根据以往的销售记录和近期市场反馈信息来确定。通过库存备件品种的变化,过程库存量的大小,订购适时、适量,来保证企业的生产、维修和销售地顺利进行。一般根据经验,某款新车上市后,如果一年之内出现两次以上即购即销的零件,就可以考虑把它作为库存件。增加库存备件品种应从严控制,以保证较高的备件供应率和较短的库存周转期。

汽车备件的流动有明显的倾向性,下面以丰田汽车公司备件订货及库存动态分析为例来说明。

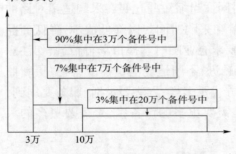

图 4-1 汽车备件库存件及其销售分布

丰田汽车零备件编号约有 30 万件,其中有库存的约有 10 万件,但每月的订货项目平均有 60 万~70 万件,如图 4-1 所示。

从图 4-1 中可以清楚地发现,接到零件订货项目的 90% 集中在 3 万个零件号当中,我们通常称这些零件为快流件。接到订货项目的 7% 集中在 7 万个零件号里,我们称这些零件为中流件、慢流件。而剩下的 3% 的订货项目是从 20 万个无库存零件号中发出的。

2)汽车备件流通等级的确定

汽车备件的流通等级是指汽车备件在流通过程中周转速度的快慢程度,根据汽车零件寿命周期长短可以把分为快流件、中流件、慢流件三大类。也有些公司分得更细一些,有五六类甚至达十类之多。根据汽车制造商、汽车零备件经销商的统计结果表明,占零件总数仅 10% 的快流件销售收入占销售总额的 70%,占零件总数 20% 的中流件的销售收入占销售总额的 20%,而占零件总数 70% 的慢流件的销售收入只占总销售额的 10%,零件流通等级与销售额之间的关系如图 4-2 所示。

丰田汽车公司对其某代理机构的销售实绩曾做过统计,结果如图 4-3 所示。按照销售额高至低的顺序排列,在流动件中 15% 的件号的销售额占总销售额的 80%,把这 15% 的件号对应的备件称为 A 类零件;流动件中 25% 的件号的销售额占总销售额的 15%,这部分的件号对应的备件称为 B 类零件;剩下的 60% 的件号的销售额只占总销售额的 5%,这部分件号对应的备件称为 C 类零件。

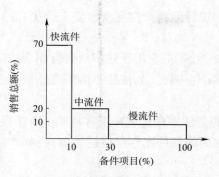
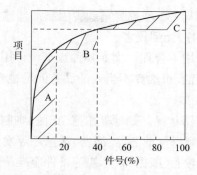

图 4-2　零件流通等级与销售额间的关系　　图 4-3　丰田某海外代理公司汽车零件销售额分布

这三个级别等级的确定,不同公司可能有不同的分法。如雪铁龙公司把连续三个月经常使用的消耗性零件及周转性较高的产品称为快流件,也称为 A 类件。把连续六个月内发生,但又属于周转性次高的产品称为中流件,也称为 B 类件。把一年内属偶发性的产品或由于各种原因不利于周转的产品称为漫流件,也称为 C 类件。有些零件经销商根据本公司备件销售量来区分快流件、中流件和慢流件。例如把年销售量在 25~50 件的零件作为快流件,把年销售量在 6~24 件的零件作为中流件,而把年销量在 1~5 件的零件作为慢流件。也可以根据汽车制造商推荐的零件流通级别来选择库存零件的级别。如某汽车制造商推荐的零件流通级别分类见表 4-1。

零件流通级别分类　　　　　　　　　　　　　　　　　　表 4-1

推荐级别		零件使用和更换情况
A		需要定期更换的零件(在一年内更换的零件)如三滤、机油
B		需要定期更换的零件(在两年内更换的零件)如制动液、冷却液
C	碰撞时首当其冲的零件	前后保险杠等大件
D		各种灯具、反光镜等零件
E		其他零件
F	易磨损件	油封类、橡胶密封件
J		有高速相对运动的零件
H		表面接触应力很高的有相对运动的零件
J	不易磨损件	正常在汽车使用周期内用不着更换的零件

3)影响汽车备件流通级别的因素

备件的流通级别不是一层不变的,快流件可能会变成中流件,甚至变成慢流件;而中流件和慢流件在一定时期内可能变成快流件。影响和决定备件流通级别的因素是多方面的,主要有以下几个方面。

(1)车辆投放市场的使用周期。一般车辆使用寿命大约为 10 年,前 2~3 年汽车备件更换少,中间 4~5 年是汽车备件更换高峰期,最后 1~2 年备件更换又逐渐减少。

(2)制造设计上的问题。材料选择不当、设计不合理等。如日本三菱汽车公司生产的帕杰罗V31型、V33型越野车就曾因制动器输油管的设计问题而存在交通安全隐患,导致不少人的生命财产受到侵害。

(3)使用不合理。例如某种汽车设计用于寒冷地区,把它用于热带地区会出现故障。

(4)燃油、机油择不当或油品有问题也会影响零件寿命。如使用不清洁燃油易使三元催化器损坏失效。

(5)道路状况。如地处山区、丘陵,则制动系的备件库存量应在正常基础上有所提升;如位于矿区,则空气滤芯器、活塞、活塞环等发动机方面的备件库存量应适当提高;如本地区路况较差,则轮胎、减振器、悬架等备件应准备充分。

(6)季节性。夏季来临时,冷却和空调制冷系统备件应多储备;冬季来临前,点火、起动系统备件要准备充足。

因此,在备件订货时要充分考虑备件流通级别的影响,科学制订订货计划。

4.2 汽车备件的采购业务

汽车备件销售企业处于汽车备件"生产、流通、消费"这个社会再生产总过程的重要位置,是一个流通兼具消费的企业。企业内部存在三大主要环节,即采购、储存和销售。采购也称购进,是流通企业的第一个环节。从社会再生产的角度看,就是商品从生产领域进入流通领域,是价值生产阶段开始转变为价值实现阶段。

4.2.1 汽车备件采购的原则

采购是企业经营活动的关键环节,只有质优价廉、适销对路的商品源源不断地进入汽车维修企业,才有可能提高为客户服务的质量,满足消费者的需求。搞好进货是搞好销售的前提和保证,只有进得好,才能销得快,才有可能提高企业的经济效益。只有把采购组织好,把适销汽车备件采购进来,才能促进企业的发展。总之,汽车备件采购是直接关系生产企业能否得到发展、消费者的需求是否得到满足、企业经营状况能否良性发展的关键问题。

汽车备件采购的原则要求购进的汽车备件既要适销对路,又要保质保量。生产企业实行质量三包,经营企业要设专职检验人员或检验部门,负责购进的汽车备件的检验工作,严格把控质量。

1)应遵循的基本原则

(1)组织货源,保证汽车备件适合客户的需要,坚持数量、质量、规格、型号、价格全面考虑的进购原则。

(2)进购的汽车备件必须贯彻按质论价的原则,优质优价。不抬价、不压价,合理确定商品的采购价格,坚持按需进货、以销定进。

(3)购进的汽车备件必须加强质量检查和监督,防止假冒伪劣商品进入企业,流入市场。在采购工作中,不能只重视数量而忽视质量;只强调生产商"三包"而忽视产品质量的检查,对不符合质量标准的商品应拒绝收购。

(4)购进的汽车备件必须有产品合格证及商标。实行生产认证制的产品,购进时必须附有生产许可证,产品技术标准和使用说明。

(5)购进的汽车备件必须有完整的内外包装,外包装必须有厂名、厂址、产品名称、规格、型号、数量、出厂日期等标志。

(6)要求供货单位按合同规定按时发货,以防应季不到或过季到货而造成某些汽车备件缺货或积压。

2)注意事项

具体贯彻采购原则,搞好采购,还要从实际出发灵活掌握。

(1)掌握不同种类汽车备件的供求规律。对于供求平衡,货源正常的汽车备件,适销哪些,就购进哪些,快销勤进,多销就多进,少销就少进。对于货源时断时续供不应求的汽车备件,需要根据市场需要开辟进货来源,随时了解供货情况,随供随进。对于销量不大的汽车备件,应当少进多销,在保证品种齐全和必备库存的前提下随进随销。

(2)掌握汽车备件销售的季节性特点。

(3)掌握汽车备件供应地特点。当地进货,要少进勤进;外地进货,要适当多进,适当储备。

(4)掌握汽车备件的生命周期。新产品要通过试销打开销路,进货要由少及多。

4.2.2 汽车备件的采购方式

汽车备件销售企业在组织进货时,要根据企业的类型,各类汽车备件的进货渠道以及汽车备件的不同特点,合理安排组织进货。汽车备件经营企业一般有以下进货方式。

1)现货与期货

现货购买灵活性大,能适应需要的变化情况,有利于加速资金周转。需求量较大,而且消耗规律明显的汽车备件,较适宜采用期货形式,签订期货合同。

2)一家采购与多家采购

一家采购是指对某种汽车备件的购买集中于一个供货单位,有利于采购的汽车备件质量稳定、规格对路、费用低,但无法与其他家做比较,机动性小。多家采购是将同一汽车备件分别从两个以上的供应商处订购,通过比较可以有较大的选择余地。

3)向生产企业购买与向供销企业购买

这是对同一种汽车备件既有生产厂商自产自销,又有供销企业经营的情况所做的选择。一般情况下,向生产厂商购买时价格较为便宜,产需直接挂钩,可满足特殊需要。供销企业供应网点分布广,有利于就近及时供应,针对外地进货和小批量零星用料,从备件供销企业购买更为适合。

4)成立联合采购体,联购合销

由几个汽车备件零售企业联合派出人员统一向生产企业或批发企业进货,然后由这些零售企业分销。此类型多适合小型汽车备件零售企业之间或中型零售企业代小型零售企业联合组织进货。这样能够相互协作,节省人力,凑零为整、拆整分销,并有利于组织运输,从而降低进货费用。2006年6月23日由巴士集团牵头,国内四家大型客车企业和上海车辆物资采购网在上海签署了组建联合采购体的合作备忘录。国内首个客车制造企业联合采购体由此诞生,参与联合采购体的四家客车生产企业分别是:郑州宇通客车股份有限公司、厦门金龙汽车集团股份有限公司、上海申沃客车有限公司和上海万象汽车制造有限公司。这四家企业占据国内大型客车60%的销售份额,降低汽车备件采购成本是四大客车生产商共同的目的。

5) 电子采购

电子采购也称为网上采购,它具有费用低、效率高、速度快、业务操作简单、对外联系范围宽广等特点,是当前最具发展潜力的采购方式。

6) 招标采购

招标采购是一种在众多供应商中选择最佳供应商的有效办法,适合大量大规模的采购。招标采购体现了公平、公正、公开的原则,可能以更低的价格采购到所需要的汽车备件,获得更充分的市场利益。

7) 即时制采购

即时制采购是一种先进的采购模式,英文 Just in time,缩写 JIT,是指在恰当的时间、恰当的地点、以恰当的数量、恰当的质量采购恰当的备件。例如丰田汽车公司从汽车备件生产厂商购进需要的备件,以要求的数量,将要求的汽车零件提供给世界各地的分销商。经营丰田汽车备件的分销商从 JIT 零件供应体系中得到的最大好处是增大了供应量,缩短了交货期,更减少了库存量。

4.2.3 供货商的选择

供应商的选择主要从价格和费用、产品质量、交付情况、服务水平四个方面进行评价。

1) 价格和费用

价格和费用的高低是选择供应商的一个重要标准。固定市场中存在固定价格、浮动价格和议价,要做到货比三家,价比三家,择优选购。在选择供货商时不仅要考虑价格因素,同时还要考虑运输费用因素。价格和费用低可以降低成本,增加企业利润,但是这不是选择供货商的唯一标准。

2) 产品质量

如果价格和费用虽然较低,但是由于供应的汽车备件质量较差而影响修车质量,反而会给客户和企业信誉带来损失,所以选购汽车备件时要选购名牌产品或备件质量符合规定要求的产品。

3) 交付情况

考虑供货商是否能够按照要求的交货期限和交货条件履行合同,一般用合同兑现率来评价。交货及时、信誉好、合同兑现率高的供货商,是汽车备件经营企业的选择重点。

4) 服务水平

要考虑供货商可以提供的服务、服务态度、方便客户的措施和服务项目等。就近选择也是要考虑的一个重要因素。这样可以带来许多优点,如能加强同供货单位的联系和协作、能够得到更好的服务、交货迅速、临时求援方便、节省运输费用和其他费用、可降低库存数量等。同时也要考虑其他供货商的特点,比较各供货商的生产技术能力、管理组织水平等,然后全面地作出评价。

为此,可以根据有日常业务往来的单位及市场各种广告资料编制各类汽车备件供应商一览表,然后按表内所列的项目逐项登记,逐步积累,将发生的每一笔采购业务都填写补充到一览表中,在这个基础上进行综合评价,选出重点、长久订货的供货商。

4.2.4 对采购人员的基本要求

采购业务是汽车备件流通过程中的第一道环节。采购业务进行的好坏,会直接影响企业的整体经营活动,影响企业各项经济指标的完成。采购员则是这第一道环节的主要执行人。

1) 采购员的岗位职责

(1) 负责编制进货计划。

(2) 负责按车型、品种的需求量计划,积极组织订购优质价宜的产品,保证销售需要。

(3) 负责组织开展汽车备件的代销、试销业务,开拓新产品市场。

(4) 负责改善库存结构,积极处理库存超储积压的汽车备件。

(5) 负责展开工贸联营、联销工作。

(6) 负责日常急需汽车备件的催调合同或组织临时进货,满足市场需求,并根据市场变化及库存结构情况,对订货合同进行调整。

(7) 认真搞好资金定额管理,在保证工作需要的前提下,最大限度地压缩资金占用,加速资金周转。

(8) 认真执行费用开支规定,在保证工作需要的前提下,努力节约进货费用。进货时,一方面要考虑适销对路,另一方面也要考虑运输费用、运输价格等。

(9) 经常主动地深入营业门市部和仓库了解产品质量状况,走访客户了解市场需求。

(10) 认真执行工商、税务、物价、计量等方面的法令和法规,遵守企业规章制度。

2) 采购员的基本素质

(1) 具有一定的政策法律知识和政治觉悟。采购员不仅要熟知国家、本地区的有关政策和法令、法规,而且更要知道本企业、本部门的各项规章制度。使汽车备件采购工作在国家政策允许的范围内进行。采购人员要按规定进货,不进人情货,或更不能在进货中为谋取回扣、礼物等私利而购进价高质次的汽车备件。

(2) 要具备必要的专业知识。采购员不仅要熟知所经营商品的标准名称、规格、型号、性能、商标、包装等知识,还要懂得商品的结构、使用原理、安装部位、使用寿命及通用互换性等专业知识,以确保进购的汽车备件准确无误。采购员不仅需要精通进货业务的各个环节,而且还要知道商品在进、销、存以及运输、检验、入库保管等各个业务环节的执行要点,以及个环节相互间的关系。

(3) 要善于进行市场调查和分类整理有关资料。采购员正确的预见性源于对市场的调查。调查的内容包括:本地区车型、数量;道路情况;各种车型零部件的消耗情况;主要客户进货渠道和对汽车备件的需求情况;竞争企业的进货及销售情况。另外还要十分了解备件生产厂家的产品质量、价格和促销策略等。要定期对上述资料进行分类整理,为正确进行市场预测、科学进货提供依据。

(4) 要有对市场进行正确预测的能力。汽车及备件市场的发展受国民经济诸多因素的影响,如工农业生产发展速度、交通运输行业发展、固定资产投资规模、基本建设投资规模等,都会随宏观经济发展形势的波动而波动。这个季度、上半年、今年是畅销的商品,到了下个季度、下半年、明年可能就变成滞销商品了。但是,除了偶然因素外,这种变化一般是有规律可以遵循的,是可以预测的。这就要求进货人员根据收集来的各种信息和资料,以及市场调查得到的资料进行分析研究。按照科学的方法预测出一定时期内当地汽车备件市场的形势,从而提高计划的准确性,减少盲目性。

(5)能编制好进货计划。采购员要根据自己掌握的资料,编制进货计划,包括年度、季度和月度进货计划,并做好补充进货计划和临时要货计划等。在编制进货计划时要注意考虑如下因素:本地区汽车备件市场形势的预测结果、本单位销售计划、商品库存、在途以及签订过合同的货源情况、客户买购买意向、本地区本企业上年同期销售业绩等。

在进货计划中,备件类别必须要详细分类,有详细的品种。进货时间和进货数量要均衡,使备件供应既及时,又不积压或中断,合理地占用资金。

(6)能根据市场情况及时修订订货合同。尽管进货员已经根据自己占有的信息资料对市场进行了预测,编制了比较合适的进货计划,但在商品流通中,常常会遇到难以预料的情况,这就要求采购员能根据变化的情况,及时修订订货合同,争取减少长线、增加短线商品。当然,在修订合同时必须按照《合同法》办事,取得供货方的理解和支持。

(7)要有一定的社交能力和择优能力。采购员工作本身决定他要同许多企业、各种人打交道,要求具有一定的社会交往能力,会在各种场合、各种不同情况下,协调各方面的关系,签订好自己所需的商品合同,注销不需要的商品合同或修改某些合同条款,尽最大努力争取供货方在价格、付款方式、运输费用方面的优惠。

另外,全国汽车备件生产企业众多,汽车备件的品种繁杂,假冒伪劣产品防不胜防。要选择好进货计划中所需要的产品,就必须依靠自己的专业能力择优进货,对进货厂家的产品质量和标识要十分了解,要选择名牌、优质价宜的汽车备件。

(8)要善于动脑筋,有吃苦耐劳的精神。采购员不仅要善于动脑筋,摸清生产和销售市场的行情,而且要随时根据市场销售情况组织货源,在竞争中要以快取胜。进货员常年处于紧张的工作状态,为使企业获得最好的经济效益而奔波,需要有吃苦耐劳的精神。

4.3 汽车备件货源检验

4.3.1 汽车备件进货渠道的选择

1)常见汽车备件进货渠道

汽车备件销售企业进货大都从汽车备件生产厂家进货。在进货渠道的选择上,应立足于优质名牌汽车备件为主的进货渠道,但为适应不同层次的消费者的需求,也可以进一些非名牌厂家的产品。进货时可按 A 类厂商、B 类厂商、C 类厂商顺序选择进货渠道。

A 类厂商是全国有名的主机配套厂,这些厂知名度高、产品质量优,多为名牌产品。这类厂商应是进货的重点渠道。其合同签订形式可采取先订全年需要量的意向协议,以便与厂家安排生产,具体按每季度、每月签订供货合同,双方严格执行。

B 类厂商虽然在生产规模和知名度不如 A 类厂商,但备件质量还是有保证的,备件价格也比较适中。其订货方法要与 A 类厂商不同,可以只签订短期供货合同。

C 类厂商是一般生产厂,备件质量尚可,但价格较前两类厂商都低。这类生产厂商的汽车备件可以作为进货中的补缺。订货方式也和前两类有别,可以电话要货,如签订供货合同的话,合同应短期。

但必须注意,绝对不能向那些没有进行工商注册、生产"三无"及假冒伪劣产品的厂家订货和采购。

2)各供货渠道货源的鉴别方式

汽车备件质量的优劣关系到汽车备件销售企业的经营大计。但汽车备件产品涉及范围广泛,要对全部零备件作出正确和科学的质量结论,其所需的全部测试手段是中小型汽车销售企业难以办到的,然而这些企业又不能因此不进行这项工作。有必要根据企业的实际情况添置必备的技术资料和通用检测仪器,如自己所经营的主要车型的主机厂的样图或汽车备件目录,各类汽车技术标准等,这些资料都是检验工作的依据。此外购置通用量具,如游标卡尺、千分尺、百分表、千分表、量块、V 形架、平板、粗糙度比较块、硬度计等,以便具有一般通用检测能力。

另外,为提高工作效率和达到择优进货的目的,可以把产品分成几种类型检验:

(1)对国内名牌和质量信得过的产品实行基本免检,但名牌也不是终身制,有时可能被仿冒,所以应对这些厂家的产品十分了解,并定期进行抽检。

(2)对于多年多批进货,经过使用未发现质量问题的汽车备件,可采用抽检几项关键项目,用以检查其质量的稳定性。

(3)对以前未经营过的汽车备件,采用标准规定的抽检数,在技术项目上尽可能做到全检,以求对其产品质量得出一个比较全面的结论,作为今后进货的参考。

(4)对以前客户有批量退货或少量个别换货的产品,应采取尽可能全检,并对不合格部位重点检验的办法。再次发现问题的,要拒付货款,并注销合同,不再从此供货商处进购产品。

(5)对于一些小厂的产品,往往由于其合格率低,而且一旦兑付货款后很难索赔,因此尽量不进这类产品,如确需要进货,在检验时要严格把关。

由于汽车备件经营企业面对的车型较多,品种也较复杂,所以检验人员不同于生产厂单品种检验人员那样精专,要求他们的知识面要广一些,熟悉汽车的结构和一般制造工艺和材质等知识,能正确运用检测标准,不断积累经验,鉴别汽车备件的质量。

4.3.2　汽车备件货源检验的方法

1)目测法

(1)看质量。

产品表面质量是评定汽车备件优劣的第一印象。质量低劣的汽车备件,其表面质量往往比较差。用目测的方法主要是看产品后道工艺的表面处理。所谓表面处理,即电镀工艺、油漆工艺、高频热处理和包装工艺等。一些受地方保护主义保护的小工场和手工作坊,制造假冒伪劣产品较多,而他们都有一个共同的特点,就是"打一枪换一个地方"的短期行为,很少在产品的后道工艺上投入技术和资金。因为表面处理涉及很多现代科学技术,国际上和国内的名牌大厂在利用先进工艺上投入资金数量很大,特别是对后道工艺更为重视，投入资金较多。一般项目资金少则几百万元，多则上千万元，而那些小厂、小作坊不会有这样的远见，也没有这样的资金支付能力。

①汽车备件油漆工艺。现在多采用电熔浸漆、静电喷漆，有的还采用真空手段和高等级静漆房喷漆。采用先进工艺生产出来的零部件表面与采用陈旧落后工艺生产出来的零部件表面有很大的差异，目测时可以看出前者表面细腻、有光泽、色质鲜明，而后者则色质黯淡、无光亮、表面有气泡和拖鼻涕现象，用手抚摸有砂粒感觉，相比之下，真假非常分明。

②镀锌技术和电镀工艺。汽车零件的表面处理工艺中，镀锌工艺占的比重较大。一般铸铁件、可锻铸铁件、铸钢件、冷热板材冲压件，大都采用表面镀锌工艺处理。不过关的镀锌零件表面往往是白一块、红一块、黄一块交错混合在一起，一次性很差。好的镀锌工艺技术是表面金黄闪闪，表面色泽一致，批量之间的一致性也没有变化，有持续稳定性。有的产品使人叫绝，说镀锌倒不如叫他镀银，色明光亮，明眼人一看就能分辨真伪优劣。关于电镀的其他方面，如镀黑、镶黄等，大工厂在镀前处理除锈酸洗比较严格，清酸比较彻底。这些工艺要看其是否有泛底现象。镀钼、镀铬、镀镍可以看其镀层、镀量和镀面是否均匀，以此来分辨真伪优劣。

③电焊工艺。在汽车备件中，减振器、轮辋、前后桥、大梁，车身等均有电焊焊接工序。大汽车厂的专业化程度很高的配套厂，电焊工艺技术大都采用自动化焊接，能定量、定位、定速，有的还使用低温焊接法等先进工艺。产品焊缝整齐、厚度均匀、表面无波纹、直线性好，即使定位焊，焊点焊距也很规则，对此再好的手工操作也无法做到。

④表面热处理工艺。一般汽车备件加工厂要配备一套高频感应加热淬火成套设备，其中包括硬度、金相分析测试仪等成套配置。投入资金较多，还要具备供、输、变电设备条件，它需要的电源在 3 万 V 以上，小工厂、手工作坊是无能为力的。汽车备件产品精加工以后才进行高频感应加热淬火处理，因此淬火后各种颜色都原封不动地留在产品上。如汽车万向节内外球笼经淬火后就有明显的黑色、青色、黄色和白色。白色面是受摩擦面，因此硬度也是最高的。在目测时，凡是全黑色和无色的，肯定不是高频感应加热淬火。

⑤橡胶制品。汽车上使用的橡胶件均具有特殊的要求，要求耐高温、耐油、耐压、复原性好等。汽车上橡胶件使用的原料一般是 $CL + C_nH_{2n}$ 氨醇的配方，其原料成本比一般橡胶原料高出许多。而且这种氨酸在制造橡胶备件时，对模具具有强烈的腐蚀作用，模具损耗很大。鉴别橡胶件质量好与坏，与鉴别机械金属备件不同的是，表面乌黑光亮的不一定是好产品。要了解生产厂家的生产过程，并在实际应用中观察辨别。

⑥汽车备件非使用面伤痕问题。从汽车备件非使用表面伤痕的分析，可以辨别出正规生产厂产品和非正规生产厂产品；管理现代化的企业与生产混乱企业之间的区别。表面伤痕若是在中间工艺环节上，则是由于产品工艺过程中互相碰撞留下的。优质的产品是靠先进的科学管理，特别是先进的工艺技术制造出来的。生产一个零件要经过几十道工序甚至上百道工序，而每道工序要配备工艺装备，其中包括工序运输设备和工序安装的工位器具。高质量的产品是由很高的工艺装备系数做保障，所以正规工厂的产品是不可能在中间工艺过程中互相碰撞的。以此推断，凡是在产品不接触面留下伤痕的产品，肯定是小厂或小作坊

生产的产品。

（2）看表面包装和表面商标。

汽车零备件是互换性很强、精度很高的产品，为了能较长时间存放，不变质、不锈蚀，需在产品出厂前用低度酸性油脂涂抹。正规的生产厂家，对包装纸盒的要求十分严格，要求其无酸性物质，不产生化学反应。有的采用硬质透明塑料抽真空包装。考究的包装能提高产品的附加价值。包装箱、包装盒都配有防伪标记，常用的有激光、条码、暗印等。在采购汽车备件时观察这些很重要。要认真查看商标、厂名、厂址、等级和防伪标记是否真实。因为对有短期行为的仿冒制假者来说，防伪标志的制作也不是一件容易的事，需要一笔不小的支出。此外，在商标制作上，正规的厂商在零备件表面有硬印和化学印记，注明零件编号、型号、生产日期，一般采用自动打印，字母排列整齐，字迹清楚，小厂和小作坊一般做不到。

（3）查看文件资料。

首先要查看汽车备件的产品说明书，产品说明书是生产厂进一步向客户宣传产品，为客户做某些提示，帮助客户正确使用产品的资料，通过产品说明书还可以增强客户对产品的信任感。一般来讲，每个备件都应配一份产品说明书，但也有些厂家几个备件配一份产品说明书。如果交易量相当大，还必须查询技术鉴定资料。进口备件还要查看海关进口报关资料。国家规定，进口商品应具有中文说明。一些假冒进口备件一般没有中文说明，而且包装上的外文有些文法不通，有些写错单词，一看便能分辨真伪。

（4）看规格型号是否与订货要求相符。

大多数汽车备件都有规定的型号和技术参数。凡是主机厂的配套产品，为了满足主机厂设计要求，零部件为适应不同机型多进行改进，既保留了基本车型的优点，又适应不同车辆的动力性和经济性。因此，在订购备件时，一定要熟悉整车与备件型号。

2）简单技术鉴别法

（1）检视法。

①看表面硬度是否达标。各种备件表面硬度都有规定的要求，在征得厂家同意后，可以用钢锯条的断茬在非工作表面试划，划时打滑无划痕的，说明硬度高；划后稍有浅痕的硬度较高，划后有明显痕迹的，说明硬度低。

②看结合部位是否平整。零部件在搬运、存放的过程中，由于振动、磕碰，常常会在结合部位产生毛刺、压痕、破损等情况，影响零件使用，选购和检验时要特别注意。

③看几何尺寸有无变形。有些零件因制造运输、存放不当，易产生变形。检查时，可将轴类零件沿平面玻璃板滚动一圈，看零件与玻璃板贴合处有无漏光来判断是否变形。选购离合器从动盘钢片和摩擦片，可将钢片和摩擦片举在眼前观察其是否翘曲。在选购油封时，带骨架的油封端面应呈正圆形，能与平板玻璃贴合无翘曲；无骨架油封外缘应端正，用手握使其变形，松手就能恢复原状。在选购各类衬垫时，也应注意检查其几何尺寸和形状。

④看总成部件有无缺件。正规的总成部件必须齐全完好，才能保证顺利装配和正常运行。一些总成件上的小零件若缺失，将使总成件无法正常工作，甚至报废。

⑤看转动部件是否灵活。在检验机油泵等转动部件总成时,用手转动泵轴,应感到灵活无卡滞;检验滚动轴承时,一手捏住轴承内环,另一手打转外环,外环应能快速自如转动,然后逐渐停转,如果转动部件转动不灵,说明内部出现锈蚀或产生变形。

⑥看装配记号是否清晰。为保证配合件的装配关系符合技术要求,一些零件,如正时齿轮表面刻有装配记号,若无记号或记号模糊无法辨认,将给装配带来很大的困难,甚至装错。

⑦看胶接零件有无松动。由两个或两个以上零件组合成的备件,零件之间是通过压装、胶接或焊接的,它们之间不允许有松动现象,如柱塞油泵柱塞与调节阀是通过压装组合的;离合器从动摩擦片与钢片是铆接或胶接的;纸质滤清器滤芯骨架与纸质式胶接而成的;电气设备的接头是焊接而成的。检验时若发现松动,应予以调换。

⑧看备件表面有无磨损。若配合临界表面有磨损痕迹或涂漆备件,拨开表面漆后发现旧漆则多为报废翻新件。当表面磨损、烧蚀、橡胶零件材料变质时,在目测看不清的情况下,可借助放大镜观察。

(2)敲击法。

判定车上的部分壳体及盘形零件是否有不明显的裂纹,用铆钉连接的零件有无松动,轴承合金与钢片儿的结合情况时,可用小锤轻轻敲击并听其响声,如发出的金属声音清脆,说明零件状况良好;如发出的声音沙哑,可以断定零件有裂纹、松动或结合不良。

浸油锤击是一种探测零件隐蔽裂纹的最简单的方法。检查时,先将零件浸入煤油或柴油中片刻,取出后将表面擦干,撒上一层白粉(滑石粉和石灰),然后用小锤轻轻敲击零件的非工作面,如果零件有裂纹,通过振动会使浸入裂纹的油溅出,裂纹处的白粉便会呈现黄色痕迹,可以看出裂纹所在。

(3)比较法。

用标准零件与被检验零件做比较,从对比中鉴别被检验零件的技术状况。例如气门弹簧、离合器弹簧、制动主缸弹簧等,可以用同型号的标准弹簧与被检验弹簧比较长短,以判断其是否符合要求。

(4)试装法。

这是检验配套件或技术配对件是否匹配、质量是否合格、是否拿错配套件的最好方法。如销售某种销轴时,就可以用销轴套试装一下,就可以有效避免拿错易混配套备件。

4.3.3　进口汽车备件的鉴别

由于众多的汽车品牌、车型繁杂,而某一具体车型的实际保有量又不多,所以除正规渠道进口备件外,各种赝品、水货也大量涌现,鱼目混珠,转卖伪劣汽车备件以牟取暴利的现象也屡见不鲜。汽车维修和备件销售企业采购人员只有了解并熟悉国外汽车备件市场的配套件(OEM Parts)、纯正件(Genuine parts)、专厂件(Replacement parts)的商标、包装、标记及相应的检测方法和数据,才能做到有的放矢,保护好自身和消费者的正当权益。一般应当"由外到里、由大包装到小包装、由外包装到内包装、由包装到产品标签、由标签到封签、由零件编号到实物、由产品外观质量到内在质量"逐步进行详细检查验收。可见进口汽车备件可从多方面进行鉴别,实际操作中可主要从包装、内在质量、产品价格和进货渠道来鉴别。

1)根据包装进行识别是检验进口备件真伪的重要程序

纯正部件及国外专业配套厂备件的包装制作精美,色彩、花纹、样式都有一定的规则,一般是很难仿制的。仿制的包装制作比较粗糙,较容易辨别。但有些仿制者依靠现代先进的印刷技术,将零件包装制作得很逼真,如不仔细辨认很难区别。进口汽车备件一般都有外包装和内包装。外包装有包装箱、包装盒;内包装一般是带标识的包装纸、塑料袋或纸袋。纯正进口备件外包装箱或包装盒上贴有厂家统一的、印刷清晰、纸质优良,并印 Genuine parts 纯正备件标记,且标有零件编号、名称、数量及生产厂和制造国家。而仿制的标签印刷不精细,色彩不是轻就是重,很难与纯正件包装一致,使用电脑打印的零件编号及生产厂商标记的色彩也非轻即重,仔细辨认就能区分真伪。从包装箱来看,进口的包装箱纸地紧实,图案清晰,包装盒上一般印有生产厂和纯正部件标记。仿制的包装虽然也印有标志,但色彩不正,图案不清晰。有的国外公司为防止伪造,在其包装标签上设有防伪标记,可在鉴别时加以注意。内包装一般多为包装纸、纸袋、塑料袋,包装上印有纯正部件和公司标记。包装纸的花纹、色彩、图案,仿制品很难与其相同。鉴别进口备件包装时还应注意,各品牌汽车制造厂都有自己的专业配套厂零件供应商。在进口厂家备件时,包装盒上既有整机厂标记,也有配套厂的标记。如三菱重工,其活塞环由日本理研公司(Riken Corporation)配套,外包装箱印制的是 RIK 标记,但里面单个活塞环盒却是三菱标记的花盒包装,其标记为 MITSUBISHI。活塞环说明书既标明有三菱机动车工业株式会社,也注有理岩股份公司,故而不要误以为内外不一致就不是纯正备件。

2)从产品质量辨别汽车备件是识别纯正部件真伪的最关键环节

受利益驱动,有经销商将进口纯正零件组装成整机后,再用纯正部件的包装装上非纯正件向市场销售,故必须对产品的内在质量进行检验,才能确认进口备件的真伪。对产品质量的鉴别主要进行以下观察、检查和实验:

(1)从外观上进行检查,看其产品外表的加工是否精细,颜色是否正常。如果有纯正部件的样品可进行对照检查,一般仿制品表面都比较粗糙,产品颜色也不正。

(2)检查产品上的标识。纯正进口零件上都打印有品牌标记、零件编号和特定代码等。有些产品上还铭刻有制造厂和生产国,如日本三菱柴油发动机的活塞,在其顶部刻有零件编号、分组标记 A、B、C 和 UP 方向标记;活塞裙部内侧铸有机型和三菱标识,并有配套厂的 IZUMI 标志,铸字清晰,容易辨认。仿制品不是漏铸就是字迹模糊不清,很难达到正品的效果。

(3)通过专用工具测量产品的尺寸,看其是否符合要求。有些厂商还专门为客户提供了测量工具以防假冒。

(4)对产品进行性能实验。有些零件从外观检测还无法辨认真伪,需用专用仪器进行检测。如喷油器、柱塞要上试验台进行性能试验,检测其喷油压力、喷油量、喷油角度等。

(5)对产品进行理化性实验。这种情况一般是在对产品内在质量产生怀疑或使用中出现问题时,为向厂家寻求索赔时才使用的方法。

3)从产品价格上进行辨别是识别纯正部件真伪的补充手段

从产品价格上进行辨别,同样的备件,纯正部件、专业厂件、国产件和仿制件的差别很大。纯正部件的价格最高,专业厂件次之,国产件和仿制件价格最低。一般纯正部件的价格可超出仿制件的 1~2 倍,有的甚至还要多,国外专业配套厂件比整机厂纯正件略低。定期批量进口的备件执行外商谈判的协议价,平时零星采购的备件则执行外商每年的统一目录价。有时外商还有定期处理备件的优惠价。这些备件的报价是按照当时的进口汇率计算的,加上关税、运输费等,然后将其转换成备件单价,这是行业人士共知的常规价。价格低于常规价的备件,即可判断为非纯正件或专业厂件。要注意的是,进口环节中减税和中间经销商加价也会使价格偏离常规价格。

4)从进货渠道进行分析,也是辨别进口备件真伪的重要因素

当前进口备件的进货渠道众多,但总体可分为两个方面:一是直接从国外进口,二是从经销商那里购买。直接从国外整机厂和零部件配套进口的备件,质量都有保障。如果是从经销商处购买或从港澳转口进来的备件则要根据上述方法加以鉴别。直接从国外进口的机械备件均有订购合同、提单、运单、装箱单及发票。如果进口公司采购的备件,可让其出示上述手续,否则,可判定为非进口正品件。

总之,鉴别汽车备件时的方法是多种多样的,不要使用单一的方法,要根据不同备件的种类,采取不同的鉴别方法并综合运用,定能识别汽车备件的真伪。

4.4 订货品种和订货数量的确定

汽车备件订货追求的目标是"良性库存",即以最合理的库存最大限度满足客户的需求。具体来说,良性库存就是在一定时间段内以最经济合理的成本取得合理的备件库存结构,保证向客户提供最高的备件满足率。备件计划员应该不断完善优化库存结构,保持经济合理的备件库存,向客户提供满意的服务,赢得客户的信赖,争取最大的市场份额,获得最大的利润,保证企业长久发展。

库存的存在是对资源和资金的占用,然而为了有效防止和缓解供需矛盾,库存又必须存在。提高库存管理水平,制定正确的存货决策,其关键是寻找能保证企业发展需要的、物资供应的最合理的库存成本。库存与费用的关系曲线如图 4-4 所示,一般要提高备件供货率,必须增加库存量,但库存什么备件、库存多少,往往根据销售记录和近期市场反馈信息来确定。汽车备件品种、库存量的大小要适时调整,从而保证企业的生产、维修和销售的顺利进行。

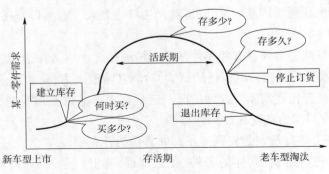

图 4-4 零件生命周期图

4.4.1 汽车备件的订货类别

库存管理要尽可能做到经济合理的备件供应,为此首先要保证及时供货率,即备件仓库必须对客户提供很高程度的立即出货的能力。其次要保证经济效益,没必要库存过多的汽车备件,以免积压资金。这就要求维修企业要结合当前的销售状况及未来发展趋势,对每种库存项目预存适当的数量,然后根据消耗的情况定期进行补充订货。以上汽大众为例,其订单可分为四种:常规订单、紧急订单、直送订单和定制订单。

1)常规订单

在上汽大众维修店,常规订单也称周订单,是由备件计划员所计算的补充订货,每月四次(单次订单金额达到厂商规定的数额,否则此次订单与下次订单合并发货),是使维修店的备件数量再补充或增加的新的备件项目。备件计划人员应将仓库进出货的数据随时准确而完整的清理,通过分析后按配送日程表准时向厂家提出订货。

2)紧急订单

为维修一辆目前无法使用的汽车,因缺乏必需的备件所作的临时订货。这种订货方式一般是在维修工作无法进行的例外情形中才使用。应该强调的是,维修站应提高常规订单的准确率,尽可能避免紧急订单的次数,这样才能有效降低备件的成本。超出规定的紧急订货需加收一定的费用。

紧急订货的规定是每天最多一次,每月四次,可根据上半年月平均订货额适当调整。出限定范围外所定的备件品种一般不限,数量以最小包装数为准,各维修站也可以按实际情况灵活调整,一般一种备件最多可定 5 个。

3)直送订单

例如制冷剂、轮胎等,是针对某些特定项目所采用的专用订单,目的是在条件许可的前提下减小物流的环节,降低物流成本。

4)定制订单

例如配车钥匙等,是针对某些特定项目所采用的专用订单,维修企业除提供必需的备件种类和数量外,还需要按上汽大众的格式提供其他材料,如 VIN、申请表、照片等。

4.4.2 订货品种的确定

订货品种的确定取决于库存的项目数,也就是库存宽度的确定。确定库存最大项目数,可通过考察零件需求的历史记录,发现零件需求的某些规律,确定需要库存的临界范围。确定库存的零件范围,首先需了解备件各生命周期的特点。任何零备件的生命周期都会有产生、增长、平稳、衰退四个阶段。

针对汽车零件生命周期不同阶段的特点,有的放矢地进行库存管理,将是控制好库存宽度的重要课题。不同状态的零件项目应采取不同的管理原则。零件在增长期的项目属于非库存管理项目,应采取"需一买一"的原则。在平稳期的项目属于库存管理项目,应采取"卖一买一"的原则。零件在衰退期属非库存项目,应采取"只卖不买"和"需一买一"的原则。这样才能在保证最大零件供应率的同时,降低库存金额。

管理库存品种的核心工作就是要确定建立库存和取消库存的时间节点,建立库存伴随新车上市,对原非库存零件开始进行库存的时间节点。取消库存是指伴随着老车型逐渐从市场中淘汰掉,对原库存零件不再进行库存管理的时间节点。零件项目在这两个时间节点之间的时间阶段,就是我们需要进行库存管理的项目。这两个时间节点外的项目,就是我们不需要库存管理的项目。所以汽车备件经营企业要制定相应的建库零件(Phase – in)和呆滞零件(Phase – out)管理,各经销店可以通过从零件需求的历史记录中统计出来零件的月均需求额度,发现零件需求的规律,从而确定库存的零件范围。

4.4.3 订货量的确定

订货量的确定取决于库存深度的情况,库存深度是针对每个零件号。在考虑订货周期、零件在途和安全库存的前提下,保证及时供应零件的库存数量,也称零件的标准库存量 SSQ(Standard Stock Quantity)。

1)标准库存量 SSQ(Standard Stock Quantity)的确定

推荐标准库存量的计算公式如下:

$$SSQ = MAD \times (O/C + L/T + S/S)$$

式中:SSQ——标准库存量;

　　　MAD——某备件月均需求量;

　　　O/C——订货周期;

　　　L/T——到货周期;

　　　S/S——安全库存周期。

(1)月均需求量 MAD 的确定。通常建议采用前 6 个月的实际月需求量来计算月均需求量,含常规 B/O(客户预订)和 L/S(流失的业务)需求量。

(2)订货周期 O/C 的确定。订货周期指相邻的两次订货所间隔的时间,单位为月。如订货周期为 3 天,则 O/C = 3/30 = 1/10(月)。

(3)到货期 L/T 的确定。到货期是指从备件订货到搬入仓库为止的时间,单位为月。如到货周期为 6 天,则 L/T = 6/30 = 1/5(月)。

(4)安全库存周期 S/S 的确定。安全库存周期主要受到货延迟和特殊需求两个因素影响。如有时由于一些突发的特殊原因(如运输车辆途中出现了故障)导致推迟到货期,或因市场的需求经常有波动等,均会导致备件供应出现问题。这些情况下为了应对"货期延迟"和"特殊需求"的影响,必须在仓库保有一定量的安全库存。

一般安全库存周期建议 S/S = (L/T + O/C) × 0.7,则安全库存 = 月均需求 × 安全库存周期。

2)安全库存

一个备件的最佳库存量的确定很重要。库存量少了,不能保证及时供货,影响客户的使用和企业的信誉;库存量大了,资金占用量增加,资金周转慢,影响企业的经济效益。因此,制定最低安全库存量很重要。

基础库存是指汽车备件经销商为满足日常维护和常见故障维修所必备的备件库存量。它是根据历史消耗数据进行统计,按车型给出每种备件不同维修等级的月储备标准值,并在此基础上制定出差异化的符合当地区域的基础库存标准。每隔一段时间会对基础库存标准作一定调整。为确保基础库存政策的贯彻实施,品牌厂商备件业务科和分销中心代表会对经销商年度基准库基础库存品种及数量满足率进行考核,考核是否达标会作为经销商获得售后服务奖励的基本条件。

在满足基础库存的基础上,维修站应根据业务拓展的需要,建立安全库存。安全库存是一种专用库存,用于平衡需求量的变化,如每月平均消耗量变化不大的备件,其安全库存可以少一些。反之,消耗量变化大的汽车备件,其安全库存要相应多些。供应时间的长短也是影响安全库存的一个重要因素,供货时间就是供货周期。供货时间越长,加上考虑不足,需求量的高峰值便会越高,安全库存消耗越大,可能会导致供货不足,使服务质量下降。安全库存的建立应多方考虑综合平衡,即要保证服务所需的备件供应,又要保证有良好的经济效益。

3)订货量 SOQ 的确定

(1)订货原则。建议采取大—大订货原则,这是丰田供应体制下推行的一种订货方式。它实行频繁的、周期性的、小批量的订货和发货,即采取每天订货的方式。使用大-大原则进行零件库存补充管理,需要再每天订货时间节点前发出订货单,这样可以减少零件的库存深度。通过按时订货,不断补充库存到最大库存量,如图4-5所示。这种订货方式的好处是管理精度高,可以减少安全库存天数,每单订货数量较小,易于操作。

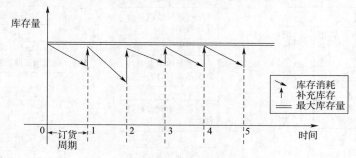

图4-5 大-大订货原则示意图

(2)订货量计算。推荐订货量的计算公式如下:

$$SOQ = MAD \times (O/C + L/C + S/S) - (O/H + O/O) + B/O$$
$$= SSQ - (O/H + O/O) + B/O$$

式中:O/H——在库数量,指备件订货时的现有库存数量;

O/O——在途数量,指备件已经订货但尚未到货的数量;

B/O——客户预定数,指备件无库存,客户预定的备件数量。

通过计算建议订货量,就能准确把握每项零件的订货数量,控制好库存深度。每个月实际订货根据实际库存量、半年内销售量及安全库存量等信息,由计算机根据上述公式计算出一份备件订货数量,备件计划员再根据实际情况进行适当调整。

【例4-1】某进口车型空调滤清器的前六个月的需求量分别是:10个、12个、9个、9个、18个、8个。每月订货两次,订货日为每月的15日和30日,到货期为1个月。在途数10个,在库数12个,客户预定数5个。试计算该备件的标准库存和订货数。

解:该备件的月均需求 MAD = (10 + 12 + 9 + 9 + 18 + 8)/6 = 11(个)

标准库存 SSQ = MAD × (O/C + L/T + S/S) = 11 × (0.5 + 1 + 1.5 × 0.7) = 28(个)
订货量 SOQ = SSQ − (O/H + O/O) + B/O = 28 − (12 + 10) + 5 = 11(个)

4.5 汽车备件的采购实务

4.5.1 汽车备件的订货流程

不同品牌的汽车维修企业的订货流程各不相同,但大同小异。图 4-6 所示为某汽车公司的汽车备件订货工作流程。

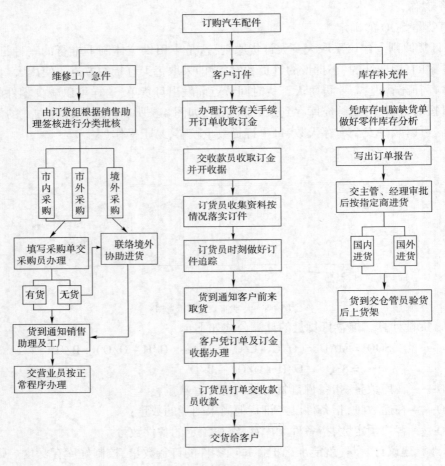

图 4-6 汽车备件订货流程

1)库存补充件订货程序

(1)拟订订货合同初稿。每月根据备件实际库存量及安全库存量等信息,计算出一份备件订货数量,再根据实际情况进行适当的调整,形成订货合同初稿明细表,见表 4-2。

订货的原则是:先市内后市外,先国内后国外。国内订货应向信誉好的大公司或向原制造厂配套厂家订购。

订货合同初稿明细表 表4-2

备件编号	备件名称	车型/发动机型号	参考订量（件）	安全量（件）	单价（元）	现存量（件）	平均月销量（件）
22401-40V05	火花塞	Y31/VG30(S)	340	345	126.00	5	45
92130-G5701	制冷剂杯	C22/Z20(S)	1	2	5440.00	1	0.33
82342-G5103	窗扣	C22/Z20(S)	1	9	674.00	8	1.67

（2）向多家供货商发出询价单。根据订货合同初稿明细表，经订货部门主管审查并调整订货数量后，填写询价单，见表4-3。

（3）确定最后正式订货单。根据各供货商反馈回来的报价单，调整订货数量后向其中一家发出正式订货单。库存备件补充订货程序包含如下内容：

①每月由备件管理系统根据汽车备件实际库存量、销量和安全库存等信息，计算并输出"合同初稿明细表"，再根据销售经验和市场情况做适当调整。

②向临近地区供货商发出询价单，一般由近及远，先国内后国外。

③根据供货商反馈回来的报价单，再次调整订货数量，确认后发出正式订货单。

询 价 单 表4-3

公司名称：_____　　　　　　　　　　编　　号：_____
　　　　　　　　　　　　　　　　　　　　　　日　　期：_____
联系电话：_____　　　　　　　　　　总页数：_____

项　　目	数　　量	零件编号	零件名称	单价(元)	金　　额

订货人：_____　　联系电话：_____　　传真：_____

×××汽车服务有限公司

2）即购即销（急需）汽车备件订购程序

（1）填写缺件报购通知单或备件请购单。如果修理部门或客户所需备件出现库存缺货，由营业部开出"缺件报购通知单"（表4-4）或"备件请购单"（表4-5），交订货部门。

缺件报购通知单 表4-4

单位：××××××		工卡	46911
车牌号	××××××	车型 RZH114	发动机型号	1Y
报购单号：981200534				2005年7月21日
备件名称	规格	备件编号	数量（件）	备注
链条	双排	92600-G5700	1	公务车
凸轮齿轮	z=36	11828-V6501	1	公务车
曲轴齿轮	z=18	99810-14C26	1	公务车

备 件 请 购 单   表 4-5

××××汽车服务有限公司

备件请购单

款接员		订件人		日期:2004 年 12 月 28 日		
工作卡号	4F056		底盘号码	VQ20		
车牌号码	××××××		车身编号	JNICAUA32110064484		
序号	零件编号	名称	数量(件)	报价(元)	期限	订件
1	BO552-5F700	左前门锁电油机	1	750	2004 年 12 月 31 日	√
备注	零部件签收	12 月 29 日 1 时 5 分	经办人	12 月 29 日 2 时 10 分		
			第一次到货签收	月	日 时	分
			第二次到货签收	月	日 时	分
			第三次到货签收	月	日 时	分
			全部到货签收	月	日 时	分

零部件经办人：_____   修理工：_____   报购员：_____

（2）询价与报价。如果汽车备件经营企业所在地区为北京,订货部门可以先通过电话、电子邮件或传真与当地市场联系。如果当地没有所需要的备件品种,再与邻近的市场联系,仍然没有的话,则可与国外有关公司联系,询问价格和供货方式。

（3）签订急需备件订购合同并收取订金。得到供货商反馈后,应将价格和供货时间及时向客户通报,由客户确认价格和供货时间,并签订订购合同和缴纳订金后,方可正式下单。

（4）跟踪并及时提货交货。订单发出后要注意跟踪询问,时刻掌握供货动态,货到后及时通知客户前来取货。

4.5.2 汽车备件采购合同的签订

1) 签订采购合同应遵循的原则

常见的汽车备件的合同有买卖合同、运输合同、保险合同等,其中最主要的是汽车备件买卖合同即采购合同。

与备件供应商进行交易时,应当与供应商签订书面采购合同。采购合同是供需双方的法律依据,应是当事人双方真实意思的体现,因此,签订合同必须贯彻"平等互利、协商一致、等价有偿、诚实信用"的原则。合同依法成立后,当事人之间的法律地位是平等的,权利和义务也是对等的。任何一方不得以大压小、以强凌弱、以上压下,也不能以穷吃富。经济合同必须建立在真实、自愿,平等互利、等价有偿的基础之上。国家法律不允许签订有损于双方合法权益的"不平等条约"或"霸王合同"。一切违背平等互利、协商一致、等价有偿原则的，都应确认为全部无效或部分无效的经济合同。

2）汽车备件采购合同的关键条款

合同是约束双方权利和义务的法律文书，合同内容要简明，文字要清晰，字意要确切。有关备件的品种、规格、型号、单价、数量、交货时间、交货地点、交货方式、质量要求、验收条件、付款方式、双方职责权利都要明确规定。签订进口备件合同时，更要注意这方面的问题，特别是零备件的型号、规格、生产年代、零件编码等不能有一字差别。近几年生产的进口车可利用车辆识别代号(VIN)来寻找备件编号。此外，在价格上也要标明何种价，如离岸价、到岸价等，否则会导致不必要的损失。

为避免在合同执行时出现争议，在采购合同中必须写明一些关键性条款，具体有以下几条。

(1)汽车备件的品名、品牌、规格、型号。这也称为标的，是合同当事人双方权利和义务共同指向的对象。

(2)汽车备件的数量和质量。在确定数量时应考虑汽车备件常用的包装规范，一般以个、件、千克等计算；质量也是合同标的的主要内容，一般是型号、等级等。

(3)汽车备件的价格，合同价款。价格是指汽车备件的单位价格，合同价款是指合同所涉及汽车备件的总金额。

(4)合同的履行期限、地点和方式。履行期限是指当事人各方依照合同规定全面完成自己的合同的时间。履行地点是指当事人依照合同规定完成自己的合同义务所处的场所。履行方式是指当事人完成合同义务的方法。

(5)违约责任。违约责任是指合同当事人因过错而不履行或不完全履行合同时应承受的经济制裁，如赔付违约金，赔偿金等。

除此以外，根据法律规定，以及当事人一方要求必须规定的条款，也是合同双方的主要条款。

3）签订备件采购合同时应注意的问题

备件采购合同依法成立后，即具有法律效力。当事人必须对合同中的权利和义务负责，必须承担由此引起的一切法律后果。因此，在签订经济合同时一定要慎重认真，不可马虎、草率从事。签订合同时应注意以下几个方面的问题。

(1)尽可能了解对方。为了慎重签订经济合同，使合同稳妥可靠，应该尽可能了解对方，知己知彼。虽然了解对方不是签订经济合同的法定程序，但是根据实践经验来看是非常必要的。在签订合同以前，应该了解对方以下问题：第一，对方是否具有签订经济合同的主体资格。社会组织必须具有法人资格；个体工商户必须经过核准登记，领有营业执照。第二，合同主体是否具有权利能力和行为能力，是否具有履行合同的条件。第三，法定代表人签订合同是否具有合法的身份证明，代理人签订合同是否具有委托证明。第四，代签合同单位是否具有委托单位的委托证明等。只有了解对方，做到心中有数，合同才能稳妥可靠。

(2)遵守国家法律、法规的要求。"合法"是经济合同的订立必须符合国家法律、法规的要求。只有这样,订立的合同才能得到国家的认可,才具有法律效力;当事人的权益才能受到保护。

(3)合同的主要条款必须齐备。经济合同必须具备明确、具体、齐备的条款。文字表达要清楚、准确,切不可用含糊不清,模棱两可和一语双关的词汇。语言简练,标点使用正确。产生笔误不得擅自涂改等。

(4)明确双方违约责任。合同违约责任是合同内容的核心,是合同法律约束力的具体体现。当事人双方必须根据合同规定或双方约定明确各自的违约责任。合同的违约责任规定的不明确或没有违约责任,合同就是失去了约束力,不利于加强双方的责任心,不利于严肃地、全面地履行合同;在发生合同纠纷时,缺少解决纠纷的依据。因此,当事人应当自觉接受法律监督,明确规定各自违约责任。

(5)合同的变更与解除。经济合同依法成立后,即具有法律约束力,任何一方不得擅自变更或解除。但是在一定条件下,当事人双方在订立经济合同后,可通过协商或自然地变更合同或解除合同。

4)国内采购合同格式

某备件经营企业采购合同格式如下。

购 货 合 同

于_____年_____月_____日,_____先生_____有限公司(以下简称售方),_____先生_____有限公司(以下简称购方),鉴于售方同意出售,购方同意购买_____(以下简称合同货物),其合同货物的质量、性能、数量经双方确认,并签署本合同,其条款如下:

(1)合同货物:_____
(2)数量:_____
(3)原产地:_____
(4)价格:_____
(5)装船:第一次装船应于接到信用证后_____天至_____天内予以办理。从第一次装船,递增至终了,应在_____个月内完成。
(6)优惠期限:为了履行合同,若最后一次转船时发生延迟,购方提出凭证,售方可以向购方提供_____天的优惠期限。
(7)保险:由购方办理。
(8)包装:用新牛皮纸袋装,每袋为_____kg,或用木箱装,每箱为_____kg。予以免费包装。
(9)付款条件:签订合同后_____天内购方通过开证行开出以售方为受益人、经确认的、全金额100%的、不可撤销的、可分割的、可转让的、允许分期装船的信用证,见票即付并出示下列证件:
①全套售方商业发票;
②全套清洁、不记名、背书提单;
③质量、品质检验证明。

(10)装船通知：购方至少在装货船到达装货港的_____天前，将装货船到达的时间通知售方。

(11)保证金。

①通知银行收到购方开具的不可撤销信用证时，售方必须开具信用证_____%金额的保证金。

②合同货物装船和交货后，保证金将原数退回给售方。若出于任何原因(本合同规定的第12条除外)，发生无法交货(全部或部分)，按数量比例将保证金作为违约予以没收支付给购方。

③若由于购方违约或购方不按照本合同第9条规定的时间内(本合同规定的第12条除外)，开具以售方为受益人的信用证，必须按保证金相同的金额付给售方。

④开具的信用证必须满足合同所规定的条款内容。信用证所列条件应准确、公道，售方能予以承兑。通知银行收到信用证后，应给开证银行提供保证金。

(12)不可抗力：售方或购方不承担由于不可抗力的任何原因所造成的无法交货或违约，不可抗力的任何原因包括战争、封锁、冲突、叛乱、罢工、雇主停工、内乱、骚动、政府对出口的限制、暴动、严重火灾或水灾、或为人们所不能控制的自然因素。

交货或装船时间可能出现延迟，购方或售方应提出证明予以说明实情。

(13)仲裁：因执行本合同所发生的一切争执和分歧，双方应通过友好协商的方式解决。若经协商不能达成协议时，则提交仲裁解决。仲裁地点在_____，由仲裁委员会仲裁，按其法规裁决。仲裁委员会的裁决，对双方均具有约束力。仲裁费用应由败诉方承担。除进行仲裁的那部分外，在仲裁进行的同时，双方应继续执行合同的其余部分。对仲裁结果不服者可到法院诉讼解决。

(14)货币贬值：若美元货币发生法定贬值，售方保留按贬值比率对合同价格予以调整的核定权力。

(15)有效期限：本合同签字后，在_____天内购方不能开出以售方为受益人的信用证，本合同将自动失效。但购方仍然对第11条中第②③项规定的内容负责，支付予以补偿。

本合同一式两份，经双方认真审阅并遵守其规定的全部条款，在见证人出席下经双方签字。

售方：_____

购方：_____

见证人：_____

思考与练习

一、选择题

1.汽车备件采购管理原则有(　　)。

  A.勤进快销原则   B.以销定进原则

  C.以进促销的原则   D.储存保销

2. 汽车备件的采购方式有(　　)。
   A. 一家采购与多家采购　　　　B. 向生产企业购买与向供销企业购买
   C. 成立联合采购体,联购合销　　D. 电子采购招标采购即时制采购
3. 电子采购也称为网上采购,它具有(　　)特点。
   A. 费用低　　　　　　　　　　B. 效率高
   C. 速度快　　　　　　　　　　D. 业务操作简单、但不方便对外联系
4. 供应商的选择主要从(　　)方面进行评价。
   A. 价格和费用　　B. 产品质量　　C. 交付情况　　D. 服务水平
5. 一个合格的备件采购员应具备的主要素质是(　　)。
   A. 具有一定的政策法律知识和政治觉悟
   B. 要具备必要的专业知识
   C. 要善于进行市场调查和分类整理有关资料
   D. 要有对市场进行正确预测的能力
6. 可以用(　　)的技术手段鉴别汽车备件质量。
   A. 检视法　　　　B. 敲击法　　　C. 比较法　　　D. 试装法
7. 任何零备件的生命周期都会有(　　)四个阶段。
   A. 产生　　　　　B. 增长　　　　C. 平稳　　　　D. 衰退
8. 常见的汽车备件的合同有(　　)。
   A. 买卖合同　　　B. 运输合同　　C. 保险合同　　D. 生产合同
9. 为避免在合同执行时出现争议,在备件采购合同中必须写明一些关键性条款,主要有(　　)。
   A. 汽车备件的品名、品牌、规格、型号
   B. 汽车备件的数量、质量、价格和合同金额
   C. 合同的履行期限,地点和方式
   D. 违约责任
10. 签订备件采购合同时应注意的问题有(　　)。
    A. 遵守国家法律、法规的要求　　　B. 合同的主要条款必须齐备
    C. 明确双方违约责任　　　　　　　D. 合同的变更与解除问题

二、思考题

1. 简述汽车备件采购管理原则。
2. 备件采购员的岗位职责有哪些?
3. 汽车备件的采购方式有哪些?
4. 签订备件采购合同时应注意的问题有哪些?
5. 以上汽大众为例,汽车备件的订货类别有哪些?

学习任务 5　汽车备件出入库管理

学习目标

完成本任务的学习后,你应能:
1. 掌握汽车备件入库验收的程序和要点,能够妥善处理入库验收中出现的异常问题;
2. 知道汽车备件入库、出库管理制度;
3. 掌握汽车备件入库的具体操作步骤;
4. 知道汽车备件出库程序,掌握出库具体操作要点;
5. 掌握汽车备件出库成本计算方法;
6. 了解汽车备件库存盘点的方法和具体操作步骤,掌握盘点结果的分析和处理方法。

任务描述

备件部业务繁忙,部门经理安排小赵协同备件管理员工作。为了能尽快熟悉库房管理员的工作,提升自己的业务能力,小赵需要学习汽车备件入库、出库管理制度;掌握汽车备件入库验收的程序和要点,能够妥善处理入库验收中出现的异常问题;知道汽车备件出库程序,掌握出库具体操作要点;掌握汽车备件出库成本计算方法;了解汽车备件库存盘点的方法和具体操作步骤,掌握盘点结果的分析和处理方法。

学习引导

本学习任务沿着以下路径进行:

汽车备件的验收 → 汽车备件的入库管理 → 汽车备件的出库管理 → 汽车备件的出库核算 → 汽车备件库存盘点

5.1　汽车备件的验收

汽车备件材质类别繁多,绝大部分为金属,此外还有橡胶、工程塑料、玻璃、石棉等。当前,汽车类相关企业经营的汽车备件产品种类多样,再加上各类汽车美容用品、各类油品、液类等纷繁复杂,这也使汽车备件的仓储管理难度很大。

5.1.1 汽车备件入库验收的重要性

入库验收是备件入库管理的准备阶段，备件一经验收入库，仓库保管工作就正式开始，同时，也就划清了入库和未入库之间的责任界限。

入库的汽车备件情况比较复杂，有的出厂之前就不合格，如包装含量不准确、包装本身不合乎保管和运输要求；有的在出厂时虽然合格，但是经过几次装卸搬运和运输，致使有的包装损坏、数量短缺、质量受损，有的备件已经失去了部分使用价值，有的甚至完全失去了使用价值。这些问题都要在入库之前弄清楚，划清责任界限。否则，备件在入库保管之后再发现质量、数量的问题，就会由于责任不清，给企业造成不必要的经济损失。因此，搞好入库检验工作，把好"收货关"，可以为提高仓库保管质量打下良好的基础。

5.1.2 汽车备件验收流程

图 5-1 所示为汽车备件验收流程。

图 5-1 汽车备件验收流程

1) 验收准备

首先需要熟悉收受凭证及相关订货资料，准备并校验相应的验收工具，如磅秤、量尺、卡尺等，保证计量准确，准备堆码、搬运用的设备、工具及材料。其次，要配备足够的人力，根据到货产品数量及保管要求，确定产品的存放地点和保管方法等。

2) 核对资料

入库产品应具备下列资料：

(1) 主管部门提供的产品入库通知单。

(2) 发货单位提供的产品质量证明资料。

(3) 发货明细表，装箱单。

(4) 承运部门提供的运单及证明其承运资质的必要证件。

仓库须对上述资料进行整理和核对，准确无误后方可进行实物检验。

3) 实物检验

实物检验包括对产品数量和产品质量两个方面的检验。

(1) 数量检验。数量验收是整个入库验收工作中的重要组成部分，是搞好保管工作的前提，库存备件的数量是否准确，在一定程度上是与入库验收的精确准确程度分不开的。数量检验是查对到货产品的名称、规格、型号、件数等是否与入库通知单、运单、发货明细表一致。在验收时，验收方应采取与供货方一致的计量方法，如供货方按质量供货，应以千克为单位进行验收；供货方按件数供货，则应清点件数；供货方按长度换算供货，则应以约定长度单位计量换算。

(2) 质量检验。备件在流转的各个环节都存在品质验收问题，入库的品质验收就是保管员利用自己掌握的技术和在实践中总结出来的经验，对入库备件的品质进行检查验收。品质检验包括对产品的包装状况、外观品质和内在品质的检验。一般仓库只负责包装和外观品质的检验，通过验看外形判断产品品质状况。需要进行技术鉴定确定产品品质的，则应通知企业技术部门或者取样送请专业检验部门检验。

4）验收记录

产品验收结果应当及时作出验收记录。验收记录内容主要包括产品名称、规格、供货单位、出厂日期或批号、运单号、到达日期、验收完毕日期、应收数量、实收数量、抽查数量、品质情况等。凡是检验到数量短缺或包装破损的，应注明短缺数量及残损程度，并进行原因分析，附承运部门的现场验收签证或照片，及时与供货单位交涉，或报上级管理部门处理。处理期间产品应另行存放，不得与合格产品混放，更不得发放使用，但仍需妥善保管。

5.1.3 汽车备件的入库验收步骤

汽车备件的入库验收步骤如图5-2所示。

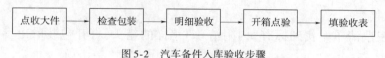

图5-2 汽车备件入库验收步骤

1）点收大件

仓库保管员接到进货员、技术检验人员或工厂送货人员送来的备件后，根据入库单所列的收货单位、品名、规格、型号、等级、产地、单价、数量等各项内容，逐项进行认真查对验收，并根据入库备件的数量、性能、特点、形状、体积，安排适当货位，确定堆码方式。

（1）接收送货单（或货运单）。货运公司送货到门口时，首先接收送货单（或货运单）一式两联，作收货准备。

（2）确认送货单（或货运单）内容。确认送货单（或货运单）上收货单位为本公司名称，确认本次收货日期和收货箱数，准备收货。

（3）清点数量。按一个包装标签为一个箱头（件数）进行清点。清点时确认零件包装标签上的收货公司名称是本公司名称，确认包装标签上的发货日期与送货单（或货运单）相符合，清点后确认收到的件数与送货单（或货运单）上的一致。

2）检查包装

在点清大件的基础上，对包装物上的商品标志与入库单进行核对。只有在实物、标志与入库凭证相符时，方能入库。同时，对包装物是否符合保管、运输的要求进行检查验收，经过核对检查，如果发现票物不符，应将其单独存放，并协助有关人员查明情况，妥善处理。若收到的零件外包装不良时，如图5-3～图5-6所示，应打开不良的包装对内装零件进行检查，如若内装零件破损时，须在货运单上注明，并拍照后向供货商申请索赔。

图5-3 外包装破损

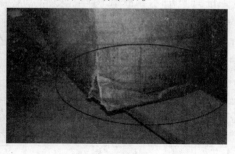

图5-4 液体渗漏

图 5-5 外装木箱散架

图 5-6 外包装有明显的折痕

3) 明细验收

(1) 取出发票清单。找到标有"内附清单"字样的箱头,打开包装取出发票清单,准备验货。

(2) 准备验收工具。准备手推车、篮筐,将到货清单平整夹好,准备开箱验货。

(3) 根据发票清单验收零件。根据发票清单逐一验收零件,核对零件编码、数量。

4) 开箱点验

凡是出厂原包装的产品,一般开箱点验的数量占总数的 5% ~ 10%。如果发现包装含量不符或外观质量有明显问题时,可以不受上述比例的限制,适当增加开箱检验的比例,直至全部开箱。新产品入库,亦不受比例限制。对于数量不多而且价值很高的汽车备件(单价 1000 元以上)、非生产厂原包装或拼箱的汽车备件、国外进口汽车备件、包装损坏的汽车备件、易损件(如玻璃、灯具、饰条、橡胶制品)等,必须全部开箱检验,并按入库单所列内容进行核对验收,同时还要检查合格证,经全部检验无误后才能入库。

在验收的过程中,经常会出现以下几种不良验收的情况:

(1) 零件从外包装取出后放置在地上进行验收。这样易造成的问题是:①验收时容易踩踏零件,造成零件的损伤;②已验收与未验收零件不易明确区分,容易造成验收差错。

(2) 将零件从包装箱中全部倒出,丢弃外包装后再进行验收。这样易造成的问题是:①出现零件未完全取出,验收完毕后发现短缺,在垃圾堆中找回零件的现象;②发生货损时未能真实反映零件装箱情况,造成供应商装箱改善工作难以到位。

(3) 验收时未将所有包装完全打开进行验收。这样容易出现点漏或点错零件的情况。

(4) 零件到货后未验收先出库,或未验收先上架。容易造成遗漏验收零件,错误申报零件短缺的现象。

5) 填验收表

经过以上四个步骤以后,验收人员可以填写配件验收表,见表 5-1。

备 件 验 收 表　　　　　　　　　　表 5-1

	年　月　日		编　号	
采购单号		零件名称		料　号
供应商		数量		

续上表

检验项目	标准	抽样结果记录											
		1	2	3	4	5	6	7	8	9	10	11	12	13
结果	合格 不合格	审核						检验者					

5.1.4 入库验收中异常问题处理

在汽车备件入库验收中发现的数量,品质或包装的问题都应按规定如实做好记录,交接双方或有关人员签字后根据情况分别处理。

1) 单货不符或单证不全

(1) 汽车备件串库。汽车备件串库是指送往其他仓库的汽车备件混进本库而形成的单货不符。对此,应如实签收,将错送的汽车备件清出,当即退回。如果在签收后堆码、验收中发现串库的汽车备件,应及时通知送货人办理退货手续,同时更正单据。

(2) 有货无单,货物到库而随货同行的凭证未到。对于这种情况,应将货物安排场所暂时存放,及时联系,待单证到期后再点验入库。

(3) 有单无货。售货单位预先将入库单送至仓库,但经过一定时期,仍未来货,形成有单无货的情况,应及时查明原因,将单退回注销。

(4) 货未到齐。由于运输途中甩货或批次转运混乱,造成同一批次汽车备件不能同时到齐。对于这种情况应分单签收。

(5) 细数、规格不符。入库汽车备件在开箱、拆包验收中发现品名、规格、牌号、产地等与入库单所列不符,仓库应与存货单位联系或提出查询处理。

2) 品质问题

品质问题包括汽车备件异状、残损、变质等。在接货时发现的品质问题,应会同交通运输部门清查点验,并由运输部门编制商务记录或出具证明书,以便按章索赔。如确认责任不在运输部门,也应作出普通记录,以便作为向供货单位联系处理的依据。

3) 包装问题

在清点大件时发现包装有水渍、脏污、损坏、变形等情况,应会同送货人开包检查内部细数和品质,并由送货人出具入库汽车备件异状记录,或者在送货单上注明,并同时通知保管员另行堆放。

4) 数量不符

数量不符指汽车备件到库的实际数量与随行单证上所列的数量不一致,有件数不符和细数不符两种情况。件数不符,应由收货人在送货单各联上注明后按实签收。将短少的品名、规格、数量等信息通知运输人员及供货单位。细数不符是开包检验发现汽车备件的溢余短少或者规格不符,对此情况,应如实签收,注明情况,并通知发货方和业务单位。发现这种情况既不能做溢余处理,也不能以长补短,互相抵补,应填写残损短缺溢余记录,并转发货方。

5.2 汽车备件的入库管理

5.2.1 汽车备件入库管理制度

库房在收到汽车备件和相应的入库验收单据的情况下,按照库房实物管理制度清点货物,通过入库搬运、安排货位、堆码等工序,按照要求将货物存放到指定地点,并在入库验收单上签字确认。

以下是某汽车备件经营企业汽车备件入库管理制度。

(1)汽车备件采购回来后首先办理入库手续,由采购人员向仓库管理员逐件交接。库房管理员要根据采购计划单的项目认真清点所要入库物品的数量,并检查好物品的规格、品质,做到品种、规格、数量、价格准确无误,品质完好、配套齐全,并在接收单上签字,或在入库登记簿上共同签字确认。

(2)对于在外加工货物应认真清点所要入库的物品的数量,检查好物品的规格、品质,做到品种、规格、数量准确无误,品质完好、配套齐全,并在接收单上签字。

(3)备件入库根据入库凭证,现场交接接收,必须按所购物品条款内容、物品品质标准,对物品进行检查验收,并做好入库登记。

(4)备件验收合格后,应及时入库。

(5)备件入库要按照不同的主机型号、材质、规格、功能等要求分类,分别放入货架的相应位置储存,在储存时注意做好防锈、防潮处理,保证货物的安全。

(6)备件数量准确、价格正确。做到账、标牌、货物三者相符。发生不符问题时,不能随意更改,应查明原因,看是否有漏入库、多入库、入错库的现象。

(7)精密、易碎及贵重备件要轻拿轻放,妥善保存,严禁挤压、碰撞、倒置。其中,贵重物品应入公司内小仓库保管,以防被盗窃。

(8)做好防火、防盗、防潮工作,严禁让与备件部门无关的人员进入仓库。

(9)仓库保持通风,保持仓库室内整洁。由于仓库的容量有限,物品的摆放应整齐紧凑、无遮掩,标牌醒目,便于识别辨认。

5.2.2 汽车备件入库流程

汽车备件入库流程如图 5-7 所示。

图 5-7 汽车备件入库流程

1)入库搬运

汽车备件入库搬运的第一步是卸车。由于汽车备件种类繁多,且特征不同,多数卸车是靠人力完成的。

汽车备件的入库搬运包括备件在仓库设施内的所有移动。仓库收到汽车备件后,为了库存管理和出库的需要,有必要在仓库内搬运货物并将其定位。当汽车备件需要出库时,就将所需备件集中起来,并将其运送到备件发料区。

一般来说,汽车备件在仓库里至少要有两次或两次以上的搬运,第一次移动是将其搬运进库,并放置在指定的储存位置上。第二次移动是在仓库内部进行的,这次移动是将汽车备件进行分选。当需要分选时,备件就被搬运至拣选区。有些汽车备件体积大,则第二次移动就可以省去。第三次移动是把汽车维修作业需要的备件从仓库运到发料区。

在搬运当中应当注意的事项有:

(1)尽量使用工具搬运,如小型手推车、平板车等,以提高效率。

(2)减少搬运次数,减少搬运时间。

(3)缩短搬运距离,节省人力。

(4)通道不可有障碍物,以防阻碍运输。

(5)应注意人身及财产安全。

(6)各类备件应有明确的产品及路径标志,不可因搬运混乱而造成生产混乱。

2)安排货位

货位就是指仓库中备件存放的具体位置,在库区中按地点和功能进行划分,来存放不同类别的货物。货位的合理设置可以方便仓库中对货物的组织,以及出入库时对货物的管理。汽车备件仓库货位的安排主要应遵循以下原则:

(1)尽量充分地利用库存空间,货位布置要紧凑,提高仓容利用率。

(2)能够以最快的速度找到所需备件。

(3)尽量减少在库房中的行走距离,降低搬运备件的劳动强度。

(4)分别存储形状相似的备件,从而降低拿错备件的概率。

(5)随时调整货位安排,满足以上要求。

3)堆码建卡

堆码就是将备件整齐、规则地摆放成货垛的作业过程。汽车备件堆码,要根据性能特点,安排适当的货位,批量大的可以另设垛堆,必须整数存放,标明数量以便查对。建卡时要注明分堆的寄存位置和数量,同时在分堆处建立分卡。

(1)商品堆码的主要原则:

①较多采取立体储存的方式。

②仓库通道与堆垛之间保持适当的宽度和距离,提高物品装卸的效率。

③根据物品的不同收发批量、包装外形、性质和盘点方法的要求,利用不同的堆码工具,采取不同的堆码形式,其中,危险品和非危险品的堆码,性质相互抵触的物品应该根据具体情况隔离、隔开、隔库储存,不得混放。

④不要轻易地改变物品存储的位置,大多应按照先进先出的原则。

⑤在库位不紧张的情况下，尽量避免物品堆码的覆盖和拥挤。

(2) 堆码的操作要求：

①安全。操作工人必须严格遵守安全操作规程；使用各种装卸搬运设备，严禁超载，同时还须防止建筑物超过安全负荷量。码垛必须不偏不斜，不歪不倒，牢固坚实，以免倒塌伤人、摔坏商品。

②合理。不同商品的性质、规格、尺寸不相同，应采用各种不同的垛形。不同品种、产地、等级、单价的商品，须分别堆码，以便收发、保管。货垛的高度要适度，不压坏底层的商品和地坪，与屋顶、照明灯保持一定距离；货垛的间距，走道的宽度、货垛与墙面、梁柱的距离等，都要合理、适度。

③方便。货垛行数、层数，力求成整数，便于清点、收发作业。若过秤商品不成整数时，应分层表明质量。

④整齐。货垛应按一定的规格、尺寸叠放，排列整齐、规范。商品包装标志应一律朝外，便于查找。

⑤节约。堆垛时应注意节省空间位置，适当、合理安排货位的使用，提高仓容利用率。

(3) 堆码的五距。

商品堆码要做到货堆之间，货垛与墙、柱之间保持一定距离，留有适宜的通道，以便商品的搬运、检查和养护。要把商品保管好，"五距"很重要。五距是指顶距、灯距、墙距、柱距和堆距。

①顶距是指货堆的顶部与仓库屋顶平面之间的距离。留顶距主要是为了通风。

②灯距是指在仓库里的照明灯与商品之间的距离。留灯距主要是防止火灾。

③墙距是指货垛与墙的距离。留墙距主要是防止渗水，便于通风散潮。

④柱距是指货垛与屋柱之间的距离。留柱距是为防止商品受潮和保护柱脚。

⑤堆距是指货垛与货垛之间的距离。留堆距是为便于通风和检查商品。

(4) 汽车备件种类繁多，在堆码的实际操作中还需注意：

①同类产品按生产日期、规格单独存放。

②不同品种的汽车备件分别放置在不同的托盘上。

③贴有标签的物品，标签应向外与通道平行。

④严禁倒置，严禁超过规定的层级堆码。

⑤货架上物品存放质量不得超过货架的设计载荷。

⑥在托盘上码放货物时，托盘间应预留合理的距离，以便于移动，并避免货物错放。

⑦手工操作的，每一货物托盘上应放置一张储位卡。

4) 入账登记

产品经验收无误后即办理入库手续，进行登账、立卡等手续，妥善保管产品的各种证件、说明、账单资料。

(1) 登账。仓库对每一种规格的产品都必须建立收、发、存明细账，以及时反映产品存储动态。登账时必须要以正式的收发凭证为依据。

(2) 立卡。料卡是一种活动的实物标签，反映库存产品的名称、规格、型号、级别、存储定额和实存数量。一般料卡直接挂在货位上。货物入库或上架后，将货物名称、规格、数量等内容填在料卡上称为立卡。

（3）建档。历年的产品技术资料及出入库的有关资料应存入产品档案，以便查询，积累产品报告经验。产品档案应一物一档，统一编号，做到账、卡、物三者相符，以备查询。

5.3 汽车备件的出库管理

对于汽车备件的发放和出库，要根据合法的出库凭证，贯彻合理的发放和出库原则，做到迅速和准确。通过不同的出库核算方法对库存成本进行核算，并在出库后做好备件的出库登记。

5.3.1 汽车备件出库的程序

汽车备件的出库程序如图5-8所示。

图5-8 汽车备件出库程序

1）核对单据

业务业务部门开出的供应单据，包括供应发票、转仓单、商品更正通知单、补发、调换、退货通知单等，是仓库发货、换货的合法依据。保管员接到这些单据后，先核对单据内容、收款印戳，然后备货或换货。如发现问题，应及时与有关部门联系解决，在问题未弄清前不能发货。

2）备货

备货前应将供应单据与卡片、实物核对，核对无误后方可备货。备货有两种形式：一种是将备件发到理货区，按收货单位分别存放并排码整齐，以便复点；第二种是外运的大批量发货，为了节省人力，可以在原垛就地发货，但必须在单据上注明件数等信息。无论采取哪种形式，都应及时记卡、记账，核对结存实物，以保证账、卡、物三者相符。

3）复核装箱

备货后一定要认真复核，复核无误后，客户自提的可以当面点交，属于外运的可以装箱发运。在复核中，按照单据内容逐项核对，然后将单据的随货同行联和备件一起装箱。如果是拼箱发运的，应在单据的仓库联上注明。如果编有箱号，应注明拼在几号箱内，以备查考。无论是整箱还是拼箱，都要在箱外写上运输标志，以防止在运输途中发错到站。

4）报运

备件经过复核、装箱，编号后，要及时过磅称重，然后按照装箱单的内容逐项填写清楚，报送运输部门，向承运单位申请准运手续。

5）点交清理

运输部门凭装箱单到仓库提货时，保管员先审核单据内容、印章及经手人签字等，然后按单据内容如数点交。点交完毕后，随即清理现场，整理货位，腾出空位，已备再用。客户自提的一般不需要提前备货，随到随发，按提货内容当面点交，并随时结清，做到卡物相符。

6）单据归档

发货完毕后，应及时将提货单据（盖有提货印章的装箱单）归档，并按照其时间顺序分月装订,妥善保管,以备查考。

5.3.2 出库的要求

1) 凭单发货

仓库保管员要凭业务部门的供应单据发货,如果单据内容有误、填写不符合规定、手续不完备时,保管员可以拒绝发货。

图5-9 按先后到货顺序摆放零件

2) 先进先出

保管员一定要坚持"先进先出、出陈储新"的原则,以免造成汽车备件积压时间过长而变质老化而报废。当前,汽车更新换代速度很快,备件制造工艺也在不断的更新,如果积压时间过长,很可能会因为老旧车型的淘汰而使储存的汽车备件报废。可按照一定的顺序摆放不同批次的备件,如图5-9所示。

3) 及时准确

一般大批量发货不超过两天,少量货物随到随发。凡是注明发快件的,要在装箱单上注明"快件"字样。发出备件的名称、规格、数量、产地、单价等,都要符合单据内容。因此,出库前的复核一定要细致,过磅称重也要准确。

4) 包装完好

备件从仓库到用户,中间要经过数次装卸、运输。因此,一定要保证包装完好,避免在运输途中造成损失。

5) 待运备件

汽车备件在未离库前的待运阶段也要注意安全管理。例如,忌潮的备件要加垫,怕晒的备件要放在避光通风处。总之,备件在没离开仓库之前,保管员仍要保证其安全。

5.3.3 发货的复核

1) 送货的复核

需送货的汽车备件发货时,由仓库保管员凭证配货,将汽车备件集中于待运场所,由待运汽车备件保管员进行逐单核对。复核汽车备件有无差错,箱号、件数是否付相符。复核发运地点与运输路线有无错误,收货单位名称书写是否正确清楚。复核后,理货员应在出库凭证上签字或盖章,以明责任。小型仓库不设专职理货员的,仓库保管组内应分工合作,互相复核。

2) 自提的复核

自提汽车备件出库时,保管员根据提货单配货发付,有复核人员或其他配合工作的保管员对汽车备件的品名、规格、等级、数量等进行复核。未经复核或单货不符的汽车备件不得出库。

3) 装箱的复核

出库汽车备件凡是由仓库装箱的,由保管员按单配货,交给装箱人员复核汽车备件品名、规格、等级、数量和计算单位等,并在装箱单上签字盖章,将其置于箱内,然后贴上封条。

4)账、货、结存数的复核

保管员据单备货,从货垛、货架上取货以后,应立即核对汽车备件的结存数;同时检查汽车备件的数量、规格等,是否与记账员在出库凭证上批准的账面结存数相符,还要核对汽车备件的货位号、货卡有无问题,以便做到账、货、卡三者相符。

5.4 汽车备件的出库核算

汽车备件经营企业应当合理选择出库备件成本计量方法,以便确定当前发出存货的实际成本。企业在确定发出存货的成本时,一般采用有先进先出核算法、月末一次加权平均核算法和个别计价核算法。

5.4.1 先进先出核算法

1)先进先出核算法简介

先进先出核算法是将先购入的存货先发出而对发出存货进行计价的方法。采用这种方法,先购进的存货成本先结转,后购进的存货后结转,以此确定发出存货和期末存货的成本。

具体方法是:在购入存货时,依次登记购进存货的数量、单价和金额;在发出存货时,按照先进先出的原则逐笔登记存货的发出成本和结存金额。

2)先进先出核算法应用实例

【例5-1】假设库存为零,1日购入A产品100个,单价为2元;3日购入A产品50个,单价为3元;5日销售发出A产品50个,发出单价为2元,则成本为100元。

先进先出核算法假设先入库的材料先耗用,期末库存材料就是后入库的材料,因此发出材料按先入库的材料的单位成本计算。

对销售而言,先获得的存货先销售出去,使留下存货的日期越来越近,存货价值越接近重置价值。在物价上涨时,此法会导致较低的销货成本,较多的盈余。

【例5-2】某仓库存货情形如下:

1月1日进货10个,每个5元,小计50元。

4月1日进货10个,每个6元,小计60元。

8月1日进货10个,每个7元,小计70元。

12月1日进货10个,每个8元,小计80元。

假设在12月31日存货数量为15个,则期末存货价值为12月1日10个,每个8元,小计80元;8月1日5个,每个7元,小计35元,总计存货价值为115元。

3)先进先出核算法应用利弊分析

以先进先出核算法计价的库存商品存货是最后购进商品的存货。在市场经济环境下,各种商品价格总是有所波动,在物价上涨过快的前提下,由于物价快速上涨,先购进的存货其成本相对较低,而后购进的存货成本就偏高。这样出库货品的价值就低于市场价值,产品销售成本偏低,而期末存货成本偏高。但是因为商品的售价是按近期市价计算的,所以收入较多,销售收入和销售成本不符合配比原则,以此计算出来的利润就偏高,形成虚增利润,实质为存货利润。

由于虚增了利润,不但会增加企业所得税负担,而且向投资人分红增加,从而导致企业现金流出量增加。但是从筹资角度来看,较多的利润、较高的存货价值、较高的流动比率意味着企业财务状况良好。同时也会博取社会公众对企业的信任,增强投资人的投资信心。利润的大小往往是评价一个企业负责人政绩的重要标尺,不少企业按利润水平的高低来评价企业管理人的业绩,并根据评价结果来奖励管理人员。此时,管理人员往往乐于采用先进先出核算法,因为这样做会高估任职期间的利润水平,从而多得眼前利益。

5.4.2 加权平均核算法

1)加权平均核算法简介

加权平均核算法也称全月一次加权平均核算法,是指以当月全部进货数量加上月初存货数量作为权数,去除当月全部进货成本加上月初存货成本,计算出存货的加权平均单位成本,以此为基础计算当月发出存货的成本和期末存货的成本的一种方法。

$$加权平均单价 = \frac{期初结存存货实际成本 + 本期入库存货实际成本}{期初结存存货数量 + 本期入库存货数量}$$

$$存货单位成本 = \frac{月初库存存货的实际成本 + \sum(本月各批进货的实际单位成本 \times 本月各批进货的数量)}{月初库存存货数量 + 本月各批进货数量之和}$$

$$本月发出存货的成本 = 本月发出存货的数量 \times 存货单位成本$$

$$本月月末库存存货成本 = 月末库存存货的数量 \times 存货单位成本$$

$$= 月初库存存货的实际成本 + 本月收入存货的实际成本 - 本月发出存货的实际成本$$

2)加权平均核算法应用实例

月末一次加权平均核算法只在月末一次性计算加权平均单价,计算比较简单,工作量比较小,有利于简化成本计算的工作。

【例5-3】某仓库1月31日库存A商品1000件,金额为100000元,2月采购2000件,价格为221000元,则本月A商品的加权平均单位成本为:(100000+221000)/(1000+2000)=107(元),2月发出商品2500件,则本月发出商品价值为2500×107=267500(元),库存商品成本为500×107=53500(元)。

3)加权平均核算法应用利弊分析

这种方法适用于前后进价相差幅度不大且月末定期计算和结转销售成本的商品。

优点:只在月末一次计算加权平均单价,比较简单,而且在市场价格上涨或下跌时所计算出来的单位成本平均化,对存货成本的分摊较为折中。

缺点:不利于核算的及时性;在物价变动幅度较大的情况下,按加权平均单价计算的期末存货价值与现行成本有较大的差异。适合物价变动幅度不大的情况。这种方法平时无法从账上提供发出和结存存货的单价及金额,不利于加强对存货的管理。为解决这一问题,可以采用移动加权平均核算法或按上月月末计算的平均单位成本计算。

5.4.3 个别计价核算法

1)个别计价核算法简介

又称"个别认定法""具体辨认法""分批实际法"。采用这一方法是假设存货的成本流转与实物流转相一致,按照各种存货,逐一辨认各批发出存货和期末存货所属的购进批别或生产批别,分别按其购入或生产时所确定的单位成本作为计算各批发出存货和期末存货成本的方法。

发出存货的实际成本 = ∑各批(次)存货发出数量 × 该批次存货实际进货单价

2)个别计价核算法应用实例

【例5-4】 某工厂本月生产过程中领用 A 材料2000kg,经确认其中1000kg属第一批入库单位成本为25元;其中600kg属第二批入库,单位成本为26元;其中400kg属第三批入库,单位成本为28元。本月发出 A 材料的成本计算如下:

发出材料实际成本 = 1000 × 25 + 600 × 26 + 400 × 28 = 51800(元)

3)个别计价核算法应用利弊分析

优点:计算发出存货的成本和期末存货的成本比较合理、准确。

缺点:实务操作的工作量繁重,困难较大。适用于容易识别、存货品种数量不多、单位成本较高的存货计价。

5.5 汽车备件库存盘点

仓库定期对库存汽车备件的数量进行核对,清点实存数,查对账面数。不仅要清查库存账与实存数是否相符,有无溢缺或规格互串,还要查明在库汽车备件有无变质、失效、残损和销售呆滞等情况。通过盘存,彻底查清库存数量已有或隐蔽、潜在的差错事故,发现在库汽车备件的异状,及时抢救、减少和避免损失。因此,盘存是备件仓库每日都需要进行的业务之一,备件的库存数是否与系统中的数量一致,每日的流动部分是否正确地得到了统计,这些都直接关系企业的利益。

5.5.1 盘点的内容

1)盘点数量

对于计件汽车备件,应全部清点;对于货垛层次不清的汽车备件,应进行必要的翻垛整理,逐批盘点。

2)盘点质量

对于计重汽车备件,可会同业务部门据实逐批抽件过称。

3)核对账与货

根据盘存汽车备件实数来核对汽车备件保管账所列的结存数,逐笔核对。查明实际库存量与账、卡上的数字是否相符;检查收发有无差错;查明有无超储积压、损坏、变质等。

4)核对账与账

核对汽车备件仓库账目,必要时与业务部门的汽车备件账核对。

5.5.2 盘点的方法

1)日常盘点

日常盘点在不同的汽车品牌的备件管理部门也称为动态盘点,或是永续盘点。这种盘点不定期进行,是一种局部性的盘点。其工作:一是动态复核,即针对有过出入库变动的货垛,收发货后随即查点结存数,并汇成总表,见表5-2。动态复核花时少,发现差错快,可以有效地提高账货相符率。二是巡回复核,即在日常翻仓整垛、移垛、过户分垛后,对新组合的货垛或零散的货垛,安排的巡回核对点数。

销 卡 点 存 表　　　　　　　　　　　　　　　　　　　　表5-2

提货单号	仓　位	车　　型	零件编号	零件名称	销　　量	账面存量
S67132	M113-D01	HONDA	KP710-00150	油底壳密封胶	1	8

盘点的工作流程如图5-10所示。

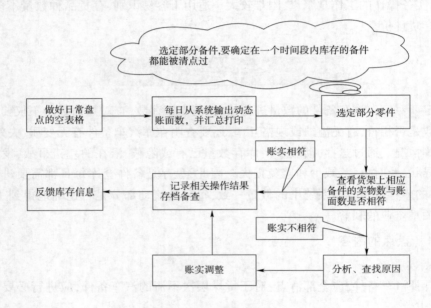

图5-10　日常盘点工作流程

2)定期盘点。定期盘点也有称为实地盘点或者月盘。进行定期盘点的时间间隔,由各备件管理部门根据自身的情况确定。定期盘点的作用是进行所有类别备件的数量盘点,并进行备件品质的检查与修整,及时处理呆滞备件,并用以核对账与实物,核对账与账。定期盘点的工作流程如图5-11所示。

3)重点盘点。重点盘点是根据工作需要,为某种特定目的而对仓库物资进行的盘点和检查,如工作调动、意外事故、搬迁移库等。

定期盘点和重点盘点时,均应由财务人员负责监盘,监督保管人员进行实物清点、确认,同时检查各财产物资堆放是否合理,库存是否适宜,有无过期、损坏情况的存在,盘点情况登记在相应的《盘点明细表》上,见表5-3。盘点结束以后,编写盘点报告,填写处理意见并上报。

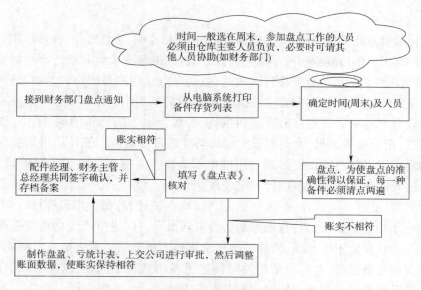

图 5-11 定期盘点工作流程

盘 点 明 细 表   表 5-3

仓库或区域名称：				盘点表编号：		
序号	零件号	零件名称	单位	实盘数量	账面数量	备注
1						
2						
3						
4						
5						
6						
盘点人：		监督人：			盘点负责人：	

5.5.3 盘点的步骤

1）盘点前准备

盘点前准备充分、合理筹划是非常必要的。盘点前准备主要是成立盘点工作组、制订盘点方案、确定盘点范围、盘点方式、盘点日程表等工作安排。召开动员会，必要时先对盘点人员进行培训。各盘点小组负责人、仓管员、盘点人员组织碰头会，明确工作安排、盘点物料的位置、人员分工等，确保盘点工作务实高效。

盘点前物料要先整理归类，放置在同一区域，盘点用的报表、表格、卡片、叉车、堆高机、人字梯也要事先准备好。

对于生产线或维修车间存在借用工具或备件的情况，还有未使用完的物料的情况，应查询车间借用物料登记表，通知车间按退料手续退还仓库。若退料为成品则立即办理入库。任何的借料、欠料都必须在盘点日期前处理完成。以年终盘点为例，采购员要提前通知供应商物料提前送到货，或推迟再送，不良品在盘点前需退回供应商。

2）盘点实施

盘点应由盘点总指挥统一部署，下设盘点小组、稽核小组、统计小组、保障小组等。品牌汽车经销店备件部门可酌情减少稽核小组与保障小组，而由盘点小组和统计小组组成。各盘点小组组长，及对应仓管员负责分管库位区域的盘点，盘点总指挥督促协调盘点过程中的细节。盘点过程中遇到任何异常，及时向盘点总指挥报告，这样从组织上保证盘点工作责任到人。

稽核组在盘点结束后对盘点情况进行抽查，看盘点卡上的物料编码、库位、数量与真实环境是否相符，记录抽查结果，并对差异大的物料要求重新盘点。统计小组则准确无误地将盘点卡的物料编码、库位、数量统计到专用的电子表格上。保障组除了后勤保障外，还要有品质人员及时对品质不明的物料进行判定处理。

盘点物料时，最好一人盘点，一人核点，而且《盘点统计表》每一小段应核对一次，核对无误则在该表上互相签字确认。若有出入则必须重新盘点。应将生产线物料与仓库物料区分开来。如仓库物料存放于生产线，需要明确标示物料所属部门。对于盘点出的不良品，应按退料手续办理供应商退货，并在退货后及时传递退料单到录单员处，以便减扣供应商货款。盘点过程中如发现没有货位码的物料，如呆滞品、报废品等，要集中到一个指定的地方并做好记录，以便仓管员判定并给予物料编制货位码。

日常盘点时，注意对所有订购人员的订单状态进行了解，同时，对所有订单进行整理，对当天订单必须清晰明确地知道其归属于哪一份待件的工单或者是订购联系单。对不入计算机系统的货物，仓库管理员应及时建立库存账务，登记好每一次出入库情况。必须做好日常盘点跟进工作及定期盘点工作，并对库存进行分析。对超出异常的备件，应及时通报给备件主管。对于客户订购的不入仓库库存的备件，应存放于独立的客户订购备件货架上。进行日常盘点时，客户订购的备件也必须盘点，并应该分开盘点。

5.5.4 盘点的结果处理

盘点的结果一般有账实相符和账实不符两种情况。账实相符即为仓库实际库存备件种类、数量与账面备件记录数量相符合。账实不符即为仓库实际库存备件种类、数量与账面备件记录数量不相符合。

1）账实不符

（1）汽车备件盘点出现账实不符结果有两种。

盘亏：仓库实际库存备件种类、数量少于账面记录的数量。

盘盈：仓库实际库存备件种类、数量多于账面记录的数量。

（2）账实不符的原因及处理方法。对于账实不符的情况查找原因，并针对不同的情况采取不同的解决方法，如图5-12所示。

2）呆滞备件的判定及处理

（1）呆滞备件的定义。汽车备件仓库仓储的部分备件当其库存超过一定时间而未能销售出库，就被称为呆滞备件。呆滞备件的出现是不可避免的，但过量的呆滞备件会造成备件部门资金积压，这些备件无法出库就无法收回资金。

（2）造成呆滞备件的主要原因：

①库存不合理，单次订货过多，造成超过一年时间该次订货备件未全部出库。一些特殊

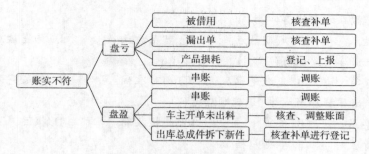

图 5-12　账实不符原因及处理方法

性的备件或季节性的备件在有需求的时候进货量大,剩余部分一年内再无需求。

②某些汽车备件通用性不强,其对应车型老化或停产,原来库存的备件就可能难以出库而成为呆滞备件。

③事故车原来订的备件,因为后来种种原因最终未更换。

④客户订的备件,到货后客户已经在其他店更换。可能是备件到货时间太长,到货延迟,客户最终到其他店更换,到货的备件就成了呆滞备件。

(3)呆滞备件的处理。对呆滞备件的处理原则是尽量减少因呆滞备件过量出现而给企业带来经济损失。在选择处理方式时应优先采用折价销售,或向其他商家出售的方式。不同的企业在处理方式上可能会有一些限制,则按公司规定进行。通常情况下呆滞备件有以下处理方式。

①汇报财务进行报废处理。对于一些存储时间过长而影响其使用性能的汽车备件,申报报废处理。

②低价或打折处理给其他同品牌的备件经销商,或处理给一些汽车修理厂。

③与车间做好沟通,遇到事故车有需求时,优先选用。

④跟前台和车间的人员沟通好,及时向他们反馈呆滞备件的品种。当作营销活动时,尽量打折销售呆滞件。

⑤与其他网点或二级网点沟通好,有需要时可进行调货,也可打折处理给其他店。

一、选择题

1.造成呆滞备件的主要原因有(　　)。

　A.库存不合理,单次订货过多,造成超过一年时间该次订货备件未全部出库

　B.某些汽车备件通用性不强,其对应车型老化或停产,原来库存的备件就可能难以出库而成为呆滞件

　C.事故车原来订的备件,因为后来种种原因最终未更换

　D.客户订的备件,到货后客户已经在其他店更换

2.汽车备件库存盘点的内容有(　　)。

　A.盘点数量　　　B.盘点质量　　　C.核对账与货　　　D.核对账与账

3. 汽车备件盘点的方法有(　　)。
   A. 日常盘点　　B. 定期盘点　　C. 重点盘点　　D. 抽查盘点
4. 汽车备件出库的要求有(　　)。
   A. 凭单发货　　B. 先进先出　　C. 及时准确　　D. 包装完好
5. 汽车备件出库程序有六步,正确顺序是(　　)。
   A. 核对单据　　B. 备货　　C. 复核装箱　　D. 报运
   E. 点交清理　　F. 单据归档
6. 入库产品应具备的资料有(　　)。
   A. 主管部门提供的产品入库通知单
   B 发货单位提供的产品质量证明资料
   C. 发货明细表、装箱单
   D. 承运部门提供的运单及证明其承运资质的必要证件
7. 验收记录内容主要包括(　　)。
   A. 产品名称、规格
   B. 供货单位、出厂日期或批号、运单号、到达日期、验收完毕日期
   C. 应收数量、实收数量、抽查数量
   D. 质量情况
8. 在验收的过程中,经常会出现的不良验收情况有(　　)。
   A. 零件从外包装取出后放置在地上进行验收
   B. 将零件从包装箱中全部倒出,丢弃外包装后再进行验收
   C. 验收时未将所有包装完全打开进行验收
   D. 零件到货后未验收先出库,或未验收先上架
9. 汽车备件入库验收中会出现的异常问题有(　　)。
   A. 单货不符或单证不全　　B. 质量问题
   C. 包装问题　　D. 数量不符
10. 汽车备件在搬运当中应当注意的事项有(　　)。
    A. 尽量使用工具搬运,如小型手推车、平板车等,以提高效率
    B. 减少搬运次数,减少搬运时间
    C. 缩短搬运距离,节省人力
    D. 应注意人身及财产安全

二、思考题
1. 呆滞备件该如何处理?
2. 该如何处理汽车备件库存盘点的结果?
3. 企业如何确定发出存货的成本?
4. 汽车备件入库验收中会出现哪些异常问题?分别该如何处理?
5. 简述汽车备件验收流程。

学习任务6 汽车备件仓储管理

学习目标

完成本任务的学习后,你应能:
1. 知道5S管理的含义,了解5S管理对工作人员的要求,掌握仓库5S管理考核标准;
2. 知道汽车备件仓库布局的要求,掌握库内布置及保管原则;
3. 掌握汽车备件存储区的布局,能给货位编号,能给货物合理堆码;
4. 知道汽车备件的存放条件,掌握汽车备件管理原则;
5. 掌握不同性质汽车备件养护方法;
6. 了解汽车备件计算机管理系统的构成和基本操作。

任务描述

因公司发展需要,要对备件部重新选址规划,备件部经理请小赵起草一份较为详细的规划方案。为此,小赵需要先学习5S管理的含义,了解5S管理对工作人员的要求,掌握仓库5S管理的考核标准;知道汽车备件仓库的布局原则,能合理安排货架并给货位编号;熟悉汽车备件的存放条件,掌握汽车备件的管理原则;掌握不同性质汽车备件的养护方法;了解汽车备件计算机管理系统的构成和基本操作。

学习引导

本学习任务沿着以下路径进行:

6.1 5S 管 理

5S管理对于塑造企业的形象、降低成本、准时交货、安全生产、高度的标准化、创造令人心旷神怡的工作场所、现场改善等方面发挥了巨大作用。为了更科学地进行汽车备件库存管理,也为了有一个安全的、高效的、高品质的人际和谐精神状态,朝气蓬勃的工作环境,使企业能够实现降低成本、降低损耗、提高零件供应率,最终实现提高客户满意度这一目的,要求备件仓库实行5S管理。

6.1.1 5S管理的含义

5S管理是现代企业管理模式,5S即整理(SEIRI)、整顿(SEITON)、清扫(SEISO)、清洁(SEIKETSU)、素养(SHITSUKE),又被称为"五常法则"。5S起源于日本,五个项目的日语拼音均以S开头,所以简称5S。

1)整理

(1)定义:将工作场所任何物品区分为必要与不必要的,现场只保留必需的物品,达到现场无不用之物。

(2)目的:

①改善和增加作业面积;

②现场无杂物、行道通畅、提高工作效率;

③减少磕碰的机会、保障安全、提高质量;

④消除管理上的混放、混料等差错事故;

⑤有利于减少库存量,节约资金;

⑥改变作风,提高工作情绪。

(3)意义:整理过程中经常有一些残余物料、待修品、待返品、报废品等滞留现场,既占据了地方又阻碍了生产。及时清理一些无法使用的工具、量具、机器设备,使现场整洁有序。仓库摆放不必要的物品是一种浪费。货架被杂物占据而减少使用价值,也增加了寻找工具、零件的困难,浪费时间。

2)整顿

(1)定义:整理后留下的物品依照规定定位,用规定的方法摆放整齐,明确数量,标示清楚。

(2)目的:不浪费时间寻找物品,提高工作效率和产品质量,保障生产安全。

(3)意义:把需要的人、事、物加以定量、定位。对生产现场需要留下的物品进行科学合理的布置和摆放,以便用最快的速度取得所需之物,在最有效的规章、制度和最简洁的流程下完成作业。

(4)执行要点:

①物品摆放要有固定的地点和区域,以便于寻找,消除因混放而造成的差错;

②物品摆放地点要科学合理。例如,根据物品使用的频率,经常使用的东西应放得近些(如放在作业区内),偶尔使用或不常使用的东西则应放得远些(如集中放在车间某处);

③物品摆放目视化,使定量装载的物品做到过目知数,摆放不同物品的区域采用不同的色彩和标记加以区别。

3)清扫

(1)定义:清除现场内的脏污、清除作业区域的物料垃圾。

(2)目的:保持现场干净、明亮。

(3)意义:去除工作场所的污垢,使异常现象容易发现。

(4)执行要点:

①自己使用的物品,如设备、工具等,要自己清扫,而不要依赖他人,不增加专门的清扫工;

②对设备的清扫,着眼于对设备的维护。清扫设备要同设备的点检结合起来,清扫即点检;清扫设备要同时做设备的润滑工作,清扫也是维护;

③清扫也是为了改善。当清扫地面发现有飞屑和油水泄漏时,要查明原因,并采取措施加以改进。

4)清洁

(1)定义:将整理、整顿、清扫实施的做法制度化、规范化,维持其成果。

(2)目的:认真维护并坚持整理、整顿、清扫的效果,使其保持最佳状态。

(3)意义:通过对整理、整顿、清扫活动的坚持与深入,从而消除发生安全事故的根源。创造一个良好的工作环境,使职工能愉快地工作。

(4)执行要点:

①工作场所环境不仅要整齐,而且要做到清洁卫生,保证工人身体健康,提高工人劳动热情;

②不仅物品要清洁,而且工人本身也要做到清洁,如工作服要清洁,仪表要整洁,及时理发、刮须、修指甲、洗澡等;

③工人不仅要做到形体上的清洁,而且要做到精神上的"清洁",待人要讲礼貌、要尊重别人;

④要使环境不受污染,进一步消除浑浊的空气、粉尘、噪声和污染源,消灭职业病。

5)素养

(1)定义:人人按章操作、依规行事,养成良好的习惯,使每个人都成为有教养的人。

(2)目的:提升"人的品质",培养对任何工作都讲究、认真的人。

(3)意义:努力提高员工的自身修养,使员工养成良好的工作、生活习惯和作风,让员工能通过实践5S获得人身境界的提升,与企业共同进步,是5S活动的核心。

6.1.2　5S管理的效用

5S管理的五大效用也可归纳为5个S,即:Safety(安全)、Sales(销售)、Standardization(标准化)、Satisfaction(客户满意)、Saving(节约)。

1)确保安全(Safety)

通过推行5S,企业往往可以避免因漏油而引起的火灾或滑倒;因不遵守安全规则导致的各类事故、故障的发生;因灰尘或油污所引起的公害等。因而能使生产安全得到落实。

2)扩大销售(Sales)

5S是一名很好的业务员,拥有一个清洁、整齐、安全、舒适的环境;一支良好素养的员工队伍的企业,常常更能博到客户的信赖。

3)标准化(Standardization)

通过推行5S,在企业内部养成守标准的习惯,使得各项的活动、作业均按标准的要求运行,结果符合计划的安排,为提供稳定的质量打下基础。

4) 客户满意(Satisfaction)

由于灰尘、毛发、油污等杂质经常造成加工精度的降低,甚至直接影响产品的质量。而推行5S后,清扫、清洁得到保证,产品在一个卫生状况良好的环境下形成、保管直至交付客户,质量得以稳定。

5) 节约(Saving)

通过推行5S,一方面减少了生产的辅助时间,提升了工作效率;另一方面因降低了设备的故障率,提高了设备使用效率,从而可降低一定的生产成本。

6.1.3 5S管理对汽车备件仓库管理人员的要求

汽车备件仓库管理人员应该按照5S管理的要求规范日常工作,养成良好的工作习惯。

(1) 自己的工作环境须不断的整理、整顿,物品、材料及资料不可乱放。桌面及抽屉定时清理,非立即需要或过期资料入柜管理或废弃。物品、工具、文件等放置于规定位置。茶杯、衣物等私人物品定位摆放。离开工作岗位时物品整齐放置。

(2) 作业场所予以划分,并加注场所名称。划出专门位置摆放不合格、破损品及使用额度低的物品。消耗品(如抹布、扫把、手套等)也要定位摆放。

(3) 通道必须维持清洁和畅通。

(4) 下班前切实打扫清除垃圾、纸屑、烟蒂、包装袋等,清理拭擦设备、工作台。

(5) 灭火器、配电盘、开关箱、电动机、冷气机等周围要时刻保持清洁。

(6) 物品、设备的放置要仔细、正确、安全,较大较重的放下层。

(7) 负责保管的工具、设备及责任区要整理。

(8) 使用公共物品后能确实归位,并保持清洁。

(9) 遵守作息时间,不迟到、早退,不无故缺勤。工作状态良好,无说笑、聊天、坐呆、看小说、打瞌睡、吃东西、玩手机、擅离工作岗位等现象。

(10) 密切关注领导指示,加以配合。

6.1.4 汽车备件仓库5S管理要求及考核标准

1) 汽车备件仓库5S管理要求

汽车备件仓库5S管理要求对仓库内货架进行正确地标志,对汽车备件进行整齐地摆放,对不同类别的备件要分类摆放,对整个库房进行整理、整顿、清扫和清洁。

(1) 仓库内不要堆放多余的物料:

① 对仓库内的物料要进行控制。

② 物料不要堆放在过道上。

③ 物料要存放在规定的存放区域。

④ 物料应该存放在安全的位置。

⑤ 对报废物料进行控制,报废的零件不要与合格的零件混在一起。

(2) 各种物料要有明确标志。

① 所有物料应被定义存放区域和标志。

② 状态不清和报废的零件要与合格品分离,并正确地进行标志。

③多余的物料存放在远离作业区的地方,原材料区要进行清晰的标志。
④所有油脂、气体等化学物品需有警示说明并悬挂在使用地点。
⑤物料要放在合理的位置,标志对向通道方便被看到。

2)汽车备件仓库5S考核标准

为了让汽车备件部门更好地进行5S管理,可制定仓库5S管理评分表。表6-1所示为某汽车备件仓库的5S管理评分表。

仓库5S评分表 表6-1

仓库5S评分表(90分合格)			
检查日期:			检查人:
项目	考核内容	所占分值	得分
1	仓库如发现不用的物料或报废的物料,及时与相关部门沟通,及时清理掉,并做好状态标志	4分	
2	把长期不用但具有可用价值的物料按指定区域定点防护存放,并标记好物品的属性、存放日期、最长使用期限,必要时申请技术人员进行实物判定确认,清盘时应再次做好防护处理	4分	
3	物料、物品、成品要按指定的区域分类规划,放置时要做到安全、整齐、美观,成水平直角摆放,并要有品质状态和标志	7分	
4	物料、物品要做到账、卡、物三者一致	10分	
5	区域通道和消防通道要保持畅通无阻、不脏乱。区域识别油漆线要根据实际损毁情况进行重复划线,以便区域识别。通道用绿色,物品放置区用黄色,不良品区用红色油漆	8分	
6	部门设备要自行清洁、维护,对共用设备、工具由部门负责人安排清洁、维护,需维修时要填写维修标志卡,填好时间、报修人、报修部门等内容	5分	
7	物料架和物料要摆放整齐,各区域负责人须负责好其区域内物品的防护清洁整理工作,并且要保护好状态标志	4分	
8	地面、墙面、楼梯、办公桌椅、电气设备等要保持正常使用状态,任何情况下都不准堵塞电闸和消防栓	6分	
9	仓库做好通风,保持环境干燥清爽,灯具、安全网、电梯、风扇、窗户等设备以及卫生死角要专人负责随时清扫、清洁、维护,出现故障及时报修	8分	
10	仓库区域物品要做好各种安全防护措施,防护雨布不用时要折叠保管,定点存放,对非人为破坏的雨布及其他防护用品确实不能修复的应做报废处理,在报废前由企管部对实物进行检查核实	6分	
11	物品卸载时要轻拿轻放,对超重物品或带有毒性的物品不准单人运载,装卸完物品后要及时清扫现场,将落于地面的物品和垃圾及时清理,各类搬运载具在空置时要整齐摆放在指定区域	6分	

续上表

项目	考核内容	所占分值	得分
12	不准随意踩、坐物品和运输载具,为搬运人员设置指定的休息区域,规划好个人物品、饮具,统一存放一处,环境要保持整洁、美观	6分	
13	仓库主管或班组长每周相对固定时间安排下属人员学习5S知识,并将学习记录交由企管部5S小组负责人,5S工作组根据学习内容与学员签到情况进行评分	8分	
14	办公室的有效文件、资料、相关记录及其他物品都要分类规划,作定点防护存放,在使用过程中,文件资料记录要做好保管措施,尽量避免弄脏破损,以便于查找、保存	5分	
15	办公区地面、墙面、桌椅面要清洁干净,抽屉内要整洁不杂乱,人行通道保持畅通无阻,电气设备要做好安全防护措施,不准在办公区吸烟	5分	
16	仓库工作人员应尽力避免在工作中与交接人员发生争吵,遇不能自行处理的事情,应立即请求部门负责人协助处理解决,使用文明用语,熟悉接待礼仪	4分	
17	不准在仓库内打瞌睡、吃零食、看小说、串岗、聚集聊天、追逐嬉戏、打架、骂人,不准玩手机,着装整洁,工作主动、热情,有时间观念	4分	
18	总 分	100	

6.2 汽车备件的仓储布置

6.2.1 汽车备件仓库布置的要求

1)要适应仓储企业生产流程,有利于仓储生产正常进行

(1)单一的物流方向。仓库内商品的卸车、验收、存放地点之间的安排,必须适应仓储生产流程,按一个方向流动。

(2)最短的运距。应尽量减少迂回运输,专运线的布置应在库区中部,并根据作业方式、仓储商品品种、地理条件等,合理安排库房、专用线与主干道的相应位置。

(3)最少的装卸环节。减少在库商品的装卸搬运次数和环节,商品的卸车、验收、堆码作业最好一次完成。

(4)最大限度的利用空间。仓库总平面布置是立体设计,应有利于商品的合理存储和充分利用库容。

2)有利于提高仓储经济效益

(1)要因地制宜。充分考虑地形、地质条件,满足商品运输和存放的要求,并能保证仓容的充分利用。

(2)平面布置应与竖向布置相适应。所谓竖向布置是指建设场地平面布局中的每个因素,如库房、货场、专用线、道路、排水、供电站台等,在地面高程线上的相互位置。

(3)总平面布置应能充分、合理地利用我国目前普遍使用的门式、桥式起重机一类的固定设备,合理配置这类设备的数量和位置,并注意与其设备的配套,便于开展机械化作业。

3)有利于保证安全生产和文明生产

(1)库房内各区域间,各建筑物间,应根据"建筑物设计防火规范"的有关规定,留有一定的防护间距,并有防火、防盗等安全设施,经过消防部门和其他管理部门验收。

(2)总平面布置应符合卫生和环境要求,既要满足库房的通风、日照等,又要考虑环境绿化、文明生产,保障职工的身体健康。

6.2.2 汽车备件仓库的构成

1)仓库结构分类

(1)平房仓库。平房仓库一般结构简单、建筑费用低,适用于人工操作。

(2)楼房仓库。楼房仓库是指两层楼以上的仓库,可以减少占地面积,出入库的作业则多采用机械化和半机械化作业。

(3)货架仓库。采用钢结构货架存储货物,通过各种输送机、水平搬运车辆、叉车、堆垛机进行机械化作业,如图6-1所示。按货架的层数又可以分为低层货架仓库(货物堆放层数不大于10层)和高层货架(仓库货物堆放成熟为10层以上)。

图6-1 货架仓库

2)仓库的空间布局

仓库的布局是指一个仓库的各个组成部分,如库房、货棚、货场、辅助建筑物、库内道路、附属固定设备等,在规定的范围内进行平面和立体的全面合理安排。

3)汽车备件仓库的构成

一个备件仓库通常由货架区(备件存储区)、卸货区和行政管理区三大部分组成,如图6-2所示。

图6-2 汽车备件仓库结构

(1)备件存储区。备件存储区是存储保管的场所,具体分为货架,主通道,货架间通道。货架是汽车备件存放的基础设施,可存放备件,同时还起着备件的周转和调剂、出入库作业等作用,如图6-3所示。

图 6-3 货架

仓库内至少设一个主通道,即专运线。主通道能清楚地从一端看到另一端,如图 6-4 所示。可以正对着仓库的大门,保持 2m 的宽度。因为汽车零部件的数量很多,进货和出货时候有可能需要利用叉车来进行运送。仓库过道的标牌如图 6-5 所示。

图 6-4 仓库主通道　　　　　　　　　图 6-5 仓库过道的标牌

在货架之间,要设有货架间通道,也称辅助通道。货架间通道通常要保证 1.2m 的宽度。因为在备件的入库和出库的时候需要用到手推车、叉车、可移动梯子等设备,如图 6-6 所示,其宽度能够保证手推车可以在两个货架之间掉头。

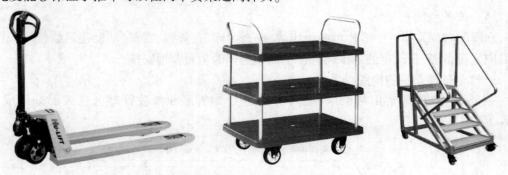

图 6-6 库房常用设备(手动叉车、手推车、移动梯子)

(2)备件卸货区。备件卸货区是供备件运输车辆装卸备件的场地。为有利于汽车备件的入库,卸货区一般设在仓库大门的一侧,便于运送备件的车辆停靠。卸货区要求有一定大小的空间,用于汽车备件卸货而未入库上架前的暂时堆放,高度和宽度应根据运输工具和作业方式来确定。

(3)行政管理区。行政管理区是仓库行政管理机构区域。对于汽车备件存储仓库而言,行政管理区一般设在仓库与维修车间衔接的地方,是业务接洽和管理的办公区域,也是仓库对维修车间发货的窗口,主要设有仓库前台和备件管理主管办公室。

货架区(零件存储区)、卸货区和行政管理区在仓库中的设计要合理,能有效地利用空间位置,为企业节约不必要的浪费,如图6-7所示是汽车技术服务企业常见的两种仓库平面布局。

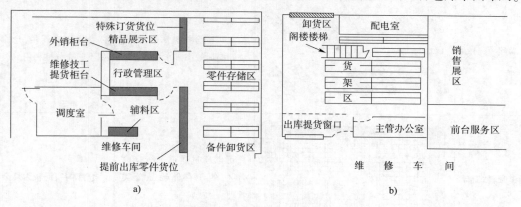

图6-7 汽车技术服务企业常见的两种仓库平面布局

在仓库的空间布局上,货架区(零件存储区)、行政管理区和货架间通道的比例要合理,备件卸货区归属于空间通道。如图6-8所示,合理的空间比例,能更有效地利用空间。

4) 汽车备件存储区的布局

汽车备件存储区的布局见表6-2。

图6-8 仓库空间合理设计比例图

汽车备件存储区的布局　　　　　　　　　表6-2

名　称	图形实例	优　点	缺　点
横列式布局		整齐美观,查点、存取方便;通风和自然采光良好;便于机械化作业	主通道占地多,利用率低
纵列式布局		仓库面积利用率高	存取不便;通风和自然采光不好
纵横式布局		综合利用以上两种布局的优点	

103

续上表

名　称	图形实例	优　点	缺　点
料垛倾斜式布局		叉车配合托盘作业,提高装卸搬运效率	容易造成死角,仓库面积不能充分被利用
通道倾斜式布局		可以通过通道进行仓库分区,便于存储物品分类管理	仓库内布局较为复杂

5）汽车备件的货位编号

（1）汽车备件的货位编号的方法。

汽车备件的编号通常为四位,主要根据"区、列、架、层"的原则进行编排,即"四号定位法",这是仓库货位管理的一种有效方法,如图6-9所示。

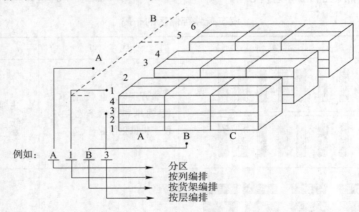

图6-9　汽车备件货位编号示意图

①按区分类。位置码的第一位是在仓库中的分区,常用大写英文字母A、B、C、…表示,见表6-3为某汽车备件仓储分区情况。

汽车备件仓储分区　　表6-3

分　区	说　明	分　区	说　明
A	小件	D	车身部位
B	中型件	E	镶条、电缆
C	大型件	F	导管

续上表

分 区	说 明	分 区	说 明
G	玻璃	J-W	清理件
H	存放箱	X-Z	轮毂
I	预备备件位		

②按列编排。位置码第二位表示某区的第几列货架,常用数字 1、2、3…表示。列号编排法顺序一般以仓库的入门处为三维坐标的原点,位置码的列号依次增大,这样方便查找。

③按货架号编排。位置码第三位表示某一列货架的第几个货架,常用大写英文字母 A、B、C…表示,也可以用数字 1、2、3…表示。货架号编排的顺序可用从左到右法,也可用环形法。如图 6-10、图 6-11 所示。

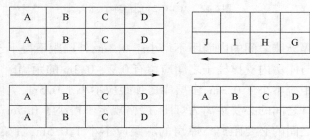

图 6-10　从左到右法　　　　图 6-11　环形法

④按层编码。位置码第四位表示某个货架的第几层,常用数字 1、2、3…表示。位置码编排的顺序可以从上往下,也有的企业从下往上。

(2)摆放的方式。

根据汽车备件的性质、形状,常采用以五为计量基数的"五五堆码"。"五五堆码"是指库存物资堆码时以"五"为基本计量单位的物资堆码法。在摆放时根据堆码物质的不同特点,力求按照材料的不同形状、体积、质量等分类,以五、十或其倍数堆码。大的五五成方、高的五五成行、矮的五五成堆、小的五五成包(或捆)、带孔的五五成串,或者根据因地制宜的原则堆码,要求达到横看成行、竖看成线、左右对齐、过目成数、整齐美观,并且各种材料必须有醒目的标志牌。

(3)标注编号。

最后把所有备件的位置码在指定的位置标注出来。尽量保证库存备件的准确,节约存储仓位,便于操作。

例如 A03-C-24 的位置,如图 6-12 所示。

6)汽车备件的合理堆码

(1)合理堆码的要求。

仓库里的汽车备件堆码必须贯彻"安全第一"的原则,在任何情况下,都要保证仓库、备件和人身的安全,还要做到文明生产。汽车备件的陈列堆码,一定要讲究美观整齐,具体做到以下六点。

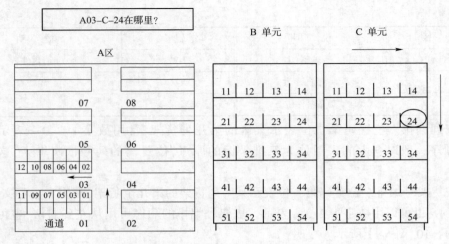

图 6-12 A03-C-24 的位置

①安全"五距"。

墙距：库内货垛与隔断墙之间的内墙距不得小于 0.3m，外墙距不得小于 0.5m。

柱距：货垛与货架与库房内支撑柱子之间应留有 0.2~0.3m 的距离。

顶距：平房仓库顶距应不小于 0.3m，多层库房顶距应不小于 0.5m。

灯距：货垛与照明灯之间的必要距离为灯距，严格规定不得小于 0.5m。

垛距：货垛与货垛之间的必要距离。库房的垛距应不小于 0.5m，货架与货垛间距不应小于 0.7m。

②实行定额管理。对于库房的储存量指标应有明确的规定，实行定额管理，质量不得超过设计标准的 90%，以保证库房建筑安全达到设计使用年限，每立方米空间的存放也要同时保证低于定额，确保库存物质和人员的安全。

③堆码美观整齐。垛堆要稳，不偏不斜，不歪不侧。货垛货架排列有序，上下左右中摆放整齐，做到横看成行，竖看成线。有些零件如车门、排气管等扁平或细长件宜竖直存放，平放容易导致下面备件的损坏，也浪费空间。包装上有产品标志的，堆垛时标志应一律朝外，不得倒置。发现包装破损，应及时调换。

④质量轻、体积较大的备件应单独存放。堆码时要注意两点：第一，要控制堆码高度；第二，不要以轻压重，防止倾倒。对于易碎和易变形的零备件更不可以重压，以保证其安全。

⑤对某些需露天存放的备件的堆码，也要美观整齐，而且要上盖下垫、顶不漏雨、下不浸水、四周要通风、排水要良好。

⑥清理现场。每次发货后要及时清理现场，该拼堆的拼堆、该上架的上架，最后清扫干净。这样一方面腾出了货位，以便再次进货，同时又保持了仓库的整洁美观。

（2）堆码的方法。

①重叠法。按入库汽车备件批量，根据地坪负荷能力与可利用高度，确定堆高层数，先摆定底层汽车备件的件数，然后逐层重叠加高。上一层的每件汽车备件直接放置于下一层汽车备件之上并对齐。汽车备件硬质整齐的包装、长方形的包装和占用面积较大的钢板等采用此法，垛体整齐稳固，操作比较容易。但不能堆太高，尤其是孤立货垛，若以单件为底，

直叠过高则易倒垛。

②压缝法。因为长方形汽车备件包装的长度与宽度成一定比例,所以汽车备件每层应压缝堆码,即上一层的汽车备件跨压下一层的两件以上的汽车备件。下纵上横,或者上纵下横。货堆四边对齐,逐层堆高。用此法每层汽车备件互相压缝,堆身稳固,整齐美观,又可按小组出货,操作方便、易于腾出整块可用空仓。每层和每小组等量,便于成批标量,易于核点数量。

③牵制法。汽车备件包装不够整齐,高低不一,堆码不整齐,可在上下层汽车备件间加垫,并加放木板或木条,使层层持平,防止倒垛。此法可与重叠法、压缝法配合使用。

④通风法。为便于汽车备件通风散潮,有的汽车备件的件与件不能紧靠,要前后左右都留一点儿空隙,宜采用堆通风垛的方法。其堆码的方法多种多样,常见的有井字形、非字形、示字形、旋涡形等。需要通风散热、散潮,必须防霉及怕霉的汽车备件常用此法。

桶装、听装的液体类汽车备件,排列成前后两行,行与行、桶与桶之间都留有空隙;堆高上层对下层压缝,即上一件跨压在下两件肩部,以便于检查有无渗漏。

⑤行列法。零散小批量汽车备件,不能混进堆垛,应按行排列。不同汽车备件背靠背成两行,前后都面对走道,形成行列式堆码,可以避免死垛(堆垛中无通道,存取不便)。

6.3 汽车备件的储存管理

汽车备件在入库之后、出库之前处于库房的保管阶段。保管是库房管理的中心环节。汽车备件保管,就是指在一定的仓库设施和设备条件下,为保持汽车备件的使用价值而进行的生产活动。在汽车备件储存期间,为了保证汽车备件的使用性能不丧失,必须存放在与其性能特点相一致的环境。存放期间外界的温度、湿度等因素每时每刻都在发生变化,这些变化都对保持汽车备件的使用性能不利,比如库房过于潮湿就非常容易引起钢铁制品的备件生锈。因此为了减少库房备件的损耗,就必须对存放的汽车备件进行妥善的保管和养护。

6.3.1 仓储存放术语

仓库:专供储存和保管物资的建筑物。
仓位:储存场所内供摆放货物的小单元。
码垛:货物的整齐排列、堆叠。
垛型:货物码垛的类型。
垛底:货物码垛的底部面积。
苫垫:放置于垛底的防水材料、垫木等。
苫盖:用防水材料对货物的遮盖。
倒码:对库存量大、底部积压已久的码垛搬移一个位置。
相对湿度:指空气中含有实际水蒸气的量与空气中达到饱和的水蒸气量的百分比。

6.3.2 汽车备件的存放条件

1)总体要求

(1)汽车零部件储存在仓库或露天货场内,避免有害气体、尘土及烟雾的侵蚀影响;不得与化学药品、酸、碱物质一同存放。

（2）根据汽车零部件的材质、质量、结构、形状、性能、外包装等特点,选择露天货场或仓库的仓间、仓位。采取不同形式的货垛,确定合理的货垛数量,分类存放,以保证存储的安全。

（3）储存场所应干燥、通风良好,具备消防设施。

2）仓库储存条件

（1）汽车备件应存放在干燥通风的仓库内,库房温度一般应在 20～30℃,相对湿度一般在75%以下。对易吸潮锈蚀的备件,须将货垛设在离开地面的空心垫板上,便于空气流通。

（2）储存轴承、工具、精密仪表的仓库相对湿度应不超过60%;储存软木质产品的仓库相对湿度应为40%～70%;橡胶、塑料制品,特别是火补胶应在温度不超过25℃的专用仓库内储存,防止老化,确保安全。

（3）储存易吸潮生锈的零部件,应在零部件垛底铺设离地面至少15cm的架空垫板;必要时还应在地面上铺置少量的生石灰,在堆垛的适当位置放置氯化钙、氯化锂等吸潮剂。

（4）化学易燃品、易自燃物品或危险品应在符合要求的专库内存放。

（5）易碎品或玻璃制品应单独存放。

3）露天货场储存条件

（1）露天存放的零部件应有密封棚架、苫盖和高出地面20cm的苫垫等保护措施。材料要符合防火安全要求。

（2）露天货场的地面应平坦坚实,承载压力为30～50kN,并设有排水沟。有铲车、吊车等装卸设备的进出通道。

6.3.3 汽车备件的条理化管理

库房要对汽车备件进行科学合理的管理和存放,最重要的方法是汽车备件实行分区、分类和定位存放。

1）分区分类的方法

（1）按品种系列分库。按品种系列分库,就是将所有汽车备件不分车型,一律按部、系、品种顺序,分系列集中存放。例如,存储发动机备件的仓库叫发动机库;储存通用电气的仓库叫通用电气库等。凡是品名相同的备件,不管是什么车型的,都放在一个仓库。这种管理方式的优点是仓容利用率高,而且物品摆放比较美观,便于根据仓库的结构适当安排储存的货物品种。缺点是客户提货不太方便,特别是零星客户提少量几件货,也要跑几个库。其次就是面对同名的相似的备件,保管员在收发货时容易发生差错。

（2）按车型系列分库。按车型系列分库就是按所属的不同车型分库存放备件。例如东风、解放、桑塔纳、捷达等车型的备件,分别设东风汽车备件库,解放汽车备件库,桑塔纳汽车备件库,捷达汽车备件库等。这样存放的优点是客户提货比较方便,也可以减少保管员收发货的差错。缺点是仓容利用率较低,对保管员的业务技术水平要求较高。

（3）按经营单位分库。在一个库区内同时存储属于两个以上经营单位的备件时,也可以按经营单位设置专库存储。

以上几种备件存储分类统一的管理办法,要根据各个单位保管员的专业知识水平、仓库设备、仓库备件流量等具体情况适当选择合适的方法。但是,不管选择哪一种管理方法,当仓库储存的物质和保管员的配备一经确定,就要相对稳定,一般不宜随意变更,以便仓库根据存储物质的性能特点,配备必要的专用设备(含专用货架、格架、开箱工具、吊装设备等),以适应仓库生产作业的需要。

不论是按部、系、品种系列,还是按车型系列,或是按单位设专库存储的,统统都要建卡和立账,要与存货单位的分类立账结合起来,这样便于工作联系和清仓盘存,也有利于提高工作效率,而且在建卡立账时,还要和业务部门的商品账结合,实行对口管理,以便核对、盘存和相互间的沟通。

分库储存中,凡是大件重件(含驾驶室、车身、发动机、前后桥、大梁等)都要统一集中储存,以便充分发挥仓库各种专用设备,特别是机械吊装设备的作用。

2)汽车备件仓储管理七原则

(1)相似零件摆放在一起。相似零件摆放在一起能够提供安全的工作环境,便于掌控库房的零件,促进优化库存结构,减少入库出库时间,提高工作效率,提高库房空间利用率。相关优点如图6-13所示。

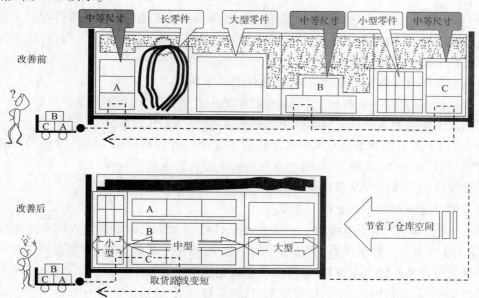

图6-13 相似零件摆放在一起的优点

把相似零件摆放在一起的时候,要注意以下两点。

①选择形状相同零件摆放时,要考虑零件的大小形状,很多零件不是单个的,而是很多零件堆放在一起。

②不同尺寸零件、不同流动性零件存放位置要进行整体规划,否则,会造成出入库效率降低。快流件应存放于靠近作业的货位,缩短其出入库作业路线,并且要存放在易于取放的位置,以提高工作效率。

（2）竖直放置。竖直放置可以充分利用仓库空间，避免由于堆放造成零件损坏，如图 6-14 所示。

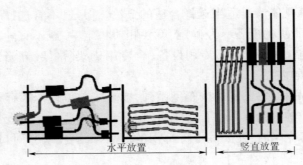

图 6-14　竖直放置的优点

把汽车备件竖直放置的时候应注意以下两点。

①刮水片、车身饰条、传动带等零件平放在货架上，会浪费存储空间，建议利用挂网悬挂此类型零件。

②大型细长零件摆放方式不当则会存在安全隐患，应注意这些零件的固定，同时避免零件本身的损伤。

（3）伸手可及。这是从方便作业，提高工作效率的角度考虑的。如果零件存放在过高的地方，在提取及上架时不得不使用梯子，就会造成作业不方便，效率低下。所以，应该优先将备件存放在手能达到的位置。

将汽车备件放在伸手可及的位置时，应注意以下两点。

①流动性高的零件（快流件）应摆放在货架的中上层，伸手可得的位置。

②以人工作业为主的仓库可降低货架高度，以便提高工作效率。

（4）重物下置。重物下置是从出入库作业的安全性和提高效率方面来考虑的。有些汽车备件像半轴、汽缸体、轮毂等，如果存放在货架上方会产生如下一些问题。

①重零件有下落伤人及其自身被损坏的危险。

②入库时上架和出库提取都不方便。

（5）一个汽车备件号一个货位。一个汽车备件号一个货位可以避免入库和出库操作错误，提高工作效率。一般情况下，货位编号的位数少，更易于辨认，空置货位更便于及时被利用。库管人员即使不懂汽车备件，也可以简单地完成出入库操作。

应用一个汽车备件号一个货位的原则时，应注意以下几点。

①货位号不应该用零件号代替。

②一个货位不应该存放几种零件。

③每个货位都要有相应的货位号码。

④不能出现货位管理没有问题，但电脑系统没有记录零件存放的位置的情况。

⑤避免大型零件堆放在一起，没有区分不同零件的货位。

⑥避免出现特别订货区域零件混放，很难区分数量异常管理。

（6）数量异常管理。目视化管理数量异常货位，及时发现异常零件，避免库存积压。错误的放置方法如图 6-15 所示,正确的放置方法如图 6-16 所示。

图 6-15　数量异常错误放置方法　　　　图 6-16　数量异常正确放置方法

（7）按周转速度存放。按周转速度存放可以提高出库效率,并且能更便捷地管理快流件,如图 6-17 所示。

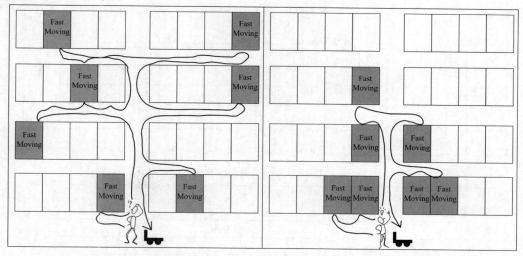

a)未按流动性存储　　　　b)按照流动性存储

图 6-17　按周转速度存放的优点

3）库存汽车备件数量的管理

对汽车备件进行记录统计,准确计算和按期清点、核实数量等一系列的工作,称为库存汽车备件数量管理。

（1）库存汽车备件实物数量。汽车备件堆放时,要实行分批堆垛、层批清楚。货垛标量常见的有以下几种方法。

①分层标量法。对于垛型规范、层次清楚、各层件数相等的货垛,在完成堆码后即可分成标量。这种标量法可以过目知数。分层出库后,便于核对结存数,盘点对账也非常方便。

②分批标量法。在分层标量的基础上,为了使货垛标量适应出、拆垛的需要,可采取大垛分小批的排码方法,分别以小批为单位进行标量,这就是分批标量法。例如有某汽车备件 210 件,要堆 7 层高,则需要打 30 个底。可将 30 个底在同一货位上分成三个小批垛。每批 10 个底,垛码好后,再进行分批标量。这样就缩小了计数范围,清点也方便。在分批出库后不必调

整标量数。盘点时,以未出库的小批垛为基数,再加上已出库的小批垛的余数,即可得总件数。

③托盘堆码标量法。托盘堆码应实行逐盘定额装载,标量时应以托盘为单位,从下到上、由里向外,逐盘累加标量,边堆码边标量。

(2)汽车备件保管卡。

①汽车备件保管卡的种类。汽车备件保管卡是根据各仓库的业务需要而制定的。常见的有以下两种形式:多栏式保管卡和货垛卡片,如图6-18、图6-19所示。多栏式保管卡适用于同一种汽车备件分别存放在几个不同的地方。

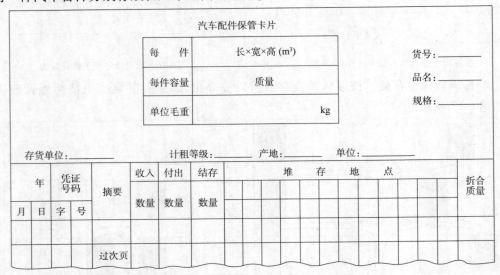

汽车配件保管卡片

每　件	长×宽×高 (m^3)
每件容量	质量
单位毛重	kg

货号:______

品名:______

规格:______

存货单位:______ 计租等级:______ 产地:______ 单位:______

年		凭证号码		摘要	收入	付出	结存	堆存地点												折合质量
月	日	字	号		数量	数量	数量													
				过次页																

图6-18　汽车备件保管卡

货卡(　　)

货主单位:______ 货位:______

货　号		品　名		规　格	
细　数		色　别		生产厂	

年		单据号码	进　仓	出　仓	结　存	总　垛	分垛1	分垛2	分垛3
						货　位	货　位	货　位	货　位
月	日								

图6-19　货垛卡片

②汽车备件保管卡的管理。汽车备件保管卡的管理有集中管理和分散管理两种。集中管理的优点是保管员能随时掌握汽车备件的全面情况,做到心中有数,便于记账,节省时间,避免卡片丢失、漏记、错记。缺点是汽车备件货架上缺乏标志,容易发生收发货差错。分散管理的优点是发货时单、卡、货核对方便,便于复核和盘点。其缺点,缺点是容易丢失,记卡不变,容易漏记、错记。

③汽车备件保管账。汽车备件保管账的内容包括品名、编号、规格、等级、出入库日期、数量、结存数、计量单位等。保管账设置时,以保管组或仓间为单位建账,设专人记账。记账时,严格以凭证为依据,按顺序记录库存汽车备件的进、出、存情况。按规定记账,坚持日账

日清，注销提单。定期和按月分户排列装订成册。汽车备件账册注意保密，非经正式手续，外来人员不准翻阅。各类单证销毁，需先报经批准。为保证账货相符，在管理中必须注意：一个仓库内，并垛数量不宜过大，分舵不宜太多，分垛汽车备件不宜跨仓、跨场；汽车备件移仓，应及时记录，尤其是跨仓间的移仓，应通知账务员办好转账手续，抽移账页。

4）用条形码管理汽车备件

维持一个仓库的正常功能，就要处理物料入库、出库、统计、盘点、收集订单、交货、验货、填写发货单、签发收据等事宜。这些工作反复涉及库存货物、进货货物的名称、规格、型号、产地、单价、批发价等参数。如果货物上都标注上条形码标签，就可以避免仓库管理人员反复抄写上述项目。进货、发货时，工作人员只需利用便携式条形码阅读器读取货物包装上的条形码信息，然后通过条形码命令数据卡输入相应的数值和进货或发货的命令，计算机就可以打印出相应的单据。通过与主计算机联系，主计算机即可以进行自动结算货款和自动盘货。

（1）条形码。条形码（barcode）是将宽度不等的多个黑条和空白，按照一定的编码规则排列，用以表达一组信息的图形标识符。常见的条形码是由反射率相差很大的黑条（简称条）和白条（简称空）排成的平行线图案。条形码可以标出物品的生产国、制造厂家、商品名称、生产日期、图书分类号、邮件起止地点、类别、日期等许多信息，因而在商品流通、图书管理、邮政管理、银行系统等许多领域都得到广泛的应用。

一个完整的条形码信息由多个条形代码组成，整条信息中的黑白条符交替整齐地排列成栅栏状，人的眼睛不易区别其中单一字符的条形代码，要利用电子技术来识别，如图6-20所示。条形码技术是在计算机应用中产生发展起来的，条形码自动识别系统由条形码标签、条形码生成设备、条形码识读器和计算机组成。

（2）条形码信息的阅读。在汽车备件仓储管理中，一般采用条码扫描器来读取汽车备件的条码信息，如图6-21所示。条码扫描器，又称为条码阅读器、条码扫描枪、条形码扫描器、条形码扫描枪及条形码阅读器。它是用于读取条码所包含信息的阅读设备，利用光学原理，把条形码的内容解码后通过数据线或者无线的方式传输到计算机或者其他设备。使用时，阅读器可与计算机主机分别安装在两个地点，可通过线路连成网络，也可脱机工作，特别适用于流动性数据采集环境。收集到的数据可传送到主机内存储。

图6-20　条形码

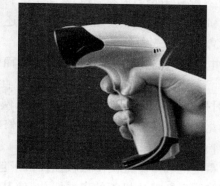

图6-21　条码扫描器

6.4 汽车备件的养护

汽车备件的养护是指汽车备件在储存过程中,库房管理人员定期或不定期地对其进行维护的工作。备件养护是防止备件质量发生变化的重要举措,是库房保管中一项经常性的工作。汽车备件中的许多部件在储存过程中如果不注意养护工作,很难保证它良好的品质。例如钢铁制品的备件在潮湿的环境里非常容易生锈,必须定期检查。发现备件表面存在锈斑时,应该及时采取适当的防锈措施。汽车备件养护必须采取"以防为主,防治结合"的方针,做到防得早、防得细,尽量使汽车备件不发生质量变化。

6.4.1 汽车备件的维护

汽车备件绝大多数系金属制品,大量的存储质量问题表现为生锈和磕碰伤,少数的表现为破损;橡胶制品则表现为老化和变形(失圆、翘曲);铸件和玻璃制品表现为破损;毛毡制品表现为发霉、虫蛀;电气备件表现为技术性能失准或失效等。其维护方法如下。

1) 生锈和磕碰伤的维护

生锈和磕碰伤常见于各种连接销、齿轮及轴类备件,如活塞销、转向节主销、气门、气门挺杆、推杆、摇臂轴、曲轴、凸轮轴等。特点是这些备件都有经过精加工的磨光配合工作面,如发生生锈、磕碰伤,轻微的可以用机械抛光,或者用"00"号砂纸轻轻打磨的方法予以去除,然后重新涂油防护。严重到影响了使用性质的,其中,若有加大尺寸余量的,可以磨小一级予以修正;若已经是标准尺寸或已是最小维修尺寸的,则只能报废。有的则需要进行修复并降价处理,例如曲轴和其他一般轴类零件可以用喷焊或镀铬后再抛光修复。在加工成本过高,货源又较充沛的情况下,这类备件不受客户欢迎,往往也只得报废。再例如变速齿轮及具有花键的轴,如果其啮合工作表面锈蚀严重,虽经过除锈,但仍容易造成应力集中,在一定程度上削弱其使用寿命和质量。所以生锈轻的备件可以降价处理,锈蚀严重的则报废,具体处理视锈蚀程度以及需求情况而定。

2) 备件的铸锻毛坯的清洁与维护

备件的铸锻毛坯面往往由于清砂或清洗不净,残留氧化皮或热处理残渣,虽经过涂漆或蜡封,但在储存中仍旧极易生锈,甚至会变得更为严重,出现大块剥蚀。这种情况必须彻底加以清除和清洗干净,然后重新涂漆或蜡封,还要视其外观质量对使用质量的影响程度,按质论价。

3) 电气仪表备件的维护

电气仪表备件往往由于振动、受潮而使其绝缘介质的电强度遭到破坏,触点氧化,接触电阻增大等故障,致使这些元件的工作性能失准或失控。处理时必须进行烘干,擦洗调整(针对接触件)并进行重新校验调试,以恢复其工作性能。某些电气仪表的锌合金构件,往往因氧化变质而造成早期损坏,必须进行修理、校准,严重时只得报废。

4) 蓄电池和蓄电池阴阳极板的维护

蓄电池和蓄电池阴阳极板往往由于包装不善或未注意防潮,短期内便造成极板的氧化,一段时间后会造成极板的硫酸铅化,使其电化学性能明显下降,甚至无法挽回,故在储存中必须十分注意维护。

(1) 由于蓄电池质量较重,必须注意运输工具的选用,严禁翻滚和摔掷有包装箱的蓄电池组。

(2) 搬运蓄电池时不要触动极柱和安全阀。

(3) 蓄电池为带液荷电出厂,运输中应防止蓄电池短路。

(4) 蓄电池可在 0~35℃ 的环境下存放,但存放不要超过六个月,超过六个月储存期的蓄电池应充电维护,存放地点应清洁、通风、干燥。

5) 铸铁或球铁备件的维护

由铸铁或球铁制成的备件,如制动毂、汽缸体、汽缸盖、汽缸套、起动机和发电机端盖等,容易在搬运中磕碰而造成破裂或残损。一旦损坏,除端盖可以更换外,其他则无法修复,只能报废。因此在储存中应注意防护,防止磕碰。

6) 玻璃制品、橡胶备件、石棉制品的维护

玻璃制品易破损,橡胶制品易老化,石棉制品易损伤裂缺,这些都无法进行修补,因此在储存中应注意防护。橡胶制品在储存和运输中应隔离火源、避免锐器及有较大腐蚀性的化学品接触,避免长期置于日光下存放。

6.4.2 汽车备件的防锈

1) 汽车备件的防锈工艺类型

汽车备件中金属制品所占比重较大,而不同金属备件的材料(分黑色金属和有色金属)、形体结构、单件质量、制造精度、工作性能等有很大的差异,故必须根据不同备件的具体情况选择不同的防锈材料和工艺。防锈工艺大致可以分为以下几种。

(1) 涂防锈油。这种防锈方式应用于制造精度和工作质量要求高、结构复杂或工作表面粗糙度要求在 $Ra1.6\mu m$ 以上,并要求易于清洗的备件,如汽缸盖、汽缸体、汽缸套、连杆、活塞、活塞销、十字节、转向节、主销等。

(2) 涂防锈脂。这种防锈方式应用于结构单一、形体较大或较重的备件,如曲轴、凸轮轴、变速器齿轮及轴、传动或变速连接凸缘叉、轴头等。

(3) 可剥性塑料胶囊。这种防锈方式应用于精密偶件,如喷油泵柱塞副和喷油嘴等。

(4) 喷漆或涂漆。这种防锈方式应用于要求外观光洁的备件,如灯具、机油滤清器、空气滤芯器、钢板弹簧、减振器等。

(5) 镀锌、镀锡和阳极氧化。这种防锈方式应用于电气零件、活塞、水泵轴、轮胎螺钉等。

2) 金属备件的防锈油脂

金属备件的防锈油脂是以矿物油为基材,加入一种或多种防锈添加剂(又称油溶性缓蚀剂)及其辅助添加剂,配制成具有一定防锈效果的油脂状防锈材料。它使用方便,成本低廉,效果好,操作简单,因此在备件生产工序及储存中大量被采用。汽车备件根据的不同特性及储存要求,采用不同类型的防锈油脂,汽车备件最常用的防锈油脂为置换型防锈油。

(1) 置换型防锈油。置换型防锈油是由石油溶剂、脱水剂、防锈剂、防潮剂、防腐剂等组成的溶剂型软膜防锈油,不含消耗大气臭氧和大气温室效应物质,对人体无毒副作用,对环境无公害,属环保型产品。

置换型防锈油的产品性能:

①能置换残留于金属加工零件表面上的水膜,脱除残留于金属加工零件表面上的指纹和汗渍,同时在金属零件表面形成一层防锈油膜,保护金属不受湿气和腐蚀性气体的侵蚀。

②具有优良的流动延展性,使金属零部件盲孔、缝隙、凹槽等部位得到保护。

③具有良好的耐酸、碱、盐雾和湿热性能。

④防锈期因环境、温度、湿度、腐蚀性差异而不同,通常6～12个月。

⑤需要清洗时用溶剂型或碱性清洗剂均可清除。

置换型防锈油的适用范围:

①适合于钢、合金钢、铸钢、铜、铝及其合金等金属材料的防锈。

②适用于机械加工、汽车、电子、钢铁、冶金、航空等行业的金属零部件加工过程中的工序间防锈和中、短期库存防锈。

置换型防锈油的使用方法:

①将用水漂洗干净后的金属零部件浸入本品中脱水,浸入时间为2～3min,对于有小孔、缝隙和内腔的部件要注意翻动,以保证彻底脱水。

②检查金属零部件表面是否有水泡、气泡,油膜附着是否均匀、完整。

③脱水油槽底部应成锥形,下设放水阀,以便脱除的水分沉积在底部,适时将水排放出来。距脱水油槽底部一定高度应设置活动金属网或多孔的隔盘,以保证金属零部件不与底部的水层接触。

④对不需要清洗的零部件可采用喷、浸、涂的方式直接进行防锈处理。

⑤按工艺要求实施自然晾干、风干或烘干。

(2)防锈脂。防锈脂是在工业凡士林或石蜡、地蜡等石油蜡为基础油中加入防锈添加剂而制成的软膏状物。一般以热涂方式进行封存。其特点是油膜厚(一般为0.01～0.2mm,甚至达到0.2～1mm),油膜强度高,不易流失和挥发,防锈期可长达2年以上,广泛应用于机械产品、大型设备的长期封存。其缺点是油封、起封时都需加热,要求有较好的热安定性和抗氧化安定性。

目前也有冷涂脂。常温下比较软,使用时无需加热,可直接刷涂,防锈性也相当好,使用较安全方便。防锈脂一般分为1号、2号、3号。1号即为冷涂脂,适用于黑色金属,可用作一般精密机械部件库存长期防锈,它可以室温涂覆或加热涂覆;2号适用于黑色金属机械部件在室外的短期防锈及室内长期防锈,需要加热涂覆;3号适用于黑色金属及铜件的室外短期防锈和室内长期防锈,需加热涂覆。

(3)防锈润滑脂。防锈润滑脂由锂皂基稠化剂稠化酯类合成油,并加有抗氧化、防锈蚀、抗腐蚀等多种添加剂精制而成的低温、低扭矩润滑脂。这种半流体润滑油脂专为精密仪表、自动控制系统中要求长寿命、低噪声、不流散的芯轴部位的润滑而设计,还可用作微电动机含油轴承的补充润滑。

3)金属备件的气相防锈剂

(1)气相防锈剂又称气相缓蚀剂(Vapor Phase lnhibitor)。它的防锈原理很像樟脑丸防蛀,特点是在常温下自动不断的升华,挥发成气体,当这种气体达到饱和状态时就能对钢铁等金属实行防锈保护。首先,这种保护是无孔不入的,有些工件具有细长弯曲的小孔,或有窄细盲孔,往往涂油也难以防锈,如果用气相防锈剂就能轻而易举地完成防锈措施。其实,气相防锈剂是一种主动防锈材料,只要密封环境许可、防锈剂还在,它就能够将防锈状态继续下去,不像防锈油和涂料,涂层破坏了防锈功能就失去了。因此,它的防锈保护期非常长久,最长防锈期可达12~20年。气相防锈剂使用保护和去除非常方便,只要将工件与它放在一起,再加上塑料袋等密封就完成防锈保护,去除时打开密封袋,拿出来就能用。

(2)气相防锈剂的分类与使用。常见的气相防锈剂制品有粉剂(包括片剂)、溶液、溶剂、防锈纸和防锈油等。溶液、防锈纸、防锈油等都是由基本材料粉剂及其他材料组合而成。粉剂常用于锅炉、热交换器的细长管和齿轮箱等复杂型腔内及散放工件。如果将粉剂溶入水中就成为溶液,工件浸液后,表面立即与药剂接触,没有诱导期,而且药剂与工件距离最近,分布最均匀,因此效果较好,但是施工麻烦。气相防锈纸就是将粉剂溶于溶剂后再吸收在具有较好强度的纸上,防锈纸是粉剂的发展。相对粉剂而言它的作用表面积增大了几十倍,与工件的直线距离缩短了,因此效果好,应用最广泛。气相防锈剂还可以溶解于润滑油中,制成气相防锈油,常用于机床及机械试车时用气相防锈油,试车后封存可对内腔防锈,启封后清除不必很严格,少量遗留不影响正常运转。气相防锈剂的配制见表6-4,气相防锈剂与各种密封材料配合使用的防锈有效期见表6-5。

气相防锈剂的配制和使用方法 表6-4

名称或配方编号	使用方法	使用范围
防锈剂	使用量至少50g/m³	用于黑色金属的长期防锈
2号防锈纸	纸上含量为60g/m²,用于包装备件	用于工具、轴承和汽车备件的封存
6091防锈纸	涂与纸上,稍晾干后包装,或可定期做喷淋防锈	用于黑色金属大小机件,工量具、轴承、汽车备件等的防锈,有效期2年

各种密封包装材料的防锈有效期 表6-5

封存维护	防锈期(月)	
	室内13~21℃,风速1.6km/h	室内(遮蔽)4~21℃,风速5~18km/h
牛皮纸	10~14	
浸蜡牛皮纸	24~48	12~18
沥青纸	24~60	12~30
硬纸板	12~18	8~12
上蜡硬纸板	24~60	15~24
重磅牛皮纸	15~24	3~15
塑料膜	60~120	90~120
箔	75~120	90~120

(3)气相防锈剂使用中的注意事项。由于气相防锈剂成分有毒,因此在使用时,必须注意以下几点。

①操作车间内要注意防止气相防锈剂浓度过高。

②包装必须密封。

③备件必须清洗干净,避免接触手汗。

④不同的气相防锈剂对有些有色金属有腐蚀性,使用前要经过试验,再扩大使用。

⑤气相防锈剂应随用随配制,短期使用时可储存在棕色瓶中防止氧化。

⑥多数气相防锈剂对光和热的稳定性较差,使用时须避免超过60℃的高温和阳光直射。

4)可剥性塑料

在金属制品表面涂覆形成的塑料膜,具有防锈及防机械损伤的性能,启封时简易,剥下即可。这种可剥性塑料是以塑料成膜加防锈添加剂、稳定剂、防霉剂、矿物油等混合而成,分热熔型和溶剂型两种,其防锈效果好,备件不易磕碰,启封方便。

热熔性可剥性塑料是由乙基纤维素、醋酸丁酸纤维素为主的成膜物质,加热温度为110~190℃,成膜厚度为1.2~2.5mm,防锈期可达5~10年,启封剥下后仍可熔化再用。成膜方法有浸、刷、喷涂。

5)汽车备件的包装

金属汽车备件进行了涂油防锈之后,为了进一步使其与空气隔绝,还应选择合适的包装材料。汽车备件产品的包装材料一般要求材料本身对金属无腐蚀作用,透水、透气性小,具有一定的隔离作用,而且性能可靠。通常可以选择的有纸类、塑料薄膜和复合塑料薄膜等。

(1)纸类包括以下几类:

①羊皮纸。羊皮纸又称工业羊皮纸,是一种半透明的包装纸,是制作书本或提供书写的一种材料。它主要供包装机器零件、仪表、化工药品等。制造羊皮纸的主要原料是化学木浆和破布浆。把原料制成纸页后再送入72%浓硫酸浴槽内处理几分钟,这道工序称为"羊皮纸"作用。羊皮纸的特征是结构紧密,防油性强,防水,湿强度大,不透气,弹性较好,该纸经过羊皮化,具有高强度及一定的耐折度。有1号和2号两种,前者用于精密零件,后者用于一般零件的内包装。

②仿羊皮纸。仿羊皮纸外观与植物羊皮纸相似,但生产方法和使用性能完全不同。产品的紧度大,纤维水化程度较高,纤维结合较好,具有较高的透明度和较低的孔隙度,相当高的抗油性。纸质稍坚韧,用于要求较高的电气条件的内包装。

③中性石蜡纸。用含有2%硬脂酸铝的石蜡浸涂中性纸,防潮性好,用于一般备件的包装。

④横纹牛皮石蜡纸。中性石蜡纸双面涂石蜡,用于一般钢铁制备件。

⑤牛皮纸。强度高,适用于经防锈油脂之后的一般金属备件的内包装。

(2)塑料薄膜及复合塑料薄膜类包含以下几类:

①塑料薄膜。透明、韧性好、可热焊、耐油耐酸,而且能防水防潮,用于内包装。原料通常为聚氯乙烯、聚乙烯、聚丙烯等,其中以聚乙烯最为普遍,常用厚度为0.15~2mm。

②塑料复合纸。由塑料薄膜与防锈纸复合压制而成的包装材料,既能防锈又能防潮。

③铝型薄膜。由塑料薄膜和铝箔复合而成。铝箔防水、防潮,不透气,较塑料薄膜好,且能防紫外线,所以包装性能良好。适用于精密零件、电信器材、仪表等包装,常见于进口备件的大型综合包装木箱内。

6.4.3 汽车备件的清洗

1）汽车备件的清洗方法

（1）金属零件的清洗方法包括冷洗法和热洗法。冷洗法是将零件放入盛有煤油或汽油的容器里清洗干净并吹干。热洗法是将苛性钠溶液加热至 70~90℃后,将零件放入煮 10~15min,取出后用清水冲净并吹干。铝合金零件不能用苛性钠溶液清洗,应选用碳酸钠溶液。

（2）非金属零件。橡胶零件应用酒精或制动液清洗,皮质零件（如油封的皮圈）则用干布拭擦即可。

（3）电气零件。电气零件只能用汽油擦拭,不能用煤油、柴油或金属清洗剂清洗。

2）常用清洗液

产品表面的污物可分为水溶性和非水溶性两类。前者包括冷却液、手汗、酸碱盐等,后者包括切削油、研磨膏、油脂等。水溶性污物可以用碱性溶液清洗,非水溶性污物一般可以用石油溶剂清洗。

（1）碱性清洗液。碱性清洗液对轻度的油污清洗有效,主要包括氢氧化钠、碳酸钠、磷酸三钠、硅酸钠等。如需提高清洗油污的效果,可加入少量的表面活性剂。

（2）石油溶剂清洗液。石油溶剂清洗液是机械产品的常用清洗液,但其易燃、易挥发,使用时必须注意安全。石油溶剂清洗液主要有以下几种。

①汽油。常用的为工业汽油或 200 号溶剂油。

②煤油。用于清洗几何形状较为简单的钢铁制的备件。

③添加防锈剂的汽油和煤油。这种清洗液可以防止纯汽油或纯煤油因挥发而形成被清洗金属表面聚集水珠,存在生锈隐患。添加的防锈剂一般为 204-1 防锈油,加入量为总量的 2%~3%。

6.5 汽车备件计算机管理系统

6.5.1 计算机技术在汽车备件管理中的应用

1）汽车备件计算机管理系统的作用

汽车车型多,零部件种类繁杂,单靠手工作业管理难以达到科学、准确、快捷的目的,将计算机管理系统应用于汽车备件管理,已成为必然趋势。

汽车备件计算机管理系统是针对汽车备件经营企业产品的购销、备件的进出、账款的结算等业务而专门开发的,包括备件销售管理、备件采购管理、备件仓库管理、应收应付管理等。从事汽车维修的企业,其业务中通常都包括备件管理业务,因此,汽车维修管理系统也包含了汽车备件管理系统的功能。在实际运用中,大多数汽配企业也使用汽车维修管理系统,选取其中的备件管理的相关功能。

（1）计算机管理系统应用意义。计算机具有信息存储量大,信息处理准确的特点。汽车维修企业或汽车备件经营企业使用计算机管理系统以后,能充分的实现企业、人、财、物和产、供、销的合理配置与资源共享。能加快库存周转,减少采购和运输费用。能减少由于物料短缺而引起的维修工期拖延,确保维修承诺期。能保证企业的财务数据反映实际的成本及企业状况。由此可见,实行计算机管理是实现企业科学管理的有效手段。

(2)计算机管理可以挖掘企业内部潜力。将计算机用于企业库存管理,由于网络化的库存管理能够缩短进出货的周期,并减少缺货的可能性,因此,可以为按需库存提供准确的信息,减少因库存不当而造成的人力和财力的浪费。

(3)实行计算机管理,不同的车型、故障、工种、技术熟练程度等都可以进行量化,使得在修理报价、竣工结算、工资分配、奖金提成等方面都有据可依,既能充分调动员工的积极性,同时也为企业树立规范化管理的良好形象。

2)汽车备件计算机管理系统的基本功能

(1)接待报修。计算机自动报出各项修理费用,记录客户及维修汽车的信息,确定车辆的维修历史,迅速预报出初步的维修项目和总价,自动记录各接待员的接待车辆。

(2)维修调度。生产调度中心诊断故障,确定具体的维修工艺及项目,安排工作给各班组,且进行跟踪检验。在车辆进行维修的过程中,计算机跟踪记录各班组具体的维修工艺及材料、设备的使用情况。

(3)竣工结算。在竣工结算时,及时提供结算详细清单,提供与客户车辆有关的各项修理费用、材料领用情况,生成记录,并打印维修记录单,处理维修费用的支付。修理车辆出厂后,车辆修理记录转入历史记录,以备以后使用。跟踪车辆竣工后情况,提供车辆维护信息。

(4)备件管理。计算机系统能完成订货、入库、出库及库存管理。对维修车辆领用材料进行跟踪,科学分析各种材料使用量,确定最佳订货量,确定备件管理部门的应收、应付账款,保存准确的零部件存货清单等功能。

(5)财务管理。能对生产经营账目方便灵活的查询、汇总,如提成工资、库存总占用;查询应收、应付账目,及时处理账款,生成当日的营业报表等。

(6)生产经营管理。企业负责人和管理人员可以随时查询各部门工作情况,对企业内部各个工作环节进行协调、检查和监控,查看经营状况。对于网络运行环境进行设置,确定各个部门和环节使用权限及密码,保证未经过授权的人员不能使用不属于其范围内的功能。对汽车修理价格及工艺流程进行监控,对竣工车辆及时进行车源分析。

3)汽车备件计算机管理系统的效能

(1)对车辆维修和零备件销售实现明码标价,代替自由度较大的手工打价,便于企业的标准化管理。

(2)可以及时监控零备件的入库、出库、销售等信息,便于企业做好零备件销售管理,实现合理库存。

(3)可以详细准确地记录客户的基本情况和车辆的技术数据,便于企业做好客户服务管理和车辆维修管理。

(4)可以量化员工绩效,使员工工资和本职工作挂钩,提高员工的工作积极性。

(5)可以记录维修过程中的工艺流程,为车辆维修提供技术参考。

(6)利用互联网,索取维修资料,接受维修培训,还可以在网上直接进行维修技术的求助及交流,解决维修资料缺乏技术手段落后的难题。

6.5.2 汽车备件管理系统的种类

现在常用的汽车备件管理软件大致可以分为三类。

1）汽车备件管理系统

汽车备件管理系统主要承担汽车备件的流通管理，根据企业的性质不同，功能也不同。汽车备件经销商所用的管理系统主要体现在销售管理、仓储管理及账目管理三个方面。汽车维修企业的管理系统则增加了维修接待管理、整车销售管理和客户信息管理。

2）汽车备件目录管理系统

任何一个汽车备件都有其相对应的编号，这个编号就好比人的身份证一样，每个备件只有唯一的一个编号。我们在描述一个汽车备件的时候，最准确的方法是用备件编号去描述。备件编号在订货、库存、销售等各个环节都需要用到。正是因为备件编号这么重要，所以人们设计了备件编号目录管理系统。不同品牌的生产厂家都会提供给经销商不同的备件目录系统，使用备件目录系统后，备件就可以通过计算机很方便地查询到，而且可以以装配图等多种方式显示出来，代替了传统的查询零件手册的方式。

3）汽车备件订购系统

当通过备件管理系统及备件目录系统生成订单后，我们就可以向供货商订货，把正式订单发给供货商，这就要用到备件订购系统。供应商在网上建立一个订购系统，实行实时订货。实时备件订购系统除了可以直接向供应商订购备件外，还可以实时查询供应商的库存数量，可以准确地预测零件的到货日期。同时还可以查询备件替代状况、价格以及订单的处理情况等。

目前，已开发并使用的汽车备件综合管理系统，备件的检索与显示已经做到了三维立体视图，客户可以观察备件的各个细节，备件目录管理与流通管理、订购管理相结合，功能越来越强大。

6.5.3 汽车备件计算机管理系统简介

1）系统的结构

市面上的汽车备件管理系统有很多版本，各汽车类企业可根据自身的需求装配。单纯的汽车备件管理其基本功能有以下六个功能就够了，如图6-22所示。

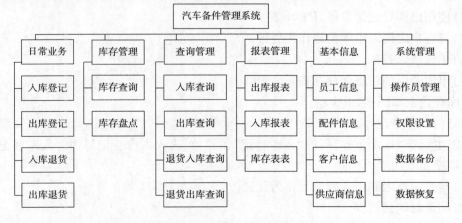

图6-22 汽车备件计算机管理系统结构

(1) 日常业务,包括入库登记、出库登记、入库退货、出库退货。
(2) 库存管理,包括库存查询、库存盘点。
(3) 查询统计,包括入库查询、出库查询、入库退货查询、出库退货查询。
(4) 报表管理,包括出库报表、入库报表、库存报表。
(5) 基本信息管理,包括员工信息、商品信息、客户信息、供应商信息。
(6) 系统管理,包括操作员管理、权限设置、数据备份、数据恢复。

2) 业务流程

根据汽配行业特点,汽车备件计算机管理系统流程设计如图6-23所示。

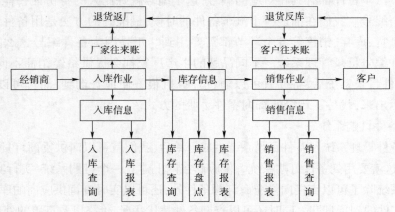

图6-23 汽车备件管理流程设计

3) 系统登录

客户进入系统前,必须通过系统登录进入主程序界面。系统登录界面实现了以下功能。
(1) 确认客户的身份及使用权限。
(2) 对系统信息起到保密作用。

4) 汽车备件出库登记

单击主菜单"日常业务"下的"出库登记"子菜单,进入出库登记界面。出库登记界面可以实现以下功能。
(1) 使用出库登记菜单做日常开票。
(2) 与客户之间以出库票号作为凭证。
(3) 单独核算赊账。
(4) 出库登记的信息保存在临时表中。

出库登记表如图6-24所示。

5) 备件入库登记

单击主菜单"日常业务"下的"入库登记"子菜单,进入入库登记界面。入库登记界面主要可以实现如下功能。
(1) 与供应商之间以入库票号作为凭证。
(2) 结账时单独核算。
(3) 入库登记的信息保存在临时表中。

入库登记表如图 6-25 所示。

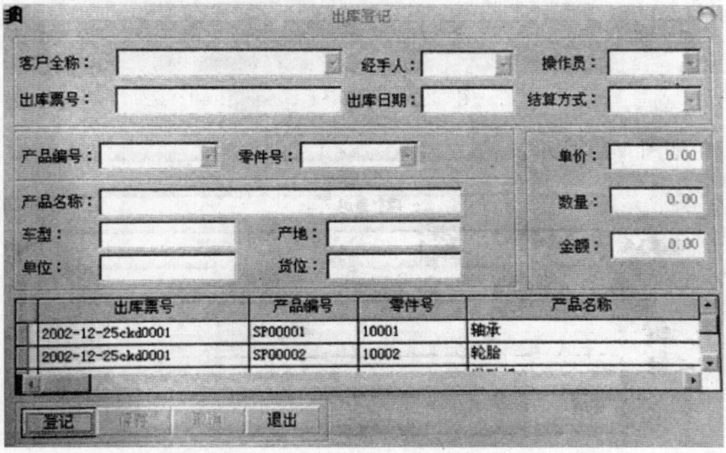

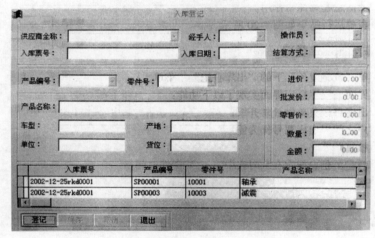

图 6-24　出库登记表

图 6-25　入库登记表

6）备件库存查询

单击主菜单"库存管理"下的"库存查询"子菜单选项,进入库存查询界面。库存查询界面主要实现以下功能。

(1) 按条件查询库存信息。

(2) 以页框和列表两种方式显示库存信息。

(3) 可通过"第一个""上一个""下一个"和"最后一个"4 个按钮快速浏览库存汽车备件的信息。

库存查询表如图 6-26 所示。

7）备件库存盘点

单击主菜单"库存管理"下的"库存盘点"子菜单选项,进入库存盘点界面。库存盘点界面实现了以表单的形式显示库存数量不为零的全部汽车备件信息。

库存盘点表如图 6-27 所示。

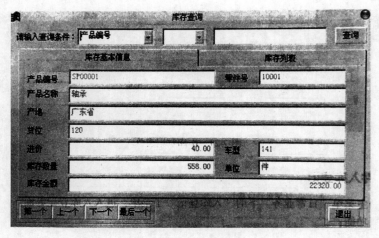

图6-26　库存查询表

图6-27　库存盘点表单

8）出库查询

单击主菜单"查询统计"下的"出库查询"子菜单选项，进入出库查询界面，出库查询界面实现以下功能。

（1）按客户输入的条件查询出库汽车备件信息。

（2）提供以页框和列表两种方式浏览汽车备件的出库信息。

（3）可通过"第一个""上一个""下一个"和"最后一个"4个按钮快速浏览出库汽车备件的信息。

出库查询表如图6-28所示。

9）出库报表

单击主菜单"报表管理"下的"出库报表"子菜单选项，进入出库报表界面，出库报表界面实现以下功能。

（1）按客户输入的条件查询出库的汽车备件信息。

（2）以列表的形式显示查询结果。

出库报表如图6-29所示。

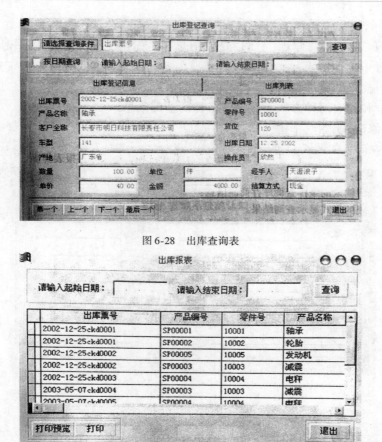

图 6-28　出库查询表

图 6-29　出库报表

10）库存报表

单击主菜单"报表管理"下的"库存报表"子菜单选项，进入库存报表界面，库存报表界面实现以下功能。

（1）按客户输入的条件查询库存的汽车备件信息。

（2）以列表的形式显示查询结果。

库存报表如图 6-30 所示。

图 6-30　库存报表

11)汽车备件信息

单击主菜单"基础信息管理"下的"备件信息"子菜单选项,进入备件信息界面,备件信息界面实现以下功能。

(1)按客户输入的条件查询汽车备件的基础信息。

(2)以页框和列表两种方式浏览汽车备件的基础信息。

(3)添加、修改、删除汽车备件的基础信息。

备件信息查询表如图 6-31 所示。

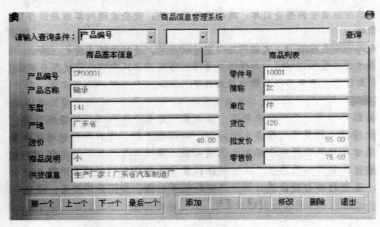

图 6-31　备件信息表

一、选择题

1. 5S 管理是现代企业管理模式,包含了(　　)。

　　A. 整理(SEIRI)　　　　　B. 整顿(SEITON)　　　　C. 清扫(SEISO)

　　D. 清洁(SEIKETSU)　　　E. 素养(SHITSUKE)

2. 5S 起源于(　　)。

　　A. 中国　　　B. 日本　　　C. 美国　　　D. 德国

3. 5S 管理的五大效用也可归纳为(　　)。

　　A. 安全(Safety)　　　　　B. 销售(Sales)　　　　C. 标准化(Standardization)

　　D. 客户满意(Satisfaction)　　E 节约(Saving)

4. 汽车备件仓库布置的要求有(　　)。

　　A. 单一的物流方向　　　　B. 最短的运距

　　C. 最少的装卸环节　　　　D. 最大限度的利用空间

5. 汽车备件仓库结构分类有(　　)。

　　A. 平房仓库　　　B. 楼房仓库　　　C. 货架仓库　　　D. 混合仓库

6. 一个汽车备件仓库通常由( )组成。
   A. 货架区(备件存储区)　　B. 卸货区
   C. 行政管理区　　　　　　D. 休息区
7. 汽车备件堆码的方法有( )。
   A. 重叠法　　B. 压缝法　　C. 牵制法　　D. 通风法　　E. 行列法
8. 库房要对汽车备件进行科学合理的管理和存放,最重要的方法有( )。
   A. 汽车备件实行分区存放　　B. 汽车备件实行分类存放
   C. 汽车备件实行定位存放　　D. 汽车备件实行分形状存放
9. 仓库内至少设一个主通道,即专运线。主通道能清楚地从一端看到另一端,可以正对着仓库的大门,保持( )m的宽度。
   A. 1　　B. 1.5　　C. 2　　D. 2.5
10. 汽车备件的货位编号的方法,主要根据( )的原则进行编排。
    A. 区　　B. 列　　C. 架　　D. 层

二、思考题

1. 汽车4S店主要任务是什么?
2. 实训实验课如何做好5S?
3. 汽车备件仓库布置的要求有哪些?
4. 简单设计一个汽车备件仓库布置平面图。
5. 常用的汽车备件清洗方法有哪些?清洗时要注意哪些事项?

学习任务 7　汽车备件销售

学习目标

完成本任务的学习后,你应能:
1. 掌握汽车备件销售的特点;
2. 了解汽车备件销售人员的要求;
3. 掌握汽车备件销售流程。

任务描述

由于厂家政策性库存和备件计划员对车间维修索赔需求量预定判断失误或在订单计划时盲目订购等原因造成了一定的库存积压。为降低库存提高库存资金周转,备件部经理决定抽调小赵在内几名人员成立销售小组,近期着重完成备件销售任务。为此小赵要先掌握汽车备件销售的特点;了解汽车备件销售人员的要求;熟悉汽车备件销售流程。

学习引导

本学习任务沿着以下路径进行:

汽车备件销售特点 → 汽车备件销售人员基本要求 → 汽车备件销售流程

7.1　汽车备件销售特点

汽车备件销售呈现出以下特点。
1) 汽车备件品种的多样性

汽车是由几千种零件、部件和总成构成的,在整个运行周期中,据估算有3000多种备件存在损坏和更换的可能,所以经营某一个车型的备件都要涉及许多品种规格的备件。

况且汽车备件还有原厂件、副厂件等之分,即使同一品种规格的备件,国内有许多厂家在生产,其质量、价格上的差别很大,甚至还存在假冒伪劣的产品。所以,作为汽车备件销售人员既要有较强的专业知识,熟悉掌握各种各样的汽车备件,还要有慧眼识真金的本领,为客户推荐货真价实的备件。

2)汽车备件销售具有较强的专业技术性

随着科学技术的高速发展,汽车越来越成为高科技的结晶,其每一个备件都具有严格的型号、规格,满足相应的技术标准。汽车备件销售人员要在不同型号汽车的成千上万个备件品种中为客户准确、快速地查找出所需的备件,就必须具有较强的专业知识和技能,还要以熟练运用计算机管理系统作为保证。既要掌握商品营销知识,又要掌握汽车备件专业知识、汽车材料知识、机械制图知识以及汽车备件的商品检验知识,还要会识别各种汽车备件的适用车型、规格、性能、用途等,所以汽车备件销售具有较强的专业技术性。

3)汽车备件销售有很强的季节性

汽车在一年四季的运行中会根据季节的不同,表现出不同的易损件和常用件。这种自然规律给汽车备件销售市场带来不同的季节需求。在春雨绵绵的季节里,为适应车辆在雨季行驶,需要为汽车配备雨布、车窗升降器、电动刮水器、刮水臂及刮水片、挡泥板等备件。在热浪滚滚的夏季和早秋季节,因为气温高,发动机磨损大,火花塞、汽缸垫、进排气门、风扇皮带等冷却系备件的需求特别多。在寒风凛冽的冬季,因为气温低,发动机难起动,对蓄电池、预热塞、起动机齿轮、飞轮齿环、防冻液、百叶窗、各种密封件等备件的需求量较多。由此可见,自然规律给汽车备件市场带来非常明显的季节性需求趋势,调查资料显示这种趋势所带来的销售额占总销售额的 30%~40%。

4)汽车备件销售有明显的地域性

我国国土辽阔,有山地、高原、平原、乡村、城镇,并且不少地区海拔相差悬殊。这种地理环境也给汽车备件销售市场带来地域性的差异。在城镇,特别是大中城市,因人口稠密、运输繁忙,汽车起动和停车次数频繁,机件磨损较大,所需起动、离合、制动、电气设备等备件的数量就较多。一般一二线城市,其公共汽车公司、运输公司的车辆,所需离合器摩擦片、离合器分离杠杆、制动片、起动机齿轮,飞轮齿环等部件,一般占上述各系品种总销售额的 40%~50%。在山地、高原,因山路多、弯道急、坡度大、颠簸频繁,汽车的减振弹簧就容易断或易失去弹性,减振器也易损坏,变速器、传动系备件也易损耗,需要更换的总成也较多。由此可见,地理环境给汽车备件销售市场带来的非常明显的影响。

5)汽车备件经营要有相当数量的库存支持

由于汽车备件经营品种多样化以及汽车故障发生的随机性,经营者要将大部分资金用于库存储备。

6)汽车备件经营必须有相应的配套服务

汽车是许多高新技术和常规技术的载体,涉及机械、电子电器、自动控制、计算机等多种技术,经营者必须要有相应的配套服务,特别是技术服务至关重要。相对于一般生活用品而言,卖汽车备件更重要的是做服务、卖知识。

7.2 对汽车备件销售人员的要求

7.2.1 汽车备件销售人员应具备的基本素质

1）内在基本素质

（1）良好的职业道德。

不同的职业对从事该职业的作业人员有着不同的行为准则和道德规范，销售人员也有规章制度和言行守则，销售人员在为本企业或委托人的利益服务的同时，必须致力于一个更远大的目标，就是促进社会、集团、机构、个人之间的交流与合作。以真实准确、公正、负责的态度为客户服务。销售人员在实际工作中应当遵守职业道德规范，对于自己所服务的企业和客户必须一视同仁，平等对待，坚持真实和准确的遵守准则，恪守普遍认可的社会公德，不得从事腐蚀政府机构和客户代表的活动；不得有意破坏竞争对手和其他销售人员的声誉；不得有意传播虚假的或容易使人误解的信息。

① 实事求是。销售工作的实质在于通过买卖双方信息交流来达到销售产品和服务的目的。要使销售活动获得成功的基本前提是所传播的信息必须真实准确。严重的信息失真不仅会导致企业在客户心中名声扫地，而且会导致企业管理和生产决策的失误，给企业带来形象和经营上的损失。销售人员说话办事要表里如一，不可投机取巧，所作所为要经得起客户的检查与事实的考验。

② 讲究信用。我国有句俗话："言必行，行必果。"无论对哪个企业，信誉是至关重要的。讲究信誉是商务活动中的基本准则。对客户做得到的才承诺，不承诺办不到的事情。一个企业的良好信誉甚至可以在关键时候挽救企业。作为销售代表，每发布一条信息，签订一项合同，承诺一桩购销协议，都应当想方设法去兑现。

③ 遵纪守法。销售人员作为社会的一分子，他的一切活动都置于一定的法律规范之内。这就要求销售人员具有强烈的法制观念，遵纪守法，一切依法办事，真正做到知法、懂法、守法。销售人员的法制观念强弱，主要表现在遵纪守法和依法办事上。在实际的销售活动中发布信息、签订合同都需要严格依法办事。

④ 廉洁奉公。销售人员每天与各类公众打交道，最有机会获取信息、技术和商品，因此销售人员必须遵守廉洁奉公、不谋私利的道德规范，作为企业的销售人员，应当做到不贪污侵占、不行贿受贿、不收受不义之财，以兢兢业业的工作态度为广大客户提供优良的服务，用踏踏实实的销售绩效致力于提高企业和产品的信誉度和辐射力。

（2）良好的心理素质。

① 豁达大度。与不同客户交往，敢于交往，善于交往，热情、豁达、平易近人、热忱相待。由于销售工作要接纳各种与自己性格、风格不同的人，要善于相处，并使客户产生好感和信任感，提高销售效益。

② 自信。销售人员要使销售成功，必须对企业有信心，对产品有信心，对自身个人能力有信心。有这样一句话："自信则人信之"，只有对自己充满信心，才能感染客户，影响客户，改变客户的态度，使客户对你产生信心，进而相信你销售的产品。如果没有自信心，在危机

面前就会缺乏应变能力,显得手足无措,一片慌乱,一蹶不振,失去成功的机会。

③坚忍顽强。销售人员常年在外奔波劳顿,要遇到许多挫折和失败,这就需要销售人员对所负担的工作有忍耐精神和坚持不懈的毅力。

(3)良好的沟通能力。

沟通能力是指一个人从事一定社会实践活动的本领,是销售人员十分重要的智能因素。

①观察与应变能力。在日常工作中,销售人员所接触的客户很复杂、很广泛,这就要求销售人员认真观察对手的特点。掌握各地风土人情、生活习俗,了解社会各阶层的知识水平和涵养,以适应不同客户的具体要求。一般环境的不断变化,竞争对手的此消彼长等不断加入,都要求销售人员具有适应变化的能力和技巧。销售人员在日常工作中还要机警灵敏,随时应付可能出现的客户异议和突发事件。

②控制情绪的能力。销售人员在工作中要与各种矛盾、冲突打交道。要处理各种突然事件和纠纷,并常常受到客户冷淡、批评、拒绝、甚至挨骂的待遇。这就需要销售人员具有善于控制情绪的能力。要遇乱不慌、遇危不惊、有理有节、沉着应付,决不能由情绪办事。

③语言表达与社会交际能力。能言善辩是做好一个销售人员的重要能力之一,销售人员必须具有良好的语言表达能力和应变活动能力。正如日本松下幸之助管理学所说:"培养销售人员一套完整合适的应对辞令,那就如虎添翼,一定达到销售的目的。"一个从事销售工作的人必须具备较为强大的交往能力,在任何场合都能应付自如。社交能力是衡量一个销售人员能否适应社会和做好本职工作的一条重要标准。与各界人士建立亲密的交往关系,懂得各种社交礼仪,比如日常的礼节,各种宴会聚会礼仪,公共场合礼节。在洽谈的过程中,往往有些问题是正式场合未得到解决,而在社交场合却能得到圆满解决的。

④现场反应及应变能力。销售人员在工作中,不能夸夸其谈,只说不做。仅有语言说服不能促使客户购买,还必须能够教会客户使用方法,并掌握产品展示,现场反应及利用事实及数据的说服能力是销售中要求较高的能力。从而提高企业的形象与服务质量,使客户感到满意,赢得客户的信任,同客户建立起密切的关系,取得销售的成功。

(4)合理的知识结构。

销售人员是否具备良好的知识结构,直接关系他们的工作业绩。因此,优秀的销售人员就需要具备多方面的专业知识,并且要把多种专业知识内容升华为自己头脑的知识体系和知识结构。

①销售理论知识。销售理论知识及销售工作的基本理论,主要包括市场营销学、消费者行为学、广告学、传播学、客户管理等内容,销售人员必须了解销售的基本知识、基本原则,基本职能等专业知识,如市场营销的各种战略和策略方法。还要学会整体的知识管理,如信息收集和使用市场调查、市场预测、营销决策的技术与方法等。

②销售环境知识。一般环境包括政治、经济、法律、社会文化、社会心理等,它对购买行为能产生较大的影响。因此销售人员必须了解他所面临的一般环境与作业环境。如销售人员必须了解销售区域内的风土人情、宗教信仰、交通运输、语言习惯等,而行业环境中特别要分析竞争对手,目标市场的变化等,以利于克服工作中的困难,减少工作中的麻烦,促进销售

工作的顺利完成。

③销售实务知识。销售实务知识主要包括：企业知识、商品知识、市场知识、合同知识、结算知识、销售技巧等。如销售人员在企业知识方面，必然熟悉本企业的情况，了解本企业的发展史。在商品知识上，不仅应了解商品的工艺流程、用途、规格、性能、特点、价格、使用方法及售后维修等，同时还要了解与其他公司的同类型产品之间的差别以及它能给客户带来什么好处等。同类产品占领市场和供应情况；影响市场营销各种因素的变化情况等。当销售人员在达成销售交易以后，还要与客户签订买卖合同并收回货款，这就要求销售人员必须掌握相关的合同知识。

2) 外在基本素质

销售人员的仪表、礼节与气质，是外在基本素质的具体表现，也是自己日常修养与锻炼的结果。

(1) 仪表是指销售人员在销售活动中表现出的仪容、服饰、举止、谈吐等。它如同一张名片，给客户留下第一个印象。一流销售人员首要成为一流社交家，给客户留下美好的印象。一个人长相的美与丑是无法选择的，但是销售人员的仪容要大方、整洁、修饰得体。不修边幅、蓬头垢面和怪异形态要避免，浓妆艳抹、香气袭人，也会使客户产生不好的印象。

(2) 举止与谈吐反映一个人的文明修养程度。举手投足要保持不卑不亢，与客户见面主动问好；接受别人帮助要表示谢意；交谈时认真倾听。不随便打断别人的谈话，不左顾右盼，不冷言冷语，不说脏话等。

(3) 气质在一个人的行为和活动中的表现，跟人的身心健康都有着密切的联系。工作中紧张而有序，生活中严于律己，宽以待人，严守纪律，遵守公共秩序等，提升和修炼个人气质。"胆大而不急躁，迅速而不轻佻，爱动而不粗浮，服从上司而不阿谀奉承，身居职守而不刚愎自用，胜而不骄，喜功而不自炫，自重而不自傲，豪爽而不欺人，刚强而不执拗，谦虚而不假装"，这应该成为销售人员共同的信条和宣言。

7.2.2 汽车备件销售人员的商务礼仪要求

1) 仪表着装要求

销售人员仪表和着装应遵循统一、整洁、干净、安全的原则，树立专业正规的形象。在着装方面，注意工作服的统一、干净、平整、工作牌要佩戴在规定的地方。男性销售人员要合理佩戴领带，皮鞋要擦拭干净，袜子搭配要合理，如深色皮鞋搭配深色袜子。女性销售人员可佩戴小方巾，穿黑色商务皮鞋，配肉色丝袜。男性销售人员每天要刮胡子，注意鼻毛的修剪，女性销售人员注意要适当的化妆。按照公司的统一要求，有适合工作环境的发型，发型长短适中，工作之前要将头发整理好。要及时修剪指甲，并且始终保持手部干净，女性销售人员的指甲油注意不要太浓、太艳。

2) 销售人员行为举止要求

(1) 销售人员在进行交流时，应注意自己的视线和笑容，二者要自然配合，不要长时间盯住对方，应适时挪动视线，切记视线过度向上或向下，头部不移动只移动视线等。笑容可以拉近与客户的距离，要经常微笑并做到自然。与客户交流不能有严肃、傲慢、愤怒的表情。

（2）销售人员一般为自然站立，要求抬头、挺胸直腰、肩平、双臂自然下垂、收腹、双腿并拢直立、脚尖分呈 V 字形、身体重心放到两脚中间；也可两脚分开，比肩略窄，将双手合起，放在腹前或自然下垂于体侧。

（3）销售人员坐姿，男性员工可将双腿分开略向前伸，如长时间端坐，可双腿交叉重叠，但要注意将上面的腿向身体回收。女职员入座前应先将裙角向前收拢，两腿并拢，双脚同时向左或向右放，两手叠放于腿上。如长时间端坐可将两腿交叉重叠，也要注意上面的腿向身体回收。入座时要轻，可以坐满椅子的 2/3，后背轻靠椅背，双膝自然并拢（男性可略分开）。身体稍向前倾，则表示尊重和谦虚。

（4）手势运用要规范适度，自然优雅，落落大方。五指自然伸直并拢，肘关节自然弯曲，掌心向斜上方；手势上界不超过对方视线，下界不低于胸区；手势的左右摆动范围不要太宽，应在人的胸前或右方进行；动作表现要慢，不宜快、猛，不掌心向下，不攥紧拳头，不用手指点。需要用手指引物品或指引客户时，五指自然伸直并拢，指示方向。

引导时手掌平展，拇指自然靠近食指侧面，手与前臂呈一直线，手心倾斜指示方向，前后臂的夹角可以表示远近感。陪同引导时，在客户 1~2 步之前，在楼梯陪同引导时，在客户侧上方 2~3 个台阶距离引导，在狭小路段或转弯时，让客户先通过。搭乘电梯时，当电梯里有人时，让客户先进；当电梯无人时，自己先入电梯，按住电梯按钮等客户进来；离开电梯时，按住电梯按钮让客户先走出。

（5）在销售的过程中，销售人员不在工作场合吃东西、喝水、吸烟，不在工作时间阅读与工作无关的书籍或杂志，不与其他人员聚在一起闲谈，不在接待前台处化妆、修指甲、梳理头发等。

（6）接打电话。注意的原则是友好礼貌、不打断对方、简洁有效地了解问题。接电话时一般在铃声响过两声后。接听电话时第一句话应说："您好,这里是×××公司,很高兴为您服务。我是销售人员赵××,叫我小赵就好了,请问怎么称呼您？"

若电话铃声响三声以上时，接听时可以加上一句："感谢您的耐心等待。"

7.2.3 汽车备件销售人员的业务要求

1）正确使用常用工量具

游标卡尺、百分表、千分表、扭力扳手、塞尺、万用表、示波器等在汽车备件流通过程中经常应用，要求汽车备件销售人员会熟练使用。

2）开单制票

销售人员开出的单据，必须字迹工整，并且严格按照单据的格式逐项书写清楚、准确无误。否则就会给收款、记账、发货等环节造成困难，给客户造成不必要的麻烦。在实际汽车备件流通业务中，会遇到供方销售员开出的单据，将产品名称、车型规格都省略到无法查证的地步。如将"CA1090 传动轴油封"简写成"传动轴"；将"TJ7100UA 紧链器卡环及凸轮轴油道闷头"简写成"卡环及闷头"。每种汽车上都有好几种相似名称和用途的卡环和闷头，不分清用途，查不出原厂编号，就不能确定产品的名称、规格、对应车型等，就无法签收入库，无法销售。有时还有的销售员滥用简化字、错别字，将"铆钉"写成"毛丁"，将"夹箍"写成"扎古"等，这些现象要杜绝。

3）管理售货卡

售货卡是销售员的台账，也是其了解市场变化、掌握备件销售动态、编制进销计划的依据和历史资料，备件销售员在售货时，不仅要迅速地抽出卡片完成售货，减少客户等待时间，同时应做到登记、统计、结账转账准确，保管完整。

4）为备件通用互换原则提供咨询

由于汽车车型的变化发展非常快，使得汽车备件品种繁杂，这为汽车备件销售部门在采购经营方面带来许多困难，但备件在一定的范围内具有互换性，还有的稍加改进就可以互换和代用。有的修理厂在修理过程中采购不到该车的维修备件而使维修中断，造成较大的经济损失。作为汽车备件销售人员有必要掌握备件互换性方面的知识，更好服务客户的同时，也提高了备件的销量。

7.2.4 提升服务水平

1）灵活运用柜台语言艺术

备件销售员要能够向客户介绍备件的产地、使用车型、价格等信息。一个经验丰富的销售员往往能够灵活运用柜台语言艺术，对各类客户均要做到有问必答、语言准确、条理清楚。热情、丰富、诚恳的语言，能给客户以愉快的感觉，促使交易达成。

2）根据客户的不同需求提供各种形式的服务

汽车备件市场竞争越来越激烈，随着各大汽车公司技术水平的不断提高和生产设备的不断完善，汽车相关产品的性能几乎趋于一致，产品的质量、价格也几乎趋于一致，结果导致市场竞争都在向产品服务方面转移，所以对客户提供的服务会直接影响的企业的市场占有率。为了扩大经营，应用多种多样的服务手段，如送货上门、网上售卖、代包代运等，把生意做活。

3）尊重民族风俗习惯

我国是一个多民族的国家，有许多民族风俗习惯，作为一名销售人员，必须了解各地风土人情，多研究不同名族的风俗习惯，不要触犯民族禁忌。

7.3 汽车备件销售流程

汽车备件的销售对象一般有三种：维修车间客户、最终零售客户和批发客户。现在很多厂家采用品牌4S店的销售渠道，他们的销售政策规定是面向维修站和最终客户进行汽车零部件销售的唯一途径，并规定4S店只能在《销售合同》规定的区域内销售，不容许跨区域销售，只能销售纯正的原厂零备件或经原厂家认可或指定的其他供应商的零部件。

在销售过程中要开具相应的维修工作单、维修零备件申请单、领料单、日出库登记表、发料单、柜台销售发票等。

7.3.1 向维修车间销售备件的业务流程

如图7-1所示，首先由维修部门填写维修《工作单》《零备件申请单》，维修技工凭其到备件部的领料台，申领所需备件，备件管理员完成发料和记录工作，并操作备件的出库系统操作,生成《发料单》,用以更新库存。一份《工作单》可能对应几份《零备件申领单》。车辆修理完成后,维修技工把《工作单》《零备件申请单》和《领料单》一起拿到备件部领料柜台,此时维修部应将几份《零备件申请单》转变为《领料单》作为最终的领料凭证,将修理中未使用的领备件退还给备件部,备件部及时更新库存。

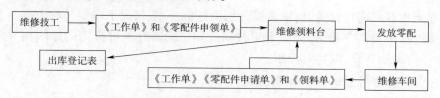

图 7-1　向维修车间销售备件的业务流程图

7.3.2　向最终零售客户销售流程

向最终零售客户销售流程如图 7-2 所示。

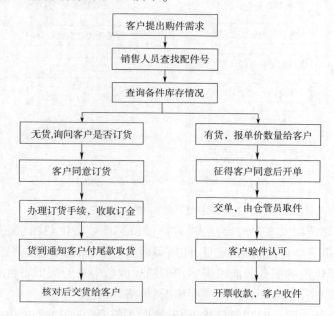

图 7-2　最终零售客户销售流程

1)接待客户

接待客户时要注意态度热情,服务周到,能根据客户的需求为其分析备件的价格、质量、使用效果等因素。努力做到让客户感觉到不仅购买到了合适的备件,更获得了优质的服务。

2)查询相关备件信息

根据客户的描述或所带来的废旧备件,通过备件管理系统、通用手册或其他电子资源查询出所需零备件的编号、库存情况和价格信息等。

3)开备件取货单

客户确定购买后,则由销售人员开出备件取货单,签字确认后交库管员到仓库取件。库管员提取备件后在取货单上签字,将零备件交由客户确认。此时库存量暂时不作修改,因为客户还存在不满意而退回的可能性。

4)办理交货手续

销售人员在客户确定要货后,开出销售单作为财务收款的依据。财务收款后开出发票,客户凭销售单和发票取货。此时库管人员方可修改库存信息。

5)其他

当库存无货客户同意订货时,则需要计划员订货,一般情况下需要预收30%~50%的订金。在订货过程中要信守承诺,保证交货时间。如果确实有不可抗拒的原因而导致交货延迟,一定要及时通知客户,取得其谅解。

7.3.3 向最终批发客户的销售流程

向最终批发客户销售的流程如图7-3所示。

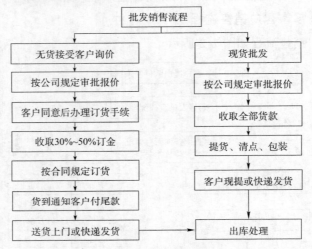

图7-3 向最终批发客户的销售流程

在接待最终零售或批发客户时要注意,客户接待态度要适度热情,服务周到,能根据客户的要求分析其所需零备件的价格、质量、使用等因素。努力做到让客户感觉到购买的不仅是备件,更是获得了优质的服务。能根据客户的描述或所带来的废旧备件,通过备件手册或其他电子资源查询出所需零件的编号、库存情况、价格等信息。

当库存无货时,征得客户的同意订货,一般情况下需要预收30%~50%的订金。在订货过程中要信守承诺,保证交货时间。如果确实有不可抗拒的原因而导致交货的延迟,一定要及时告知客户并征得谅解。

一、选择题

1.汽车备件销售人员要掌握的知识有( )。

　　A.商品营销知识　　　　　　　　B.汽车材料知识

　　C.机械制图知识　　　　　　　　D.汽车备件的商品检验知识

2. 汽车备件销售有很强的季节性,热浪滚滚的夏季( )备件需求量较多。
   A. 火花塞　　　　　B. 风扇皮带　　　　　C. 蓄电池　　　　　D. 防冻液
3. 汽车备件销售人员应具备的内在基本素质包括( )。
   A. 良好的职业道德　　　　　　　B. 良好的心理素质
   C. 良好的沟通能力　　　　　　　D. 合理的知识结构
4. 关于汽车备件销售人员的仪表着装,下列说法正确的有( )。
   A. 应遵循统一、整洁、干净、安全的原则
   B. 工作之前要将头发整理好
   C. 皮鞋要擦拭干净,袜子搭配要合理,如深色皮鞋搭配深色袜子
   D. 要佩戴工作牌
5. 对于销售人员行为举止要求,下列说法正确的有( )。
   A. 不要长时间盯住对方　　　　　B. 要经常微笑并做到自然
   C. 与客户交流要严肃庄重　　　　D. 可以头部不移动只移动视线
6. 关于销售人员的坐姿,下列说法正确的有( )。
   A. 男性员工可将双腿分开略向前伸　B. 长时间端坐,可双腿交叉重叠
   C. 入座时要轻,可以坐满椅子的2/3　D. 身体保持正直,表示尊重和谦虚
7. 在引导客户时,下列做法符合商务礼仪规范的有( )。
   A. 手势上不高过对方视线,下不低于腰区
   B. 不掌心向下,不攥紧拳头,不用手指点
   C. 手指伸直并拢,肘关节自然弯曲,掌心向斜上方
   D. 动作表现要快,干净利落
8. 对汽车备件销售人员的业务要求有( )。
   A. 正确使用常用工量具　　　　　B. 开单制票
   C. 管理售货卡　　　　　　　　　D. 为备件通用互换原则提供咨询
9. 客户提出购买备件的需求,库房无货,下列做法正确的有( )。
   A. 向客户致歉,请他到其他商家购买　B. 马上组织订货
   C. 向客户确认是否订购　　　　　　D. 向客户收取30%~50%订金
10. 汽车备件的销售对象一般有( )。
    A. 维修车间客户　B. 最终零售客户　C. 批发客户　D. 汽车生产厂商

二、思考题

1. 汽车备件销售有何特点?
2. 对汽车备件销售人员的基本要求有哪些?
3. 对汽车备件销售人员的业务能力要求有哪些?
4. 汽车备件的销售流程有哪些?

学习任务8　汽车备件市场调查与预测

学习目标

完成本任务的学习后,你应能:
1. 知道汽车备件市场调查的概念和作用;
2. 掌握汽车备件市场的调查方法、步骤,会撰写市场调查报告;
3. 知道汽车备件市场预测的概念和作用;
4. 掌握预测的方法,能够对汽车备件的需求情况作简单的预测。

任务描述

小赵有志于担任某主流汽车品牌4S店库房计划员。他了解到汽车备件计划员要能对汽车备件市场进行调研,并能对备件的市场需求进行准确的预测,科学的制订订货计划,才能在少占用企业资金的同时为企业创造更多的利润。

学习引导

本学习任务沿着以下路径进行:

汽车备件市场调查 → 汽车备件市场的预测

8.1　汽车备件市场调查

近年来我国汽车保有量每年以千万辆的数量级在增长,形成了对汽车零备件的大量需求。汽车整车寿命缩短,汽车消费个性化等加速了汽车零备件产业的发展。应运而生的汽车备件市场孕育着无限的商机,有着极其广阔的发展空间。在此形势下,汽车备件企业必须进行有效的市场调查和预测,才能更好地利用市场机会,达到企业发展的目的。

8.1.1　汽车备件市场调查的相关概念

1)汽车备件市场调查的概念

汽车备件市场调查就是运用科学的方法、有计划、有目的、系统地收集有关汽车备件市场营销方面的信息,并对这些信息进行整理、分析,得出调查结论,提出解决问题的建议,供汽车备件相关营销管理人员了解营销环境、发现市场机会和存在问题、作市场预测和营销决策的依据。具体来说,汽车备件市场调查就是汽车备件生产企业、经销商对各种备件产供销及其影响因素进行全面或局部的调查研究。

2)汽车备件市场调查的作用

(1)为制订合理的汽车备件采购与仓储计划提供科学依据。

市场的需求是变化的,汽车备件采购与仓储也需要随着市场需求的变化而变化。通过汽车备件市场的调查,可以为汽车服务企业制订合理的汽车备件采购与仓储计划提供科学依据。

(2)调查预测是汽车备件仓库设计决策的必要条件。

对于在建的汽车服务企业,无论是汽车备件销售公司、汽车综合修理公司,还是品牌汽车服务4S店,其汽车备件仓库设计的基础都是汽车调查与预测的结果。

(3)对促进和满足汽车备件消费需求有显著的作用。

对于汽车备件销售企业而言,合理的汽车备件仓储可以促进汽车备件消费需求的增长,稳定客户群,减少客户流失率。

(4)对提高汽车服务企业资金使用效率与效益提供强力支持。

汽车备件管理的使命是最大限度地及时满足客户需求和优化库存带来的低库存金额,以获得良好的营业收益。汽车备件占用汽车服务企业流动资金的相当一部分。对于汽车备件销售公司来说,汽车备件更是占用了企业流动资金的大部分。优化库存对提高企业的资金使用效率与效益有着重要的现实意义。要做到这些,必须要进行汽车备件市场调查,并在此基础上进行准确的市场预测才能实现。

8.1.2 汽车备件市场调查的基本内容

汽车备件市场调查的基本内容包括:汽车备件市场环境调查、汽车备件需求调查、汽车备件企业竞争情况调查和企业内部相关内容调查,如图8-1所示。

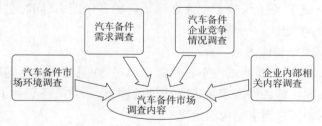

图8-1 汽车备件市场调查的基本内容

1)汽车备件市场基本环境调查

企业不是在真空中生存与发展,作为社会经济组织的细胞,企业的发展离不开一定的外部环境。这些环境是指与企业经营活动有潜在关系的所有外部相关因素的集合,是影响企业生存和发展的各种外部条件。汽车备件企业对基本环境的调查包括以下内容。

(1)政策法律环境。

政府有关汽车及其备件产业方面的方针、政策和各种法令、条例等都将影响汽车备件企业的经营活动。例如,汽车产业调整政策、汽车价格政策、汽车税收政策、汽车备件经营管理政策、人口政策、环境保护政策等,都在一定程度上影响了汽车备件企业的经营决策。因此,汽车备件企业要随时调查了解汽车及其备件产业方面的政策法律环境动态,以便能及时地调整自己的经营行为,适应政策法律环境的变化。

(2)经济环境。

地区宏观经济发展形势,如国民生产总值、固定资产投资规模、信贷规模、居民可支配收入水平、各种等级公路建设情况等。这些因素均与汽车及其备件的需求量有着密切的关系。地区各行业发展的状况也会影响汽车品种的需求,进而影响备件种类的需求。

(3)科技环境。

当前科学技术发展迅速,产品更新速度很快,特别是汽车行业,技术的发展以及车型的更新换代速度更加迅速。汽车备件企业必须对国内外汽车行业的技术发展、变化趋势、应用和推广等情况进行全面调查,使备件企业快速地适应市场的变化,满足消费者不断变化的需求。

(4)地区汽车保有量增长情况。

汽车保有量的增长与汽车备件需求量是直接相关的。汽车备件企业必须认真调查不同车型的保有量情况,用以指导汽车备件经营企业确定其目标市场。

2)汽车备件需求调查

汽车备件的消费需求调查的目的是了解备件消费需求量、需求结构和需求时间。

(1)需求量调查。

对于汽车备件销售企业来讲,市场需求量调查不仅要了解企业所在地区的需求总量、已满足的需求量、潜在的需求量,还要了解企业的销售量在其所在地区销售总量中所占的比重,即市场占有率。用公式表示如下:

$$市场占有率 = \frac{本企业汽车备件销售量}{该地区汽车备件销售总量} \times 100\%$$

市场占有率在一定程度上反映了企业在该地区的竞争能力,同时也反映了企业进一步扩大区域市场容量的可能性。

(2)汽车备件需求结构调查。

汽车备件市场调查不仅要调查汽车备件需求总量,而且还要对不同车型汽车备件的需求量,以及不同品种规格的备件需求量进行详细的调查。另外,还必须了解,引起备件需求量变化的原因,并调查客户需求结构的情况

(3)汽车备件需求时间调查。

客户对于汽车备件的需求是有一定季节性特点的,不同季节会给汽车的使用性能带来不同的影响。例如,夏季天气炎热,汽车空调系统使用频繁,因而市场对空调系统的有关备件需求量较大。冬季气温低,起动困难,对发动机提出了较高的要求,因而对发动机起动系统相关备件需求量较大等。在不同的季节,客户对汽车备件的需求种类及需求量会表现出一定的差异性,汽车备件企业必须对汽车备件的需求时间进行认真的调查,了解客户购买备件的具体时间及所购备件的品种,使企业能根据客户需求的时间性特点,安排企业要购进的

汽车备件的品种规格,以及数量。

3)竞争情况调查。

市场竞争情况的调查对于汽车备件企业制定市场营销策略有所重要的影响。因此,汽车备件企业在制定各种重要的市场营销决策前,必须认真调查研究竞争对手的经营状况,并时刻注意竞争者的各种动向。具体调查内容包括竞争对手的优势、劣势、营销策略、销售情况、货源与销售方向、进销价格等。

4)汽车备件企业自身营销组合要素调查

汽车备件企业自身营销组合要素调查项目如图8-2所示。

图8-2 汽车备件企业自身营销组合要素调查项目

(1)汽车备件企业自身产品调查,主要应调查该备件产品所处的生命周期,整车企业对该备件产品的质量和功能的意见、产品的原材料消耗与单位产品成本等内容。

(2)汽车备件价格,应着重调查:汽车备件市场供求情况的变化趋势、汽车市场供求以及价格的变动趋势、汽车厂商各种不同的价格策略和定价方法对汽车备件价格的影响以及价格变动后客户的反应。

(3)汽车备件销售渠道调查,包括:汽车备件销售模式及各种模式的采用情况和发展趋势、中间商的种类和数量以及销售情况、客户对各种中间商的评价等。

(4)汽车备件促销调查,应调查本汽车备件企业各地销售机构和网点的销售效果、各种促销活动对汽车消费者和汽车厂家的影响、备件使用者对各种宣传方式的评价。

8.1.3 汽车备件市场调查的类型

1)按调查的目标分类

(1)探测性调查。

探测性调查是指在企业对市场状况不清楚或对问题不知从何处着手时所采用的方法,以定性调查为主。主要是收集一些初步的信息,以便发现问题和提出问题确定调查的重点。其资料来源有三个方面:①查找文献资料,包括报纸和杂志;②向专家、技术人员、客户等进行个人或小组访问;③对以往的案例分析研究,找出相似因素,从而得到启发。例如,某汽车轮胎生产企业的轮胎销量不断下降,这时要调查其销量下降的原因,是由于宣传力度不够造成的,还是销售服务差造成的,还是竞争者提高了性价比等。影响轮胎销量下降的原因有很多,一时难以确定是什么原因造成的,就难以进行深入调查。这时,就可以应用探测性调查的方法,通过查找关于竞争者的产品信息的资料,通过访问其客户或中间商,从中找出确定影响轮胎销量的关键因素,作为进一步深入调查的重点。

(2)描述性调查。

描述性调查是指对已经找出的问题进行深入具体的调查。这种调查比探测性调查更详细更精确,而且一般要进行实地调查,收集一手资料。例如对轮胎客户进行调查,要具体描述客户买什么品牌轮胎、何时购买、如何购买,对使用品牌轮胎的满意度、建议等问题。由于这项调查需要拥有大量的信息资料,调查前需要有详细的计划和提纲,以保证资料的准确性。描述性调查虽然比探测性调查具体详尽,但也只是描述问题的表面现象。如需深刻揭示出因果关系,还要进一步进行因果关系的调查。

(3)因果性调查。

因果调查是指为了了解有关现象之间的因果关系而进行的调查,主要是弄清原因和结果之间的数量关系。例如,有的汽车客户为什么喜欢米其林轮胎而不喜欢固特异轮胎,轮胎的价格、质量、服务、广告费用等,对销售量的影响程度如何。如果价格因素起主导作用,那么价格上浮多少,销售量会减少多少,价格下降的话,销售量会增加还是不变等。由此可见,因果性调查是在描述调查的基础上,对某些问题进一步深化,从而确定市场变量之间的因果关系,是解决调查问题的一个重要方法。通常采用实验法创造可控制的环境来实现因果性调查。

2)按调查对象的范围不同分类

(1)全面调查。

全面调查是对调查对象的全部样本进行逐一的、无遗漏的调查,其目的是为了收集比较全面的、精确的调查资料。

(2)非全面调查。

非全面调查是对调查对象中的一部分单位所进行的调查,但是所调查的样本应具有较充分的代表性,如典型调查、重点调查等。重点调查是指在调查对象总体中选取具有十分重要地位的单位进行调查。这样能够以较少的人力、较少的费用开支,较快地掌握调查对象的情况。典型调查是指在调查对象中选定具有典型意义的,或者具有代表性的单位进行调查。

全面调查和非全面调查的区分是以调查对象所包括的单位是否完全来衡量的,并不是以最后取得结果,是否反映总体数量特征的全面资料来衡量。典型调查等非全面调查也能得到总体比较全面的资料。

8.1.4 汽车备件市场调查的方法

市场调查的方法有很多种,按照调查的方式可以分为间接调查法和直接调查法。

1)间接调查法

间接调查法指的是从各种文献档案中获取资料的方法,通常间接调查所获得的都是二手资料,一般又把间接调查法称为二手资料调查法。是通过查阅、收集历史和现实的各种资料,并经过甄别、统计分析得到各类资料的一种调查方法。它要求所收集的资料要广泛、全面,利用多种机会、多种信息渠道,大量收集各方面有价值的信息;同时资料要有针对性,二手资料大都是针对其他目的而形成的,因此要有针对性的重点收集与本次调查主题关系密切的资料。资料还要有时效性,资料反映的情况变化了,资料就失去了价值。资料的主要来源分为企业内部资料和企业外部资料。

(1)企业内部资料。如与企业经营活动有关的发货单、订货合同、销售记录、客户反馈信息等;企业生产销售中的各类统计资料、财务资料等。

(2)企业外部资料。国家统计机关公布的统计资料,包括行业普查资料、政策、法规;行业协会发布的行业资料;图书馆存档的商情资料;各类国内外公开出版物、研究报告、网络信息等。

间接调查法的优点是调查的费用低、速度快,不受时间和空间的限制,其反映的信息内容较为客观真实。缺点是获得的资料时效性不强,对已获得的资料进行加工处理,数据分析的工作量较大。

2)直接调查法

直接调查法是指通过实地调查收集资料、获取信息的一种方法。直接调查法所获取的都是一手资料,时效性非常强,更能反映真实的市场情况。直接调查法。主要又包括访问法、观察法、实验法三种方法。其中访谈法是被广泛运用的一种调查方法。

(1)访问法。

访问法又称询问法,它包括直接询问和间接询问。直接询问即直接向被调查者提出问题;间接询问则是迂回地向被调查者询问。访问法是收集原始资料最主要的方法,具体形式可分为面谈、电话访谈、邮寄问卷、留置调查等多种形式。各种形式各有优缺点,调查者可根据具体情况选择使用。

一般说来,面谈法直接灵活,资料可信度和回收率高,但费用高、时间长,一般适用于内容多而复杂的调查,而且对调查人员的素质要求高。电话访谈费用低、可以节省时间,要求调查人员的语言要流畅,按照拟订好的标准问卷询问,资料的统一度也高。缺点是调查不能深入,真实性也差。邮寄问卷成本低、调研范围广,无须对调查人员进行专门的培训和管理,调查结果的准确性也高。缺点在于问卷的回收率低,所以企业往往采用抽奖等形式来刺激回收率。留置调查及问卷定期回收的调查方法,优点在于被调查者可以有充裕的时间来考虑问题,且问卷的回收率较高,但它调研的区域有限,费用较高,且不利于对调查人员进行有效的监督。

(2)观察法。

是通过观察相关的对象和事物获取最新资料的一种方法。观察调查法不同于日常生活中一般的调查,它具有目的性、计划性和系统性,它是由调查人员通过直接观察人们的行为实地记录,取得第一手资料的一种调查方法。在观察时,调查人员既可以亲临现场也可以利用照相机、录音机、录像机等设备对现场情况作间接观察,以获取真实信息。运用观察法收集资料的优点在于,调查人员与被调查者不发生直接接触,这种情况下,被调查者的活动不受外在因素的影响,处于自然的活动状态,行为真实,因而获得的资料会更加反映实际。但观察法的缺点是,不容易观察到被调查者的内心世界,不易了解内在的东西,有时需要做长时间的观察才能得出结果,对调查人员的素质要求较高。

观察法在汽车市场的调查中运用的比较广泛,例如车型保有量的观察、汽车销售展厅的现场观察、车辆库存情况观察等。

(3)实验法。

它是从自然科学的实验求证理论移植到市场调查中来的。它的优点在于可以获得第一手资料,数据比较客观,可信度较高,而缺点在于实验中可能存在有不可能控制的因素,因而会在一定程度上影响实验的效果。实验的时间可能较长、成本较高。另外，实验法只适用于对于当前市场现象的影响分析，它对历史情况和未来变化的影响较小，因而它的应用有一定的局限性。

一般来说，改变商品品质、变化商品包装、调整商品价格、推出新产品等均可用实验法来测试其效果。从影响调查对象的若干因素中选出一个或几个因素作为实验因素，在其他因素处于不变的条件下，了解实验因素对调查对象的影响。实验完成后，还需分析这种实验性的做法是否适合大规模推行。

汽车备件经营企业在实际的市场调查活动中，要详细的了解每一种调查方法的优缺点，根据企业调查的目标、调查的内容以及企业本身的条件，选择最适合企业获取信息，而成本又比较低的调查方法。通常来说，访问法是比较适合汽车备件企业进行市场调查的方法。

8.1.5 汽车备件市场调查的基本步骤

1) 调查准备阶段

这是调查工作的前期准备阶段，这一阶段非常重要，准备工作充分与否，直接关系整个调查工作的成败，这一阶段要做如下几项工作。

(1) 确定调查问题与调查目标。

为了保证调查能成功进行，首先要确定所要调查的问题。所要调查的问题既不可过于宽泛，也不宜过于狭窄，要充分考虑调查结果的实效性。其次，在确定问题的基础上提出特定的调查目标。确定调查目标是调查中最重要、也是最困难的任务，必须先搞清楚以下几个问题：①为什么要调查；②调查中想要了解什么；③调查结果有什么用处；④谁想知道调查结果。

企业进行市场调查一般是为了解决经营中的某些方面的问题，如新产品的市场前景、企业产品的市场占有率下降的原因等。但是多数情况下，题目并不是很具体，只表现为企业的一个大致意图，因而，市场调查部门的首要任务，是要明确调查的主题，找出问题的关键所在，把握住调查的范围，使整个调查过程围绕明确的调查目标展开。否则，便会使调查工作带有盲目性，造成人、财、物的浪费。

(2) 拟订调查计划。

拟订调查计划就是确定调查方案，其工作内容较多，包括确定调查项目、确定调查方式、估算费用、编制调查项目建议书、安排调查进度、编写调查计划书等。

① 确定调查项目。确定调查项目即根据已确定的调查题目具体设置调查项目。与调查目标有关的因素很多，但从有限的人力、时间、资金方面来考虑，不可能也没有必要把这些因素都设置为调查项目。调查项目越多，需要的人力、经费就越多，需要的时间也越长，因此要对诸多因素的重要程度进行比较，以决定取舍。在不影响调查结果的大前提下，还应综合考虑费用的多少、统计能力的强弱等因素。

② 确定调查方式。应根据调查项目来确定调查方式。调查方式的确，包括确定调查地点、调查对象以及具体的调查方法。调查地点的选择要与企业经营活动范围密切相关；调查对象的确定要以能客观、全面地反映消费者的看法和意见为宗旨；调查方法的选择要以最适合企业开展市场调查为原则。

③估算调查费用。调查目标、调查方法、调查项目的不同都不同程度地影响着调查费用的支出;而调查规模、方式对费用有着更为直接的影响。如何用有限的调查费用,获得准确的调查结果,是市场调查部门应认真对待的问题,这就需要调查部门对调查所需要的各项费用作出估算。调查部门应将费用的估算情况写在一份详细的调查费用估算单内。

④安排调查进度。合理安排调查进度是调查工作能按质、按期完成的有力保证。调查进度的安排要服从于调查质量,将各个调查项目具体化,把每一阶段所要完成的工作内容以及所需人力、经费、时间限定等都在进度表中表现出来。

⑤编写调查计划书。在进行正式调查之前,应把前4个步骤的内容综合,并编成调查计划书,以指导整个调查工作的进行。

2) 调查实施阶段

进行实际调查工作是市场调查方案的执行阶段。为了保证调查工作按计划顺利进行,必须事先对有关工作人员进行培训,而且要充分估计调查过程中可能出现的问题,并建立报告制度。调查组织者应对调查进展情况了如指掌,做好控制工作,并对调查中出现的问题及时解决或采取补救措施。使调查按计划进行。在这一阶段内,调查者还必须具体确立收集调查信息的途径。因为有些信息可以从二手资料中获得,就没有必要进行实地调查获取一手资料。当需要进行实地调查获得第一手资料时,应具体确定被调查对象或专家名单。

3) 分析总结阶段

(1) 调查资料的汇总整理。首先应对资料进行鉴别筛选,以保证资料的可靠性和准确性,经过筛选后的资料要按内容进行分类和编码,并编制相应的统计表,方便后面的统计工作。

(2) 统计处理。在资料整理完之后,一般采用计算机进行统计处理。在市场调查中,计算机统计处理一般采用通用的 SPSS 或 SAS 等软件来进行。在统计过程中,一般使用的统计方法有回归分析法及相关分析法等。

(3) 提交调查报告。提交调查报告是市场调查的最后一步。调查报告是在整理资料、统计分析资料之后提出有关调查结论,它较全面地反映调查的最终结果。调查报告将为企业的经营决策提供重要的参考依据。

调查活动结束后,调查工作小组还应对调查工作进行全面地总结,交流经验、总结教训,便于以后能更好地开展市场调查工作。

8.1.6 汽车备件市场调查报告的撰写

从调查报告的一般结构来看,一篇完整的市场调查报告应包括以下几个方面的内容:标题、目录、概述、正文、附件等。

1) 标题

标题一般把被调查单位、调查内容明确具体的表示出来,如《关于成都轿车备件市场调查报告》。有的报告还采用正、副标题的形式。

2) 目录

除了调查报告正文之外,一般的调查报告都应该编写目录,以便阅读者查阅特定的内容。目录包含报告所分的章节,及相应的起始页码。通常只编写两个层次的目录,较短的报告也可以只编写第一层次的目录。需要注意的是报告中的表格和统计图都要在目录中列出。

一般调查报告的目录如下：

(1) 调查设计和组织实施。

(2) 调查对象的构成情况简介。

(3) 调查的主要结果及其统计情况简介。

(4) 综合分析。

(5) 数据资料汇总情况。

(6) 附录。

3) 概述

概述主要是阐述调查课题的基本情况，它是按照汽车备件市场调查课题的顺序将问题展开，并阐述对在调查过程中原始资料的选择、评价，以及做出结论、提出建议的原则等。主要包括三个方面的内容：

(1) 简要说明调查目的。简要的说明进行调查的原因、目的和调查涉及的中心问题。

(2) 简要介绍所要调查的对象和内容。包括调查时间、地点、范围、调查要点。

(3) 简要介绍调查研究的方法。介绍调查研究的方法有助于使人确信调查结果的可靠性，因此要对使用方法进行简短叙述，并说明选用方法的原因。例如，使用间接调查法还是用直接调查法，使用直接面谈法还是邮寄问卷法等。

4) 正文

正文是汽车备件市场调查分析报告的主体部分。这部分必须准确阐明全部的有关论据，包括从问题的提出到得出结论、论证的全部过程、分析研究问题的方法、全部调查结果和必要的市场信息，以及对这些情况和内容的分析评论。

正文包括引言、调查方法、结论和局限性以及建议。

(1) 引言。引言对调查的起因、目的和中心问题作出说明。调查的每一个问题在正文中都应提供相应的结论。

(2) 调查方法。调查方法部分要阐明以下4个方面的内容：

①调查设计：说明所调查的项目是属于探索性调查、描述性调查还是因果性调查，以及为什么使用这一特定类型调查。

②资料采集方法：说明所采集的是初级资料，还是次级资料；结果的取得是通过调查观察，还是实验。所用调查问卷或观察纪录表都应编入附录。

③抽样方法：说明调查的总体目标是什么，抽样如何确定，是什么样的样本单位，他们如何被选取出来。对以上问题回答的根据及相应的运算都需在附录中列明。

④分析方法：说明所使用的方法是定量分析法还是定性分析法。

(3) 结论和局限性。结论在正文中占有较大篇幅，这部分内容应按一定的逻辑顺序，提出紧扣调查目的的一系列结论。在结论中，还可以配合一些总结性的表格和图像加以说明。完美无缺的调查是难以做到的，所以必须适当指出调查报告的局限性，诸如工作过程中无法回避的误差，抽样程序中存在的问题等。在报告中将结果加以绝对化，不承认它的局限性和应用前提不是科学的态度。

(4)建议。调查小组根据调查结果给备件企业的发展提出一些建议。建议应该建立在调查结果的基础上,符合企业实际情况、发展目标,而且确实具有可操作性。建议部分应写得具体、详细、通俗。

(5)附件。附件是指调查报告正文包含不了或者没有提及,但与正文有关,必须附加说明的部分。它是对报告正文的补充或是更详细的说明。附件通常包括的内容有:图表目录、调查提纲、调查问卷和观察记录表、被访问人的名单、较为复杂的抽样调查技术的说明、一些关键数据的计算、较为复杂的统计表和参考文献等。

8.2 汽车备件市场预测

预测是对某一事物未来发展趋势的预计和推测。具体说就是对未来不确定时间的推断和测定。是对事物未来发展变化的趋势以及人们实践活动后果事先所做的估计和测定。在当前日益竞争激烈的市场竞争中,现代管理的重点在于经营,经营的重点在于决策,决策的基础在于预测。

汽车备件市场预测是在汽车备件市场调查的基础上,运用预测理论与方法,对未来一定时期内汽车备件市场供求变化和决策者关心的变量的变化趋势作出估计和测算。能否搞好市场预测直接关系到汽车备件企业经营的成败。

市场预测与市场调查既有联系又有区别。市场预测必须建立在市场调查的基础上,没有调查研究也就无从预测,所以市场调查是市场预测的前提和基础。

8.2.1 汽车备件市场预测的种类

为使企业生产经营活动适应瞬息万变的市场需求,市场预测工作应从不同的角度进行多种类型的预测,以适应企业经营决策的需求。市场预测可按不同标准进行分类。

(1)按照预测的时间界限分类,可分为长期预测、中期预测和短期预测。5年以上的市场预测是长期预测,可用市场长期趋势分析;1~4年的预测为中级预测,是制订年度计划和修订长期计划的依据;一年以内的预测为短期预测,用于制订年度、季度、月度计划工作。

(2)按预测的范围分类,可分为宏观预测和微观预测。宏观预测是从国民经济全局出发,对商品的生产和流通总体的发展方向,作出的综合性经济预测和市场预测;微观预测是企业从生产经营环境出发,对生产和经营的商品及市场占有率等方面进行预测。

(3)按预测目的分类,可分为单项商品预测、同类商品预测和商品总量预测。单项商品预测是指对某一种具体商品或具体品牌商品的市场前景所进行的分析与判断;同类商品预测是指对一类商品的市场需求变化趋势的预测;商品总量预测是对消费者在未来一定时期内对各种商品需求变动趋势进行总量分析和判断。

(4)预测要求的质与量的侧重分类,市场预测可分为定性预测和定量预测。定性预测是对预测对象目标运动的内在机理进行质的分析,据此判断,未来质的变化情况,并辅以量的表述。定量预测是运用一套严密的预测理论,及根据这些理论所建立的数学模型,对预测目标进行运动的质的变化规律进行描述,据此预测未来量的变化程度。

8.2.2 市场预测的基本原则

1) 惯性原则

任何一个事物的发展都不可能与其过去的行为完全没有联系。事物过去的行为不仅影响到今天,还会影响到未来,也就是,说任何事物的发展趋势都有一定的延续性。这一特征通常称为惯性现象,同样,这种惯性也反映在市场上。尽管市场上供求关系千变万化,但未来市场的变化与发展,总是离不开过去和现在市场状况这个基础。遵循这种原则,通过对目标市场的变化方向、速度及有关资料的分析,就可以对未来市场的基本趋势进行预测。汽车备件企业在进行市场预测时,必须从收集过去和现在的资料入手,然后预测出未来发展变化趋势。

2) 类推原则

通过人们大量观察,发现许多事物的发展过程往往存在某种类似之处。"无独有偶"就是指这种现象。当我们发现某两个事物存在某些相似之处时,就可以根据某一事物推测另一事物发展或变化趋势,"举一反三""以此类推"就是这个道理。例如通过对发达国家汽车工业发展过程分析,可以类推我国汽车工业的发展可能达到的速度及可能遇到的困难。

3) 相关原则

任何事物的发展变化都不是孤立的,而是在与其他事物相互联系,相互影响中发展变化。这种相关性反映到市场上,则表现为市场需求及构成的发展变化。某一部门的发展,必须要求其他部门提供一定量的物质产品,而它的发展也必然向市场提供更多的商品。这种互为条件、互相制约的结果,往往出现一定量的比例结构关系。由此可见,分析各部门、各产品之间的相互关系,是一条重要的预测思路。例如,轮胎的销量就与汽车保有量有关。某公司根据对历年汽车保有量与轮胎的销售量资料进行的分析,得出一辆汽车平均每年约需要两条轮胎,并据此对该地区的轮胎销售量进行了预测分析,合理的组织货源。

8.2.3 市场预测的基本步骤

市场预测具有一定的策略性、长远性和复杂性。为了使预测工作更具科学价值,提高预测的工作效率和质量,有效地为汽车备件企业的决策者服务,市场预测必须要遵循一定的程序和步骤。市场预测的基本步骤如图 8-3 所示。

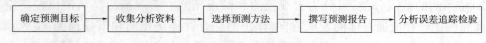

图 8-3 市场预测的基本步骤

1) 确定预测目标

进行预测首先要明确预测的目标,具体说应规定预测的对象、内容、范围、要求、期限、参加人员、编制计划。如确定是长期预测还是短期预测,是需求预测还是销售量预测。确定预测目标时预测的主题,直接影响预测的结果。

2) 搜集分析资料

市场预测应重视围绕预测目标搜集和研究资料,掌握充分的资料,打好测量的基础工作。拥有资料越充分,分析就能深刻、详细,预测的准确度就越高。预测所需资料包括:与预测对象有关的各种因素的历史统计数据资料和反映市场动态的现实资料。

3）选择预测方法

市场预测应根据预测目标和占有的资料，选择适当的预测方法。因为影响预测的因素众多，预测的方法与模型很多，各有其特定的预测对象、范围和条件，因此应根据预测问题的性质、占有资料的多少、预测成本的大小选择预测方法。

4）撰写预测报告

要及时将预测结果写成预测结果报告。预测报告应概括预测主要活动过程，列出预测目标、预测对象及有关因素的分析结论、主要资料和数据、预测方法的选择和模型的建立，以及预测值的评价修正，预测结果对经营决策的意义等内容。

5）误差分析

预测是对未来事件的预计推测，很难与实际情况完全吻合，在对选定的预测方法和确定的数学模型进行分析计算和预测的过程中，当预测结果和预期值差异较大时，应具体分析产生误差的原因，判断误差的大小并及时加以修正，重新测算和预测。必要时应调整预测方法和重新确定数学模型，或考虑其他更适合的预测方法，以得到较准确的预测值。

8.2.4　汽车备件市场预测的方法

由于汽车备件市场预测的具体产品不同、内容和要求不同，所采用的预测方法也不同。预测方法大致可以分成两大类：一类是定性预测方法；另一类是定量预测方法。各自有不同的特点，不同的适用条件。前者容易把握事物的发展方向，对数学要求不高、能节约时间、费用小，便于推广，但又往往带有主观片面性或数量不明确的缺点。后者则相反。在实际预测活动中，常常把两种方法相结合，才能取得良好的效果。

1）定性预测方法

定性预测法主要依靠预测者的知识、经验和直观资料，对市场作出分析判断来确定未来市场发展的趋势，也称判断预测法。这种方法适合缺乏历史资料或准确数据，或预测目标受到的外界因素多、作用难以数量化时使用，如对市场形势发展变化的估计、市场消费倾向、技术发展预测、经营环境等。汽车备件市场经常采用的定性预测法有个人判断法、集体意见法、专家预测法和客户意见法等。

（1）个人判断法。

个人判断法是最古老的市场预测方法，是预测者根据所搜集的资料，凭借自己的知识和经验，对预测目标作出符合客观实际的估计与判断。汽车备件企业进行市场预测时，参加判断的人员可以是企业中主管经营业务的经理、有关部门主管干部，也可以是企业基层的业务人员、推销人员。个人判断法的依据：

①根据事件的相关关系进行推断。市场上各类事件的相关关系可分为正向关系和反向关系。汽车备件的销售量与汽车的销售量呈正向关系，汽车销售量越大，汽车备件的销售量也会增加。

②根据事件的类推关系进行推断。有些产品在功能、结构、材质上具有较大的相似性，可以根据这种相似性推断未来市场发展规律，或根据领先地区的市场情况类推滞后地区的市场情况。如北京、上海等地区汽车备件市场的发展情况，可以作为推测二线城市汽车备件市场发展趋势的依据。

个人判断法有浓重的个人主观色彩,预测结果受预测者个人的知识、经验、分析能力等的影响。如有的预测者可能是天生的悲观主义者和乐观主义者,他们也可能由于最近的销售受挫或成功,从一个极端走向另一个极端。

(2)集合意见法。

集合意见法是个人判断法的发展,是综合企业主管人员、业务人员等的意见,凭他们的经验和判断共同讨论市场趋势而进行市场预测的方法。首先是负责人召集销售、计划、生产、财务等部门的负责人和销售人员广泛交换意见,预测产品的销售量,然后将预测值进行综合得出预测结果。由于经营管理人员、业务人员等对市场的需求和变化较为熟悉,因而他们的判断往往能反映市场的真实趋势,运用这种方法需要对预测结果进行数学处理,大致有三种方法:三点估计法、相对重要度法和主观概率法。

①三点估计法。三点估计法是将预测结果分为三种可能值来估计,即最高值、最低值和最可能值,最后将三个值的加权平均值作为预测结果。

②相对重要度法。相对重要度法是根据参加预测的部门或预测人员的不同经验水平,确定不同的重要度,该重要度可视为不同部门或人员的预测值权数,最后取得加权平均值的一种预测处理方法。

③主观概率法。主观概率法是指预测人员或部门对预测值发生的概率作出主观估计,然后计算平均值来取代预测结果的一种方法。

(3)专家预测法。

专家预测法是指专家们根据预测的目的和性质,通过对历史和现实情况的分析,凭借自己的知识、经验,对未来可能出现的趋势作出合理的判断的预测方法。专家预测法主要有两种形式。

①专家会议法,也称为"面对面"法。召集专家成立专家小组,事先给出预测主题,然后召开会议,由这些专家各自拿出自己的意见进行商讨、分析,最后进行综合,作出结论。这种方法容易产生相互抵触感,有可能影响预测的准确性。

②德尔菲法,也称为"背靠背"法,以匿名的方式通过多轮征询专家意见,综合汇总,最后得出预测结果的一种方法。这种方法是在20世纪40年代末由美国兰德公司(RAND)首创并使用的,是西方发达国家比较盛行的一种预测方法。至今,这种方法已成为国内外广为应用的预测方法,它可以用于技术预测和经济预测,短期预测和长期预测。尤其是对于缺乏统计数据而又需要对很多相关因素的影响作出判断的领域,以及事物的发展在很大程度上受政策影响的领域,适合应用德尔菲法进行预测。

德尔菲法本质上是一种反馈匿名函询法。其大致流程是:在对所要预测的问题征得专家的意见之后,进行整理、归纳、统计,再匿名反馈给各专家,再次征求意见,再集中,再反馈,直至得到一致的意见。其流程如图8-4所示。

图8-4 德尔菲法流程

由此可见,德尔菲法是一种利用函询形式进行的集体匿名思想交流过程。它有三个明显区别于其他专家预测方法的特点,即匿名性、多次反馈、小组的统计回答。

匿名性。因为采用这种方法时所有专家组成员不直接见面,只是通过函件交流,这样就可以消除权威的影响。这是该方法的主要特征。匿名是德尔菲法的极其重要的特点,从事预测的专家彼此互不知道其他有哪些人参加预测,他们是在完全匿名的情况下交流思想的。后来改进的德尔菲法允许专家开会进行专题讨论。

反馈性。该方法需要经过3~4轮的信息反馈,在每次反馈中使调查组和专家组都可以进行深入研究,使得最终结果基本能够反映专家的基本想法和对信息的认识,所以结果较为客观、可信。小组成员的交流是通过回答组织者的问题来实现的,一般要经过若干轮反馈才能完成预测。

统计性。最典型的小组预测结果是反映多数人的观点,少数派的观点至多概括地提及一下,但是这并没有表示出小组的不同意见的状况。每种观点都包括在这样的统计中,避免了专家会议法只反映多数人观点的缺点。

(4)客户意见法。

客户意见法是直接询问潜在购买者的购买倾向和意见,据此预测企业客户需求的变化趋势。由于客户的购买意向在转化为现实购买行为之前,会受到很多因素的影响,因此这种方法多用于预测需求较为稳定的生产资料市场的发展变化,而且要求抽取具有代表性的样本进行调查,汽车备件市场的需求预测可以采用这种方法。

2)定量预测方法

定量预测法是根据以往比较完整的历史统计资料,运用各种数学模型对市场未来发展趋势作出定量的计算,求得预测结果。这类方法有助于在定性分析的基础上,掌握事物量的界限,帮助企业更正确地进行决策。常用的定量预测方法主要有时间序列分析法和因果分析法。

(1)时间序列预测法。

时间序列是按时间先后顺序排列而成的各种经济指标、统计数据。时间序列预测法就是将购买力增长经济发展等因素相同的一组观察值,按时间的顺序加以排列,构成同级的时间序列,并运用一定的科学方法使之向外延伸,由此预计时差带来的发展变化趋势,最终确定市场预测值。它有以下特点:

①假定事物的过去,同样延续到未来。
②时间序列的数据随时间变化存在着一定的规律性。
③不考虑市场发展的因果关系。

时间序列预测模型有很多,这里只介绍较常用的简单平均法、移动平均法和指数平滑法三种。

①简单平均法。

简单平均法是通过一定观察期内的时间序列的数据求得平均数,以此为基础,确定预测值的方法。这是市场预测中最简单一种方法。

简单平均法最常用的计算方法有算术平均法和加权平均法等。

算术平均法即根据对 n 个观测值计算平均值来做预测值,它的最大优点是计算十分方便。算术平均法的数学模型为:

$$y_{n+1} = \frac{\sum_{i=1}^{n} y_i}{n} = \frac{y_1 + y_2 + \cdots + y_n}{n}$$

式中：y_{n+1}——第 $n+1$ 期数量的预测值；
　　　y_i——第 i 期的实际数量；
　　　n——所选资料的期数。

【例 8-1】某品牌汽车 4S 店备件部刮水片的销售量前 12 个月的销量依次为 30 个、35 个、20 个、26 个、32 个、38 个、47 个、50 个、42 个、36 个、55 个、58 个。利用算数平均法预测第 13 个月的销售量。

解：$y_{13} = \dfrac{\sum_{i=1}^{n} y_i}{n} = \dfrac{30+35+20+26+32+38+47+50+42+36+55+58}{12} = 39$（个）

从上述计算结果可知该市场第 13 期汽车刮水片销售量预测为 39 个。算术平均法计算简单，因而用起来很方便，但把用全部资料之和除以求和时使用资料的期数而求的算术平均值直接作为预测值，其精确度不会很高，而且因为使用的都是过去的统计资料无法反映市场状况变化及发展趋势预测，结果往往与实际结果有偏差。

加权平均法是在预测中根据每个实际观测值的重要性给予不同的权数。算术平均法对所有所有观察值不论新旧，在预测时一律同等对待。而加权平均法不像算术平均法那样计算时对观察期内数据同等看待，而是根据越是近期数据对预测值影响越大这一特点，对近期数据给予较大的权数，对较远数据给予较小的权数，这样来弥补算术平均法的不足。加权平均法的数学模型为：

$$y_w = \dfrac{\sum_{i=1}^{n} w_i x_i}{\sum_{i=1}^{n} w_i}$$

式中：y_w——预测值，即观察值的加权平均数；
　　　x_i——第 i 期的实际观察数；
　　　w_i——x_i 对应的权数；
　　　n——所选的期数。

【例 8-2】某备件企业 2004 年 1—6 月份的销售额分别为 26 万元、27 万元、24 万元、28 万元、26 万元和 25 万元。假定给予这六个月观察值相应的权重为 1、2、3、4、5 和 6。用加权算术平均法预测该备件企业 7 月份的销售额。

解：用加权算数术平均法计算 7 月份的预测值为：

$$y_w = \dfrac{\sum_{i=1}^{n} w_i x_i}{\sum_{i=1}^{n} w_i} = \dfrac{26 \times 1 + 27 \times 2 + 24 \times 3 + 28 \times 4 + 26 \times 5 + 25 \times 6}{1+2+3+4+5+6} = 25.9 \text{（万元）}$$

②移动平均法。

移动平均法是在算术平均法的基础上发展起来的预测方法。它是根据已有的时间序列统计数据，加以平均化，以此推断未来发展趋势的预测方法。移动平均就是将已有的时间序列数据分段平均，并逐期移动，经移动平均后，就能消除由于季节周期性变化或突然事件的影响因素。这种方法一般适用于变动不大，比较单纯的预测对象的短期预测。主要用在预测产品流转额和市场需求等方面。

移动平均法可以分为一次移动平均法、二次移动平均法、三次移动平均法。这里主要介绍一次移动平均法。

一次移动平均法又称为简单移动平均法。即通过一次移动平均进行预测的方法。它按选定段的大小,对已有的时间序列数据逐段平均每次移动一个时期,具体做法就是把最后一期的移动平均值作为下一期的预测值,其计算公式为:

$$y_{n+1} = \frac{1}{k}\sum_{i=n-k+1}^{n} y_i$$

式中:y_{n+1}——$n+1$ 期的一次移动平均预测值;

y_i——第 i 期的实际销售值;

k——移动跨期。

【例 8-3】某备件企业 2017 年前 10 个月的销售额见表 8-1。

某配件企业 2017 年前 10 个月销售额　　　　表 8-1

期数	实际销售额（万元）	5 期平均移动（$k=5$）	7 期平均移动（$k=7$）	期数	实际销售额（万元）	5 期平均移动（$k=5$）	7 期平均移动（$k=7$）
1	50			7	68	49.4	
2	51			8	58	52.8	52.1
3	49			9	48	54.6	53.3
4	40			10	78	56.2	52.9
5	55			11		60.8	57
6	52	49		12			

现在分别取移动跨期 $k=5$ 和 $k=7$ 来计算 11 月的预测值。

解:计算结果填入表 8-1。

当 $k=5$ 时,第 11 月的预测值为:

$$y_{n+1} = \frac{1}{k}\sum_{i=n-k+1}^{n} y_i = \frac{1}{5}(52+68+58+48+78) = 60.8(万元)$$

当 $k=7$ 时,第 11 月的预测值为:

$$y_{n+1} = \frac{1}{k}\sum_{i=n-k+1}^{n} y_i = \frac{1}{7}(40+55+52+68+58+48+78) = 57(万元)$$

从此例也可以看出应用简单移动平均法时要注意的关键问题是移动跨期 k 的取值。k 的取值不同,移动平均值也不同,k 取值越大,移动平均数对干扰的敏感度,低预测的趋势性比较平稳。但可能落后于发展趋势。k 取值越小,移动平均数反映实际趋势较敏感,但也因此而易造成错觉。到底 k 的值应取多大,应视具体情况来定。一般来说,若时间序列数据波动大,k 值宜取大值,反之,k 应取小值。同时,k 取值还应考虑资料中给出的期数的多少。其次,如经过简单移动平均后的数据仍不能反映数据平均的趋势时,就需要进行二次甚至三次移动平均,以预测其总体发展趋势。其实二次移动平均法是在一次平均的基础上再进行一次移动平均。即把一次移动平均法计算出的数值当作二次移动平均的观察值,其计算方法与一次移动平均法相同,在此就不具体介绍了。

③指数平滑法。

指数平滑法的原理就是认为最近的观察值包含了更多的未来信息,因而应赋予最大的权重,离现在越远的观察值应赋予的权重越小。通过这种加权的方式,平滑掉观察值序列中的随机信息,找到发展的主要趋势。指数平滑法按平滑次数的不同,又可以分为一次指数平滑法、二次指数平滑法和三次指数平滑法。这里只介绍一次指数平滑法,二次指数平滑法把一次指数平滑法计算出的数值当作二次指数平滑法的观察值,其计算方法与一次指数平滑法相同。三次指数平滑法也是如此。

一次指数平滑法的数学模型为:

$$S_t^{(1)} = ax_t + (1-a)S_{t-1}^{(1)}$$

式中:$S_t^{(1)}$——第 t 期的一次指数平滑值;

x_t——第 t 期的观察值;

a——一次平滑系数,$0 < a < 1$。

第 $t+1$ 期的预测值就等于第 t 期的一次指数平滑值 $S_t^{(1)}$。

一次指数平滑模型要计算平滑值首先必须对 a 进行选择和对初始值 $S_0^{(1)}$ 进行确定。

a 的选择。a 表明了预测人员对近期观察值的倚重程度。经验表明,一般应由预测人员在公式 $a = 2/(N+1)$ 计算值附近,选择不同的 a 值,原则是使检验误差最小。式中 N 为观察值的数量。

在选择 a 的过程中,若观察值的发展趋势比较稳定,应选择小一点的 a 值,以包含长以一些的时间序列信息;若观察值的发展趋势已发生了系统的改变或有理由认为近期数据能更好地反映发展趋势,则应选择大一点的 a 值。其取值范围一般为 0.05~0.5,按照实际情况自行选择。

初始值 $S_0^{(1)}$ 的确定。指数平滑法模型是一个迭代计算过程,所以首先必须确定初始值 $S_0^{(1)}$,初始值 $S_0^{(1)}$ 既可以利用一定的数学方法进行计算,又可以根据经验直接给定,可以直接将前几个观察值的算术平均值作为初始值。

如果以【例 8-3】的数据为例,用指数平滑法求预测值。可设 $a = 0.2$,初始值 $S_0^{(1)}$ 取前四期观察值的平均值,则初始值 $S_0^{(1)} = 48$,则:

$S_1^{(1)} = 0.2 \times 50 + 0.8 \times 48 = 48.4$(万元)

$S_2^{(1)} = 0.2 \times 51 + 0.8 \times 48.4 = 48.9$(万元)

⋮

$S_{10}^{(1)} = 0.2 \times 78 + 0.8 \times 52.9 = 57.9$(万元)

则第 11 期的预测值为 57.9 万元。

同理,如设 $a = 0.5$,初始值 $S_0^{(1)} = 48$,则

$S_1^{(1)} = 0.5 \times 50 + 0.5 \times 48 = 49$(万元)

$S_2^{(1)} = 0.5 \times 51 + 0.5 \times 48.4 = 50$(万元)

⋮

$S_{10}^{(1)} = 0.5 \times 78 + 0.5 \times 52.9 = 66.3$(万元)

则第 11 期的预测值为 66.3 万元。

从上面的计算可以看出,当 $a = 0.2$ 时,该备件企业第 11 个月的销售额可能达到 57.9 万元,当 $a = 0.5$ 时,该备件企业第 11 个月的销售额可能达到 66.3 万元。a 取值不同,其产品预测结果不一样。在应用平滑法进行预测时,平滑系数 a 的选择是非常重要的。此外,在用指数平滑法进行预测时,由于前后两期的预测值有偏差,为使预测值更加精确,可在一次平滑的基础上,再进行一次平滑,即用二次指数平滑法使预测值更接近实际值。

(2)因果分析预测法。

因果分析预测法,是从事物变化的因果关系出发,寻找市场发展变化的原因,分析原因与结果之间的联系结构,建立数学模型,据此预测市场未来发展的变化趋势和可能水平。因果分析预测法中最常用的有回归预测模型和经济计量预测模型,这里我们只以回归预测模型为例说明。

回归预测模型是基于惯性原则和相关原则理论的统计学模型,是最常用的预测模型之一。通常情况下,只选用一元线性回归预测模型。

一元回归分析法,是在考虑预测对象发展变化本质的基础上,分析因变量随一个自变量变化而变化的关联形态。借助回归分析,建立它们之间的因果关系的回归方程式,描述他们之间的平均变化数量关系,从而可以根据自变量的相关数据,来得出相对应的因变量数据。

一元线性回归法属于数理统计的最基本方法,它首先假定只有一个变量(即某种因素)对预测结果产生影响,而且这种影响是线性的,然后从大量的基础数据中确定因素对结果的影响程度。即确定其线性关系。在预测中运用该方法时,必须事先满足以下条件:

①预测对象和影响因素间必须存在因果关系。

②必须有足够多的基础数据。

③基础数据均以二元组的形式出现(因素值,结果值)。

④过去的和现在的数据之间应呈现出某种规律(即数据的分布呈现出线性趋势),并能反映出未来状态。

一元线性回归的数学模型为:

$$y = a + bx$$

式中:x——自变量(因素);

y——因变量(结果);

a——常数项,是 $x=0$ 时的 y 值;

b——回归系数,即因素 x 对结果 y 的影响程度。

上述系数 a、b 的求解公式为:

$$b = \frac{n\sum_{i=1}^{n} x_i y_i - \sum_{i=1}^{n} x_i \sum_{i=1}^{n} y_i}{n\sum_{i=1}^{n} x_i^2 - (\sum_{i=1}^{n} x_i)^2}$$

$$a = \frac{1}{n}\sum_{i=1}^{n} y_i - b\frac{1}{n}\sum_{i=1}^{n} x_i$$

式中:n——(x_i, y_i) 观察值的组数;

x_i——样本点中的因素值(即自变量);

y_i——样本点中的观察值(即因变量)。

【例8-4】 某备件企业的备件销售额与投入的宣传费用之间关系密切,并收集到近8年的有关资料(表8-2)。若该备件企业2019年计划宣传费用为1890万元,试用一元线性回归法预测2019年的备件销售额。

表8-2

年份	2011	2012	2013	2014	2015	2016	2017	2018
宣传费用	0.61	0.70	0.87	0.96	1.10	1.47	1.59	1.79
销售额	20.50	21.50	23.90	24.52	25.99	32.59	34.95	38.78

解:首先利用已知数据,计算出 $\sum_{i=1}^{n} y_i$、$\sum_{i=1}^{n} x_i$、$\sum_{i=1}^{n} x_i^2$、$\sum_{i=1}^{n} x_i y_i$,结果可见下表8-3。

某配件企业配件销售额与宣传费用(单位:10^3万元) 表8-3

序号	y_i(销售额)	x_i(宣传费用)	x_i^2	$x_i y_i$
1	20.50	0.61	0.372	12.505
2	21.50	0.70	0.49	15.05
3	23.90	0.87	0.7569	20.793
4	24.52	0.96	0.9216	23.5392
5	25.99	1.10	1.21	28.589
6	32.59	1.47	2.1609	47.9073
7	34.95	1.59	2.5281	55.5705
8	38.78	1.79	3.2041	69.4162
Σ	222.73	9.09	11.6437	273.3702

$$b = \frac{n\sum_{i=1}^{n} x_i y_i - \sum_{i=1}^{n} x_i \sum_{i=1}^{n} y_i}{n\sum_{i=1}^{n} x_i^2 - (\sum_{i=1}^{n} x_i)^2} = \frac{8 \times 273.3702 - 222.73 \times 9.09}{8 \times 11.6437 - 9.09^2} = 15.43$$

$$a = \frac{1}{n}\sum_{i=1}^{n} y_i - b\frac{1}{n}\sum_{i=1}^{n} x_i = \frac{1}{8} \times 222.73 - 15.43 \times \frac{1}{8} \times 9.09 = 10.31$$

故一元线性回归预测模型为:$y = a + bx = 10.31 + 15.43x$

当 $x = 1.89 \times 10^3$ 万元时:

$y = a + bx = 10.31 + 15.43x = 10.31 + 15.43 \times 1.89 = 39.47(\times 10^3$万元$) = 39470$(万元)

即2019年预测备件销售额为39.470千万元。

8.2.5 汽车备件市场预测方法的选择

1)定性、定量预测方法的比较

定性、定量两种预测方法,各有优缺点。定性预测对于客户的需求意向、市场的总体发展趋势掌握得比较具体细致。由于预测者的知识经验,特别是判断能力各不相同的原因,预测的数值就不可避免地带有个人主观的意见,即乐观者预测的数值时常偏高,悲观者预测的数值往往偏低。

定量预测方法，依据历史资料，运用数学的方法进行计算，主要是采取"平滑化"的办法，从历史资料发展的趋势，预测未来的需要量。用定量预测方法获得的预测数值，能避免定性预测法的缺点。预测值比较客观，不带有预测者的主观意见。但是，同一历史资料，采取不同的定量预测方法，获得的预测值往往有较大的差别。各个企业虽然可以根据自己的实际情况选择适合于本企业的定量预测方法，但是由于定量预测是使用历史的趋势预测未来，过去市场需求的动态不能完全包括未来发生的异常变化，这就注定了定量预测的方法有一定的风险。

由于定性预测和定量预测方法各有长短，这就是说，预测是否准确，不仅仅是需要预测者有直观能力和远见卓识的判断能力，还必须根据预测对象选择合理的预测方法。因此，在我们进行预测时，最好是将两类方法结合起来。将两类方法得出的预测值进行比较分析，这样更有利于得出准确的预测结果。有人称此为：定性问题定量化，定量结果定性分析。

2）如何合理的选择预测方法

随着市场预测应用的日益广泛，以及预测研究的发展，近年来出现了许多不同的预测方法。每一种方法都有其自身的优缺点，即使对同一个问题的预测，若选用不同的预测方法，不同的取材和不同的分析思路，得到的预测结论也不一样，预测精度也不相同。仔细了解各种预测方法的基本原理、假设条件和适用范围，根据预测的具体要求和实际条件选择最合适的预测方法，往往可以收到良好的预测效果。

预测方法的选择取决于多种因素，这些因素主要包括预测目标及预测对象本身的特点、预测范围、预测的时间界限、产品的生命周期、数据资料的丰富程度和预测精度等。

（1）不同的预测方法适用于不同的预测目标。例如，产品需求预测、销售预测常运用趋势分析法或市场调查技术即可满足一定的精度要求，而新产品开发预测一般都采用专家咨询法进行前景分析。再如，汽车工业的发展必然与国民经济发展以及钢铁、能源、交通等其他行业的发展有关，所以预测汽车工业的发展不能不考虑工农业生产发展速度、固定资产投资规模等，也要考虑它与其他行业的关系，因而宏观预测常采用多元回归分析等多目标预测技术进行系统的预测。而对一个局部地区或企业，关心的是某种产品的市场需求方面的具体信息，人们往往希望能对某种产品的市场需求量给出定量的描述，对于这一类微观预测目标，由于其范围较小，所以抗干扰的能力也较小，单凭定量分析是不行的，需要结合市场调查对本地区市场进行综合分析。

（2）产品本身的特点也是选择预测方法时需要考虑的重要因素。有些产品，如汽车通用备件、标准件，其特点是需求量大、需求面广，由于其各方面的许多正面影响与负面影响相互抵消，而总体需求趋势却呈现出某种基本的发展趋势，因而其需求比较稳定。对于这一类产品的预测，采用时间序列法是一种简单有效的方法，如算术平均法移动平均法等。而对于某些专用产品，如一些通用性差的特殊用途的备件，由于其服务面窄，供求关系比较明显，故可以使用相关因素分析法进行预测。

（3）产品所处的生命周期不同，选择的预测方法不同，对处于不同生命周期的产品，应选择不同的预测方法。对处于投入期的新产品，因为其刚刚问世不久，人们对其还不太了解，积累的数据资料较少,此种情况下很难采用定量计算的方法进行预测,这时通常采用市场调查法和类推法。市场调查法主要适用于调查客户对新产品的反应。类推法是通过对历史上同类产品的发展过程分析或对其他地区同类产品的发展趋势进行类比分析,以此预测产品的需求前景。此外,还可以采用跟踪客户的直接调查法,观察了解客户购买产品的目的,分析可能存在的潜在市场。而对那些进入成长期的产品,由于这类产品在经过一段时间发展后,已经得到社会承认,其生产组织、原材料供应、产品信誉和销售渠道等都相对稳定,处于这一阶段的产品,采用更加深入细致、全面的市场调查,以确定客户的购买动机、购买力、购买渠道等,并采用移动平均法等进行销售分析。而处于成熟期的产品,由于竞争对手增多,购买者的选择性很强,这时市场情况变化变得复杂,销售量出现明显起伏,这时的预测方法是,在预测短期销售时,可采用移动平均法,也可用因果法。预测产品成熟期的长短,以决定合理的库存量,采取有效的推销措施。对于处于衰退期的产品,可以通过市场调查新一代产品的发展,降价处理老化产品,将资金投向处于成长期的新产品。

(4)预测的时间界限,也是选择预测方法时必须考虑到一个因素。短期销售预测,主要是月度预测,采用移动平均法较为适宜。近期市场需求预测,特别是一年之内的销售预测,一般采用市场调查法与指数平滑化。对一年以上的中期预测则不能不考虑到某些因素的影响作用,常需要配合因果分析法。而对长期发展预测,不确定的因素更多,单纯定量预测方法是不适宜的,常常采用专家咨询法对预测目标未来发展趋势进行定性分析。

(5)现有数据资料的丰富程度和预测精度等,都是预测方法选择中必须考虑的问题。有的预测方法,虽然精度高一些,但成本相当高。有的预测方法精度稍差一些,但成本低廉。在实际预测工作中不能把上述因素分开考虑,而应该加以综合、权衡利弊,立足现有基础作出恰当的选择。

8.2.6 汽车备件市场预测报告的撰写

预测报告是对整个预测工作的一个总结性报告。预测报告一般包括以下内容:

(1)预测题目。预测题目一般都明确表示出调查报告的内容,如《2018年成都市汽车备件市场预测》。有时也可以用副标题说明这标题。

(2)预测时间。预测时间包括预测进行时间和预测的目标时间。如在2017年对2018年的汽车备件市场进行预测。前者是预测进行时间,后者是预测的目标时间。

(3)预测人员。对预测人员的介绍,有利于评价预测的准确程度,一般来说专家对相关内容的预测更能够综合反映未来的趋势。

(4)预测目标。即说明预测的整个过程应该达到一个什么样的目标,包括预测的时间期限、数量单位以及预测的准确度要求等。

(5)预测内容。围绕着预测目标,预测内容可以分成多部分,如围绕着2018年的汽车备件市场预测,预测内容一般包括2018年的汽车供给量、需求量等。

(6)预测方法。对相同的问题,可以采用不同的预测方法,如定量预测和定性预测,以及具体某种预测方。采取不同的预测方法,可能有不同的预测结果。

(7)预测结果。通过预测可以得到结论,它可以是具体的数量,也可以是某种趋势。

(8)分析评价意见。对预测结果进行分析评价有利于正确利用预测结果。

思考与练习

一、选择题

1. 汽车备件市场调查的作用有(　　)。
   A. 为制订合理的汽车备件采购与仓储计划提供科学依据
   B. 调查预测是汽车备件仓库设计决策的必要条件
   C. 对促进和满足汽车备件消费需求有显著的作用
   D. 对提高汽车服务企业资金使用效率与效益提供强力支撑

2. 汽车备件市场调查的基本内容包括(　　)。
   A. 汽车备件市场环境调查　　B. 汽车备件需求调查
   C. 汽车备件企业竞争情况调查　　D. 企业内部相关内容调查

3. 汽车备件市场基本环境调查包含的内容有(　　)。
   A. 政策法律环境　　　　　　B. 经济环境
   C. 科技环境　　　　　　　　D. 地区汽车保有量增长情况

4. 汽车备件的消费需求调查的目的是了解备件消费的(　　)。
   A. 需求量　　　　　　　　　B. 需求结构
   C. 需求时间　　　　　　　　D. 需求群体

5. 汽车备件市场调查的方法,按照调查的方式可以分为间接调查法和直接调查法。直接调查法主要包括(　　)。
   A. 访问法　　　　　　　　　B. 观察法
   C. 实验法　　　　　　　　　D. 预测法

6. 一篇完整的汽车备件市场调查报告应包括以下(　　)方面的内容。
   A. 标题　　B. 目录　　C. 概述　　D. 正文　　E. 附件

7. 正文是汽车备件市场调查分析报告的主体部分。应包括(　　)。
   A. 引言　　　　　　　　　　B. 调查方法
   C. 结论和局限性　　　　　　D. 建议

8. 汽车备件市场经常采用的定性预测法有(　　)。
   A. 个人判断法　　　　　　　B. 集体意见法
   C. 专家预测法　　　　　　　D. 客户意见法

9. 预测方法的选择取决于多种因素,这些因素主要包括(　　)。
   A. 预测目标及预测对象本身的特点
   B. 预测范围
   C. 预测的时间界限、产品的生命周期
   D. 数据资料的丰富程度和预测精度

10. 集合意见法是个人判断法的发展,是综合企业主管人员、业务人员等的意见,凭他们的经验和判断共同讨论市场趋势而进行市场预测的方法。运用这种方法需要对预测结果进行数学处理,大致的方法有(　　)。

  A. 三点估计法   B. 相对重要度法
  C. 客观概率法   D. 主观概率法

二、思考题

1. 汽车备件市场调查的含义及其主要的调查内容有哪些?
2. 汽车备件市场调查主要包含哪些步骤?
3. 汽车备件市场调查主要有哪些市场调查方法?
4. 用什么方法进行汽车备件市场的预测?
5. 汽车备件市场预测报告主要有哪些内容?

学习任务9　汽车特约维修站的保修索赔工作

学习目标

完成本任务的学习后,你应能:
1. 掌握保修索赔期和保修索赔范围;
2. 了解索赔员的职责;
3. 掌握保修索赔工作流程;
4. 了解索赔旧件的管理方法。

任务描述

客户开车前来维修,服务顾问已经接待并作了预检,发现该车还在质保期内,车辆所出现的问题也符合保修索赔范围。小赵很想为客户做好保修索赔服务,为此他需要掌握汽车整车和汽车备件的保修索赔期和保修索赔范围,掌握保修索赔的工作流程;知道索赔旧件的管理方法。

学习引导

本学习任务沿着以下路径进行:

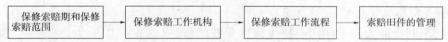

保修索赔期和保修索赔范围 → 保修索赔工作机构 → 保修索赔工作流程 → 索赔旧件的管理

汽车产品的生产是一个相当严密的过程,各工序都有严格的检验关卡,但是由于无法预计的原因,产品质量缺陷是不可避免的,因此汽车制造商为汽车产品(包括整车和备件)提供了有条件的保修索赔。做好保修索赔工作,就可以避免这些质量缺陷给客户带来的不便。同时,出色的保修索赔工作也是树立品牌形象、为营销和售后服务赢得市场的重要手段。汽车特约服务站是汽车制造商面向客户的窗口,客户的保修索赔工作由特约服务站来完成。汽车制造商为各特约服务站提供了便捷的保修索赔工作环境,特约服务站也应该严格按照汽车制造商的保修索赔政策为每一位客户做好保修索赔服务。

9.1 保修索赔期和保修索赔范围

各汽车制造商保修索赔的具体规定尽管有些不同，但原则上没有大的区别。整车、备件的保修索赔期和保修索赔范围一般包括以下内容。

9.1.1 保修索赔期

1）整车保修索赔期

（1）整车保修索赔期为从车辆开具购车发票之日起的 36 个月内，或者车辆行驶累计里程 60000km 以内，两个条件以先达到的为准。超出以上两个范围之一者，该车就超出保修索赔期。

（2）整车保修索赔期内，特殊零部件依照特殊零部件保修索赔期的规定执行。

2）备件保修索赔期

（1）在整车保修索赔期内由特约服务站更换安装的备件，保修索赔期为整车保修索赔期的剩余部分，即随整车保修索赔期的结束而结束。

（2）由客户付费并由特约服务站更换和安装的备件，从车辆修竣并且客户验收合格日和里程数算起，其保修索赔期为 12 个月或 40000km（两条件以先达到为准）。在此期间，因为保修而免费更换的同一备件的保修索赔期为其付费备件保修索赔期的剩余部分，即随付费备件的保修索赔期结束而结束。

9.1.2 保修索赔的前提条件

（1）必须是在规定的保修索赔期内。

（2）用户必须遵守《保修维护手册》的规定，正确驾驶、维护、存放车辆。

（3）所有保修服务工作必须由汽车制造商设在各地的特约服务站实施。

（4）必须是由特约服务站售出并安装或原车装配的备件，才可以申请保修。

9.1.3 保修索赔范围

（1）在保修索赔期内，车辆正常使用情况下整车或备件发生质量故障，修复故障所花费的材料费、工时费属于保修索赔范围。

（2）在保修索赔期内，车辆发生故障无法行驶，需要服务站外出抢修，在此过程中产生的交通、住宿等费用属于保修索赔范围。

（3）汽车制造商为每一辆汽车提供一次免费的维护（通常所说的免费首保）。其产生的费用属于保修索赔范围。免费维护的项目根据品牌不同，可能有所差异，一般主要包含以下项目：

①更换机油以及机油滤清器。

②检查空调系统、冷却系统、发动起进气、供油系统以及排放系统等系统的管路连接走向，管子接头，卡箍等。

③检查冷却液、制动液、助力转向油、变速器油、清洗液等油水有无泄漏、渗漏，必要时添加。

④清洁空气滤清器滤芯。清洁空调滤清器。

⑤检查调整驻车制动、检查调整前后悬架、检查调整底盘和车身部件的所有螺栓和螺母。

⑥检查所有主胎和备胎的技术状况和胎压。

⑦检查车辆灯光、喇叭、刮水系统。

⑧检查所有车辆舒适性功能，比如空调、音响、多媒体系统。

⑨路试检查车辆各系统使用性能，比如发动机加速性能、车辆转向制动性能等。

9.1.4　不属于保险索赔的范围

（1）通过汽车制造商下的特许经销商所购买的每一辆汽车都有一本随车的《保修维护手册》，该手册必须盖有出售该车的特许经销商的印章，同时有购车客户的签字，方可生效。不具有该手册、该手册上的印章不全或有私自涂改该手册内容等情况下，汽车特约服务站有权拒接客户的保修索赔申请。

（2）车辆正常例行维护和车辆正常使用中的损耗件不属于保修索赔范围。比如机油、各种滤清器，灯泡、刮水片和制动摩擦片等。

（3）因不正常维护造成的车辆故障不属于保修索赔范围。所用正常车辆客户都应根据《保修维护手册》上规定的维护规范，按时到特约服务站对车辆进行维护。如果车辆因为缺少维护或未按照规定的维护项目进行维护而造成的车辆故障，不属于保修索赔范围。同时，特约服务站有义务在客户每次做完维护后在《保修维护手册》中记录维护情况，并盖章，并提醒客户下次维护的时间和内容。

（4）车辆不是在厂家授权的特约服务站维修，或者客户私自安装了未经汽车制造商售后服务部门许可的备件，这些情况产生的故障不属于保修索赔范围。

（5）客户私自拆卸更换里程表，或更改里程表读数的车辆不属于保修索赔范围。

（6）因为环境、自然灾害、意外事件造成的车辆故障不属于保修索赔范围，比如酸雨、树汁、沥青、地震、冰雹、水灾等。

（7）因为客户使用不当、滥用车辆或未经汽车制造商售后服务部门许可改装车辆而引起的车辆故障不属于保修索赔范围。

（8）间接损失不属于保修索赔范围。因车辆故障引起的经济、时间等损失不属于保修索赔范围。

（9）由于特约服务站操作不当造成的损失不在保修索赔范围。同时，特约服务站应当承担责任并进行修复。

（10）在保修索赔期内，客户车辆出现故障后未经汽车制造商或特约服务站同意继续使用而造成进一步损坏，汽车制造商只对原故障损失负责，其余损失责任由客户自己承担。

（11）车辆发生严重事故时，客户应保护现场，并应保管好损坏零件，但不能自行拆卸故障车辆。经汽车制造商和有关方面（如保险公司或车辆事故鉴定中心等）鉴定事故原因后，如属产品质量问题，汽车制造商将按规定支付全部保修及车辆托运费用。若未保护好现场或因丢失损坏零件以致无法判别事故原因，汽车制造商不承担保修索赔费用。

9.1.5 其他保修索赔事宜

1) 库存代售成品车辆的保修

由汽车制造商派出的技术服务代表定期对中转库和经销商展场的车辆进行检查,各地特约服务站配合完成。对车辆因放置时间较长出现的油漆变色或褪色、锈蚀、车厢地板翘曲变形等外观缺陷,由汽车制造商索赔管理部门批准后可以保修。保修工作由汽车制造商设在各地的特约服务站完成。

2) 保修索赔期满后出现的问题

对于过了保修索赔期的车辆,原则上不予保修索赔。如果确实属于耐用件存在质量问题,则由汽车制造商技术服务代表和汽车特约服务站共同对故障原因进行鉴定,在征求汽车制造商索赔管理部门同意后可以按保修处理。因维护、使用不当造成的损失不能保修。

3) 更换仪表

因仪表质量问题而更换仪表总成时,汽车特约服务站应在《保修维护手册》上注明旧仪表上的里程数以及更换日期。

4) 故障原因和责任难以判断的问题

对于故障原因和责任难以判断的情况,比如客户确实按《使用说明书》规定使用和维护车辆且能出示相关证据,须报汽车制造商索赔管理部门,经其同意后可以保修。

9.1.6 汽车备件索赔注意事项

索赔纠纷多数是由于判定汽车或备件故障属于质量问题还是人为因素引起的。不同车型质量担保期不同,不同备件的质量担保期也有所差异。在质量担保期内车辆出现的质量问题客户有权向特约维修服务站提出索赔,服务站进行确认后根据技术要求对损毁的备件进行修复或更换。不同的备件是进行修复还是更换有着不同的规定,但是都应以达到技术要求为准。一般汽车制造厂家还规定,由于车辆索赔造成客户在时间、精神或物质等方面的间接损失,厂家一般不负责赔偿。

车辆易损件的索赔是最容易引起纠纷的情况。按照一些汽车制造厂家的规定,车辆上的灯泡、制动摩擦片、"三滤"、轮胎等易损件的质量担保期都很短,而且在正常的损耗范围内不予赔偿。因此,客户在易损件出现问题时应该及时到特约服务站进行检查,以免超过索赔期限。如果易损件是使用中的正常损耗,特约服务站应该对不能给予赔偿的规定进行说明和解释。在质量担保期内,如果车辆的零部件确实出现质量问题,厂家的特约服务站一般都会给予索赔,客户一旦在索赔问题上与特约服务站出现分歧时,双方应该冷静地协商解决。

9.2 保修索赔工作机构

9.2.1 保修索赔工作机构的组成

保修索赔工作机构由汽车制造商索赔管理部和汽车特约服务站索赔员组成。

1）汽车制造商索赔管理部

汽车制造商索赔管理部是隶属于汽车制造商的售后服务机构。售后服务机构负责售后业务，主要部门有：售后服务部、备件供应部、索赔管理部等。索赔管理部主要负责整车及备件保修索赔期内的保修索赔以及再索赔工作，主要有：索赔工时、故障代码的制定和校核、索赔单据的审核和结算、产品质量信息的收集与反馈、再索赔结算及协调业务等。

2）特约服务站索赔员

（1）对索赔员的具体要求。每个特约服务站必须配备一名专职索赔员，其主要工作是保修索赔、免费维护和质量信息反馈。根据索赔的工作性质，对专职索赔员提出了以下具体要求：

①具有必备的汽车专业理论知识。

②具有丰富的现场维修经验，有对汽车故障进行检查和判断的能力。

③有较强的语言表达能力，善于沟通。

④为人正直，工作认真负责。

⑤具有计算机基本应用能力。

⑥通过汽车制造商的专职索赔员培训考核并授予上岗证书。

（2）索赔员的工作职责。每一位专职索赔员都是汽车制造商保修索赔工作的代表，工作职责如下：

①充分理解保修索赔政策，熟悉汽车制造商保修索赔工作的业务知识。

②对待客户要热情礼貌、不卑不亢，认真听取客户的质量抱怨，实事求是地做好每一个提出索赔申请故障车的政策审核和质量鉴定工作。

③严格按照保修索赔政策为客户办理索赔申请。

④准确、及时地填报汽车制造商规定的各类索赔表单和质量情况报告，完整地保管和运送索赔旧件。

⑤积极向客户宣传和解释保修索赔政策。

⑥积极协助客户做好每一次免费维护和例行维护。

⑦在客户的《保修维护手册》上记录好每一次保修和维护情况。

⑧严格细致地做好售前检查。

⑨及时准确地向汽车制造商索赔管理部提交质量信息报告。重大质量问题及时填写《重大故障报告单》，并按要求上传至汽车制造商索赔管理部。

9.2.2 保修索赔相关各机构工作职责

1）汽车制造商的工作职责

（1）协助建立汽车特约服务站，对其人员进行培训，帮助其提高技术水平和管理水平。

（2）向各区域派出厂家技术服务代表，检查各特约服务站保修索赔的执行情况，评估索赔员的业务能力。

（3）遇到疑难问题，厂家通过远程援助或派服务代表到现场提供技术支持。

（4）监督特约服务站的保修索赔服务，若发现有欺骗行为（如伪造索赔单等），厂家将拒付索赔费，并视情节轻重给予罚款处理，直至取消索赔资格。如果造成严重的社会影响，将追究其法律责任。

2)汽车特约服务站工作职责(不含销售)

(1)特约服务站是被授权对汽车产品进行保修索赔业务的企业。有责任向所有符合保修索赔条件的客户提供满意的保修索赔服务,不得以任何形式与理由拒绝客户提出的正当合理的保修索赔要求。

(2)特约服务站必须按照厂家的规定配置相关的硬件(专用质量鉴定设备、索赔申请提交设备、专职人员、专用仓库等)和软件(相应软件、专用培训、专业鉴定技术等)。

(3)贯彻国家和厂家的保修索赔政策,实事求是为客户提供保修索赔服务,既不可推脱责任,也不可为客户提交虚假的索赔申请。

(4)特约服务站有责任配合厂家处理好客户的质量投诉,其作为厂家的代表之一,不可推卸客户对质量投诉的责任。

(5)为了提高产品质量,特约服务站应按规定向厂家索赔管理部提供有效的质量情况反馈。

(6)妥善保管在索赔服务中更换的零备件,严格执行厂家的索赔旧件管理制度。

3)经销商工作职责

(1)执行汽车制造商的新车交付验收标准,出现疑问,及时向厂家反映。

(2)执行厂家的新车仓库管理制度,按规定做好新车维护。

(3)及时向厂家相关部门反馈车辆库存中的质量信息。避免因延误处理而造成不应有的质量损失。

(4)因车辆移动造成的事故,或因保管不善造成零部件丢失或损坏,经销商负责将车辆恢复到符合技术标准的状态,不得向客户出售不合要求的车辆。

(5)及时向厂家反映客户的意见和要求,协助厂家处理市场反馈的产品质量信息。

(6)帮助厂家建立与客户的联络渠道,共同提高对客户服务的能力和水平。

目前,除了专门销售车辆的经销商外,各品牌的4S店会完成销售和售后服务对应的所有保修索赔工作。

9.3 保修索赔工作流程

9.3.1 保修索赔具体工作流程

汽车特约服务站的保修索赔工作流程如图9-1所示。

9.3.2 保修索赔具体工作流程

(1)客户到特约维修站报修。

(2)业务员根据客户报修情况、车辆状况及车辆维修记录,预审客户的报修内容是否符合保修索赔条件(特别检查里程表的工作状态),如不符合,请客户自行付费修理。

(3)把初步符合保修索赔条件的车辆送至保修工位,索赔员协调维修技师确认故障点及引起故障的原因,并制订相应的维修方案,同时审核是否符合保修索赔条件,若不符合条件,通知业务员,请客户自行付费修理。

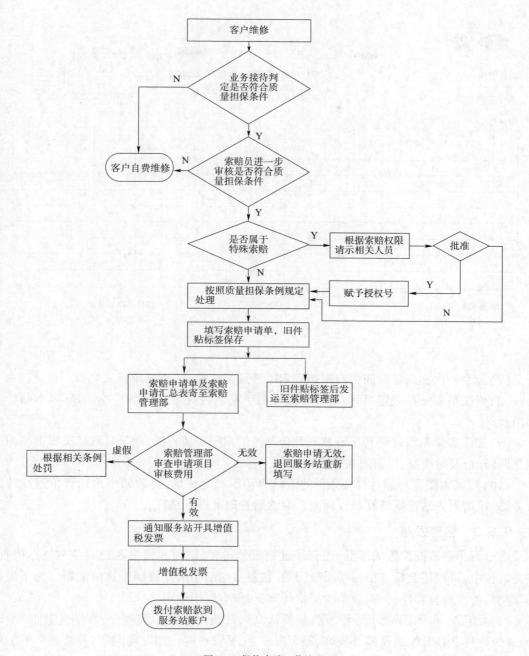

图 9-1 保修索赔工作流程

（4）索赔员在确认客户车辆符合保修索赔条件后，根据情况登记车辆相关信息，为客户分类提交索赔申请。特殊索赔需事先得到汽车制造厂家索赔管理部门审批通过，然后及时给予客户车辆保修索赔。

（5）保修结束后，在索赔件上挂上"索赔旧件悬挂标签"，送入索赔旧件仓库统一保管。

（6）索赔员每天要统计当天的索赔申请，填写《索赔申请表》，如图 9-2 所示。

备件科收单人：		女士/先生									申　请　方　式		
一汽　VW				备件索赔申请单							1-多发补款　　2-欠货补发		
单位名称：				单位代码：758							3-多发退货　　4-欠货退款		
领导签字/盖章：				申请单编号：SP							5-错发退回　　6-不合格件退回		
填单日期：　　年　月　日											第　页(共　页)		
序号	备件号	备件名称	订货日期	发货清单号	订货数量	发货数量	到货差异	错发数量	质量不合格数量	单价(元)	原发货方式	1 2 3 4 5 6	备注
	1100 807 217CAU			80012212	4	3	1						
仓库管理员签字：　　年　月　日				仓库主任签字：　　年　月　日					备件科科长签字：　　年　月　日				

图9-2　索赔申请表

（7）每月一次在规定时间内向制造商索赔管理部门提交《索赔申请表》。

（8）索赔员要按照规定时间，每月一次遵照厂家包装规定，将索赔件运回厂家索赔管理部门。

（9）经厂家索赔管理部初步审核不符合条件的索赔申请将予以驳回，索赔员根据驳回原因立即修改，及时提交，以待再次审核。

（10）厂家索赔管理部对符合条件的索赔申请审核完成后，将索赔申请结算单返给特约服务站，特约服务站根据结算单金额向厂家索赔管理部进行结算。

9.3.3　售前索赔

通过汽车制造商检验的车辆，还有经过物流公司、经销商和最终客户的各道接车检查，在此过程中，可能还会检查出一些质量问题，这些质量缺陷的保修属于售前索赔。为了规范新车交付各方检验程序，分析新车受损责任方，一般有以下规定。

（1）物流公司承接新车时，装车前必须认真做好新车交接检验程序，特别注意油漆、玻璃、外装饰件、内饰、轮胎及其外装饰、随车附件、工具资料等。如发现问题，及时请厂家销售部门解决，检验合格并经双方签字确认后，物流公司将负责整个运输过程中新车的完好，运输过程中的一切损失都由物流公司承担。

（2）经销商承接新车时，必须认真做好新车交接检验程序，检验合格后，双方签字确认。

（3）检验中发现新车存在制造质量问题，记录在新车交接单上，经双方签字确认。其中产生的维修费用，由经销商提交售前索赔申请，经厂家索赔管理部审定后予以结算。

（4）检验中发现新车存在非制造质量问题，例如：人为损坏、碰撞、附件遗失等，若属物流公司责任，由经销商负责修复处理，维修费用由物流公司现场支付，维修费用按索赔标准结算。交接双方若存在争议，由当地区域销售经理和区域服务经理现场核定。如果区域销售经理和区域服务经理无法及时到达现场，先在新车交接单上记录下问题，必要时可拍摄照片，并经双方签字确认，事后由经销商提交到索赔管理部审定。

（5）检验中发现新车存在不明原因的问题，在新车交接单上记录下问题，必要时可拍摄照片，并经双方签字确认，事后由经销商提交到索赔管理部审定。

9.3.4 更换备件的索赔

客户自行付费且在服务站更换的零部件总成，在保修索赔范围内出现质量故障，此类索赔情况属于备件索赔。提出这类备件索赔，必须在索赔申请表后附带购件发票的复印件。换件修复后，还需要在更换备件的付费发票备注栏内，如实填写当时车辆已经行驶的里程。

9.4 索赔旧件的管理

9.4.1 索赔旧件的处理规定

（1）更换下来的索赔旧件的所有权归汽车制造厂家所有，各特约维修站必须按照厂家规定，在指定时间内按指定的方式将其运回汽车制造厂索赔管理部。

（2）更换下来的索赔件上应挂上"索赔旧件悬挂标签"或"零部件保修标签"，图9-3所示为广州本田的零部件保修标签。保证粘贴或悬挂牢固并按规定填写好该标签，零件故障处需要详细填写，相关故障代码和故障数据也需填写完整。"索赔旧件悬挂标签"由厂家索赔管理部统一印制。

日期：			
零部件保修标签			
保修报告单编号：			
车型/车型代号：			
车架号码：			
发动机号码：			
零部件号码：			
故障描述：			
购买装车日期：	年	月	日
更换修理日期：	年	月	日
购买装车时行驶里程：	km		
更换修理时行驶里程：	km		
特约服务名称：			
注意：请填写所有项目并把本签条牢固地系在零部件上。			

图9-3 广州本田的零部件保修标签

（3）故障件的缺陷破损部位一定要用红色或黑色不易脱落的颜料或记号笔作出明显的标记。

（4）应尽可能保持索赔件拆卸下来后的原始故障状态，一些规定不可分解的零件不可擅自分解，否则将视作该零件的故障为拆卸不当所致不予索赔。

（5）废旧油水，如旧机油、变速器油、制动液、助力转向油、冷却液、润滑油脂等不便运输的索赔件无特殊要求不必运回，应按当地有关部门规定自行处理，特别注意环保要求。

（6）在规定的时间内将索赔旧件运回。需要填写好《索赔件回运清单》，注明各索赔旧件的装箱编号。索赔旧件必须统一装箱，箱子外部按规定贴上《索赔旧件回运装箱单》，并将箱子牢固封装。

（7）汽车制造商索赔管理部对回运的索赔旧件进行检验后，对存在问题的索赔申请将返回或取消。

（8）被取消审批申请的旧件，特约服务站有权索回，但应承担相应运输费用。

9.4.2 索赔旧件悬挂标签的填写和悬挂要求

（1）应在悬挂标签上如实填写所有内容，保证字迹清晰且不易褪色。

（2）如果是特殊索赔，在悬挂标签备注栏内一定要填写授权号。

（3）所有标签应该由索赔员填写并加盖专用章。

（4）保证一物一签，实物和标签要一致。

（5）悬挂标签一定要牢固。如果无法悬挂，则用透明胶布将标签牢固粘贴在索赔件上，同时保证标签正面朝外。

9.4.3 索赔件的清洁和装运要求

（1）发动机、变速器、转向机等总成件内部的油液必须全部放干净，外表保持清洁。

（2）更换下来的索赔旧件必须统一装箱，相同索赔件集中装在同一包装箱内，并且在每个包装箱外牢固粘贴上该箱索赔件的《索赔旧件回运装箱单》，注明装箱号与索赔零件的零件号、零件名称和数量，在规定的时间内由物流公司返运至厂家索赔管理部。

（3）各个装箱清单上的索赔件数量和种类必须与《索赔件回运清单》上汇总的完全一致。

（4）《索赔件回运清单》一式三份，经物流公司承运人签收后，第一联由特约服务站保存，第二联由物流公司保存，第三联由物流公司承运人交厂家索赔管理部。

9.5 汽车备件质量情况的反馈

特约服务站直接面对客户，最了解客户的需求，掌握着第一手的客户信息、质量信息以及客户对车辆制造质量和服务质量评价的信息。所有特约服务站反馈的信息是厂家提高产品质量、调整服务政策的重要依据。

每一个特约服务站都应该组织一个由服务经理带领，会同索赔员、服务顾问、备件管理人员、车间主管和技术骨干等组成的质量检查小组，对所有进站的车辆的质量信息进行汇总研究、技术分析、排除故障实验等，并向厂家索赔管理部定期作出反馈。厂家售后服务部门为了提高汽车产品质量及特约服务站的维修水平，实时发布技术快讯和召开质量、技术研讨会。同时，厂家索赔管理部将质量情况反馈工作作为对服务站考核的一项重要指标，并对此项工作成效显著的站点加以嘉奖。

为了使特约服务站的质量信息反馈工作统一有效展开,各站点应做好以下几项工作:

(1) 重大事故报告。各站点在日常工作中遇到重大的车辆故障,必须及时、准确、详尽填写《重大故障报告单》,并尽快发送至厂家索赔管理部门,以便厂家能够尽快及时作出反应。重大故障主要有:影响车辆正常行驶的故障,比如动力系统、转向系统、制动系统等的故障;影响乘客安全的故障,比如安全气囊、轮胎、车辆锁止等主动被动安全故障;影响环保的故障,比如排放故障、油液污染等。

(2) 常见故障报告和常见故障避除意见。各站点应坚持在每月月底对当月进场维护的所有车辆产生的各种故障进行汇总,统计出现频率最高的十项故障点或故障零件。对故障原因进行分析,提出相应的避除意见。下月初将上一个月的常见故障报告和常见故障避除意见提交到厂家的索赔管理部门。

(3) 客户质量抱怨反馈表各站点在客户进站维修、电话回访等与客户交流过程中,积极听取客户对汽车厂家的意见,并做好相应记录。意见包括车辆设计缺陷、零件质量缺陷,外观改进意见等。各站点搜集之后应尽快向厂家提交客户情况反馈表。

(4) 根据质量保修信息了解供应商产品质量变化。供应商的售后服务部门通过不断搜集产品质量信息,通常对产品质量有较全面的了解。汽车备件销售员通过了解供应商售后服务部门整理的质量保修分析资料,以便较准确地了解到该供应商提供的产品的质量变化,图 9-4 所示为某经营企业汽车备件质量信息反馈流程。

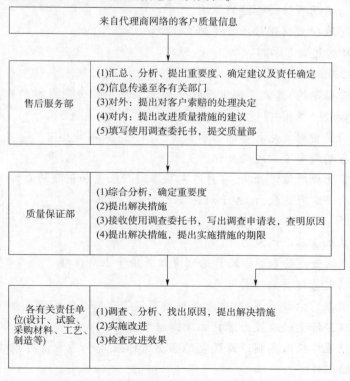

图 9-4　某汽车备件经营企业质量信息反馈流程

思考与练习

一、选择题

1. 整车保修索赔期为从车辆开具购车发票之日起的（　　）个月内，或者车辆行驶累计里程（　　）km 以内。
   A. 36　6万　　　B. 24　6万　　　C. 12　4万　　　D. 24　4万

2. 由客户付费并由特约服务站更换和安装的备件，从车辆修竣并且客户验收合格日和里程数算起，其保修索赔期为（　　）个月或（　　）km（两条件以先达到为准）。
   A. 12　2万　　　B. 24　2万　　　C. 12　4万　　　D. 24　4万

3. 保修索赔的前提条件有（　　）。
   A. 必须是在规定的保修索赔期内
   B. 客户必须遵守《保修维护手册》的规定，正确驾驶、维护、存放车辆
   C. 所有保修服务工作必须由汽车制造商设在各地的特约服务站实施
   D. 必须是由特约服务站售出并安装或原车装配的备件，才可以申请保修

4. 以下（　　）损耗件不属于保险索赔的范围。
   A. 发动机机油　　B. 空气滤清器　　C. 刮水片　　D. 制动摩擦片

5. 以下（　　）不属于保险索赔的范围。
   A. 客户做了维护，但《保修维护手册》未盖章
   B. 车辆在路边进行了维修项目
   C. 客户自己刷新了里程
   D. 在保修索赔期内，客户车辆出现故障后未经汽车制造商或特约服务站同意继续使用而造成进一步损坏

6. 以下（　　）是索赔员应具备的基本素质。
   A. 具有必备的汽车专业理论知识
   B. 具有丰富的现场维修经验，有对汽车故障进行检查和判断的能力
   C. 有较强的语言表达能力，善于沟通
   D. 为人圆滑
   E. 具有计算机基本应用能力
   F. 通过汽车制造商的专职索赔员培训考核并授予上岗证书

7. 以下（　　）是索赔员的工作职责。
   A. 充分理解保修索赔政策，熟悉汽车制造商保修索赔工作的业务知识
   B. 严格按照保修索赔政策为客户办理索赔申请
   C. 有选择性地填报汽车制造商规定的各类索赔表单和质量情况报告，完整地保管和运送索赔旧件
   D. 及时准确地向汽车制造商索赔管理部提交质量信息报告。重大质量问题及时填写

《重大故障报告单》，并按要求上传至汽车制造商索赔管理部

8. 关于索赔旧件的处理，以下说法正确的有(　　)。

　A. 更换下来的索赔旧件的所有权归客户所有

　B. 应尽可能保持索赔件拆卸下来后的原始故障状态，一些规定不可分解的零件不可擅自分解，否则将视作该零件的故障为拆卸不当所致不予索赔

　C. 废旧油水，如旧机油、变速器油、制动液、助力转向油、冷却液、润滑油脂等不便运输的索赔件无特殊要求不必运回，应按当地有关部门规定自行处理，特别注意环保要求

　D. 在规定的时间内将索赔旧件运回。需要填写好《索赔件回运清单》，注明各索赔旧件的装箱编号。索赔旧件必须统一装箱，箱子外部按规定贴上《索赔旧件回运装箱单》，并将箱子牢固封装

9. 物流公司承接新车时，装车前必须认真做好新车交接检验程序，特别注意的事项有(　　)。

　A. 整车油漆　　　B. 门窗玻璃　　　C. 随车工具　　　D. 整车资料

10. 客户自行付费且在服务站更换的零部件总成，在保修索赔范围内出现质量故障，(　　)。

　A. 可以索赔　　B. 不可以索赔　　C. 可以走流程试一下　　D. 不清楚

二、思考题

1. 备件保修索赔期有哪些具体要求？
2. 简述索赔员的具体工作职责有哪些？
3. 简述保修索赔具体工作流程是什么？
4. 索赔旧件悬挂标签的填写和悬挂要求是什么？
5. 目前我国在汽车保修索赔领域内还有哪些新的政策法规？

参 考 文 献

[1] 彭朝晖,倪虹.汽车备件管理[M].北京:人民交通出版社,2010.
[2] 刘有星,钟声.车备件件管理[M].2版.北京:人民交通出版社,2013.
[3] 黄敏雄.汽车备件营销与管理[M].北京:人民邮电出版社,2017.
[4] 林凤.汽车备件管理与营销[M].重庆:重庆大学出版社,2009.
[5] 谭本忠.汽车备件营销与管理[M].北京:北京理工大学出版社,2010.
[6] 黄炳华.汽车备件管理与营销[M].广州:华南理工大学出版社,2006.
[7] 夏志华,郭玲.汽车备件市场营销[M].北京:北京理工大学出版社,2010.